GONGNENG 公能 课程丛书

# 课程与学生

COURSE AND STUDENT

孙建昆 主编

天津社会科学院出版社

图书在版编目（CIP）数据

课程与学生 / 孙建昆主编 . -- 天津 : 天津社会科学院出版社 , 2023.8
（“公能”课程丛书）
ISBN 978-7-5563-0907-8

Ⅰ . ①课… Ⅱ . ①孙… Ⅲ . ①基础教育－课程建设－研究－南开区 Ⅳ . ① G632.3

中国国家版本馆 CIP 数据核字 (2023) 第 160695 号

课程与学生
KECHENG YU XUESHENG

选题策划：柳　晔
责任编辑：柳　晔
责任校对：王　丽
装帧设计：曹　阳
出版发行：天津社会科学院出版社
地　　址：天津市南开区迎水道 7 号
邮　　编：300191
电　　话：（022）23360165
印　　刷：北京建宏印刷有限公司

开　　本：787×1092　1/16
印　　张：18
字　　数：270 千字
版　　次：2023 年 8 月第 1 版　2023 年 8 月第 1 次印刷
定　　价：78.00 元

# 序

《课程与学生》是"公能"课程系列丛书之一，继《课程与学校》《课程与学科》《课程与课堂》之后的又一力作。本套丛书在"公能"思想引领下对南开区"三学一堂"课程改革实践进行全面盘点，总结新时期南开区学校课程建设所取得的阶段性成果。《课程与学生》这本书展示了南开区广大干部教师以课程作为教育改革的根本出发点和核心落脚点，围绕"课程"这一圆心，积极开展了从学科核心素养到课程标准、内容体系、学业质量标准的系列递进式学科建设探索，主动打造了依托个性化课程资源助推学生发展的多样化成长方案，致力于构建课堂优化建设的创新性模式，探索了着力提升学生核心素养的新经验，所获成果令人欣慰。

《课程与学生》一书收录了南开区中小学在课程建设成果评选中遴选出的57篇干部教师课程教学改革的典型经验。这本书从德智体美劳五个方面全方位地论述了课程育人的实践与思考，是南开区广大教育工作者教学智慧与实践探索的集体结晶，凝聚了全体中小学教师的心血和努力。可以说，《课程与学生》一书是我们在课程教学改革深化行动中的一本难得的教材。

什么样的课程，决定了培育什么样的学生。现今，我们的教育逐渐从"知识核心时代"走向"核心素养时代"。在中小学的教育教学领域里，把核心素养与课程相融合是极其关键的一环，因为课程既是学校教育活动的载体，又是学生直接学习的内容。核心素养能否落地，就是要看有没有建立起与之相适应的课程体系，能不能培养全面发展的人。《课程与学生》正是在核心素养新情境下做出的新实践、新总结，展示学科内容校本化建设的主要成果，呈现围绕学生生涯指导框架形成的多元化学生发展模式。并进一步探讨区域课程发展的未来方向和合理化路径，力求让每一个学生都能拥有一份适合自己发展的课程表，以真正提供适合每一个孩子发展的教育。

核心素养导向的教学是实现知识育人价值的教学，是从“为了知识”到“通过知识”的转变，即学生学习的最终目的不是掌握学科知识本身，而是要通过学科知识的学习形成正确价值观、必备品格与关键能力。把知识转化为素养，这是一个深度学习的过程，是一个增值的过程。要想让这一过程真实发生，必须发挥学生在学习中的主体地位。但是，这也是许多教师在教学实践中一直以来难以突破的瓶颈。南开区的广大干部教师一直致力于新课程改革的研究和实践，紧紧抓住教与学关系这一最关键要点，努力探索构建以学习为中心的课程育人方式。《课程与学生》这本书为我们呈现了他们近年来的优秀研究成果，在突破教育教学难点方面做出了很好的示范，为我们广大教育工作者带来很多可贵的启发与思考。

其一，让学生成为学习主角。要真正实现课程育人价值必须把课堂切实还给学生，让学生真正成为课程学习的主人，成为课程创生的参与者和亲历者。教师要相信和利用学生的学习能力，要学会从点滴细节中去发现、欣赏学生的学习能力，并在这个过程中逐步培养和增强学生的学习能力。

其二，提供多元性学习。素养本位的课程与教学将学生的学习尊严视为教育的第一要义。学生并非一张白纸，他们具有高级认知能力，具有从事创造性学习的能力。我们的教师要了解学生认识的多元性，为他们创造多元的学习路径,既要关注全体学生的学习需要,又要尊重学生个性化发展的需求,让每一个学生都有机会走向深度学习。

其三,让学习真实发生。新课程改革重视儿童认识的直接性,倡导让学生亲身经历并理解知识的诞生与应用过程,倡导让学习真实地发生。强调教师要像专家指导新手那样带领学生展开探究,要创设真实情境,让学生经历真实实践、完成真实任务,这样的课程中,学生在鲜活体验和深刻思维的基础上形成对学科概念的理解,形成学科能力和素养。

本书共分五章内容:第一章培根铸魂——铸牢学生敦品笃行的德行,凸显以立德树人为根本,帮助学生树立正确的世界观、人生观、价值观,培根铸魂贯穿教书育人全过程;第二章增智赋能——提升学生格物致知的素养,强调学生是自我教育和发展的主体,课堂教学要将其作为主角,发挥学生的主体作用,培养解决问题的兴趣与能力,形成自我学习力;第三章育体塑魂——砥砺学生阳光健康的体魄,高度重视学生体育与健康的发展需求,成就学生强壮的体魄、健康的心态和健全的人格;第四章益美雅乐——滋养学生蕴艺审美的情趣,关注审美教育,注重激发、保护和发展学生爱美创美的情趣,培养想象力和创造力,塑造美好心灵;第五章惟实励新——锻造学生大国工匠的精神,引领学生树立正确的劳动观念、科学的劳动思维以及与时代相适应的劳动能力及必要的劳动品质,鼓励学生以劳动创造美好生活。五章内容从德智体美劳五个方面全方位地论述了课程育人的实践与思考,也体现了南开区教师团队对发挥课程育人主渠道作用,五育并举,落实立德树人的根本任务,“为国育才、为党育人”的整体思考和严谨布局。

“千教万教教人求真,千学万学学做真人。”我们广大教育工作者在实践中,需时时思考“立什么德、树什么人”。以核心素养为导向的课程改革是新时期国家的育人蓝图，核心素养呼唤着教育成就全面发展的人。作为教师，要将核心素养作为课程建设和实施的出发点、着力点和落脚点，想方设法地将课程的主体让位于学生。用尊重、倾听、发现和信任，协助每个学生通过课程学习成为适应新时代发展需求的劳动者和创造者；用热心、诚心、耐心和陪伴，实现师生的共同发展与成长！

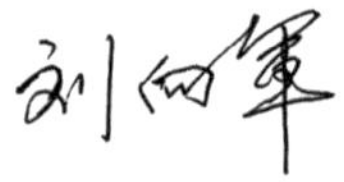

（作者系天津市南开区教育学会会长）

## 绪 论 新课程改革与学生素养的提升

新课程改革的关键落脚点就是全面提高学生的综合素质。教育者必须正确认识新课改与素质教育的关系，明确课程的育人价值，以素质教育为追求目标，以课程多样性为支撑，以促进学生全面发展为主线，提供学生多元化选择，五育并举，培育德智体美劳全面发展的社会主义建设者和接班人，实现学生健康成长，打造一片完美的教育新天地，让每个学生经历属于自己的课程。



## 第一章 培根铸魂——铸牢学生敦品笃行的德行

新课程改革要以立德树人为根本，将“铸牢中华民族共同体意识”贯穿教书育人全过程，帮助学生树立正确的世界观、人生观和价值观，培根铸魂。青少年是祖国的未来、民族的希望，明确课程教学目标，规范课程教学内容，创新课程教学方法手段，不断提升课堂教学的亲和力、感染力和实效性，引导学生树理想、强本领、勇担当，打好精神底色，夯实人生根基。

## 第二章　增智赋能——提升学生格物致知的素养

学生是自我教育和发展的主体，课堂教学应充分调动学生的学习积极性，发挥其主体能动性，培养其解决问题的兴趣与能力，从而达到深度学习的效果。当学生能自如掌控学习时，就拥有了强大的力量，他们将成为探索者、系统思考者、自我导向的学习者，提升智能，为未来做好准备。

## 第三章　育体塑魂——砥砺学生阳光健康的体魄

以促进学生身心发展为中心，高度重视学生体育与健康发展需求，坚持“健康第一”的理念，加强阳光体育运动，促进学生积极参与体育运动、养成健康生活方式、成就学生强壮的体魄、健康的心态以及面对挫折与挑战的从容，健全人格品质。请记住：让每一朵花儿都在阳光下绽放！

## 第四章　益美雅乐——滋养学生蕴艺审美的情趣

艺术是人类精神文明的重要组成部分，是一种极高的人文情怀，它更多关注的是人的精神境界，关注人与自然、人与社会的和谐。以美育人、以美润心，新课程的审美教育关键是要激发、保护和发展学生爱美创美的情趣，培育健康和谐的个性，在审美教育、情操教育、心灵教育中培养学生的想象力和创造性思维，弘扬真善美，塑造美好心灵。

## 第五章　惟实励新——锻造学生大国工匠的精神

学校在新课程劳动内容的创设上，要充分结合生产劳动、生活劳动与服务性劳动，加强对学生劳动意识与能力的培养，加强对学生劳动价值观的培养，强化其在劳动中的协作意识与责任感，引领学生树立正确的劳动观念、科学的劳动思维、与时俱进的劳动能力及必要的劳动品质，从而促进认知学习与社会性成长结合，以劳动创造美好生活。

# 绪论

# 新课程改革与学生素养的提升

新课程改革的关键落脚点就是全面提高学生的综合素质。我们所有教育者必须正确认识新课改与素质教育的关系，明确课程的育人价值，以素质教育为追求目标，以课程多样性为支撑，以促进学生全面发展为主线，提供学生多元化的选择，五育并举，培育德智体美劳全面发展的社会主义建设者和接班人，实现学生健康成长，打造一片完美的教育新天地，让每个学生经历属于自己的课程。

以体育人　夯实教育之本　身心共建　探赜核心素养

以学生为主体，彰显校本特色　开发劳动项目，落实劳动课标

展开创造的翅膀　体味美术教学自由的天空

云动致远　铸魂育人

——区域数字化平台满足学生自主性选择课程

以“三导师制”为平台，开发学生发展指导新课程

# 以体育人　夯实教育之本<br>身心共建　探赜核心素养

文／赵希波

## 一、课程育人思考

### （一）背景依据

2016年中华人民共和国教育部颁布的《中国学生发展核心素养》强调培养全面发展的人，并确立了文化基础（人文底蕴、科学精神）、自主发展（学会学习、健康生活）、社会参与（责任担当、实践创新）三个方面的六大核心素养。

### （二）课程目标

在体育与健康教学过程中应当以发展学生的核心素养为导向，同时渗透管理学要素；在向学生传授体育基本知识和运动技能时，应培养学生目标导向的思维习惯、创新意识、遵守规则、适应环境、自主思考、解决问题和实践动手能力等。开展以多环节自然衔接的体育与健康课堂探究式模式教学，让学生更主动地参与体育实践中，积极发展学生的核心素养。

## 二、课程育人方略

以学生发展核心素养为引领，尊重学生主体，充分利用课程资源，协调师生关系、生生关系，激发学生学习的积极性、主动性，从而实现高效、科学的高中体育与健康课堂管理。

## 三、课程育人经验

### （一）引导学生的发展由内而外改变

学生的发展和改变皆是由外在的控制转化为内在的自我引导。教学管理中教师要明确学生才是学习的主人，教师应激发学生学习的积极性和主观能动性，引导学生对体育课逐渐重视起来。在教学管理的多个环节中，教师可运用创新的方法着眼于内化和挖掘潜力，为促进学生习惯的养成提供科学、合理的教学内容。

### （二）实现目标管理和自我控制

1.学习目标——评价的一致性管理

明确的学习目标是学生学习的起点和归宿。对体育与健康课堂目标的管理与制定始终是指向学生的核心素养发展，促进学生运动能力、健康行为、体育品德的形成；纵观合理定位学习目标不仅仅是基于《普通高中体育与健康课程标准》而制定的可描述、可衡量、可操控、可评价的学习目标，而且是在一定条件下完成富有挑战性的、达成共识的、有意义的学习目标，并做到“目标—评价”的一致性。在制定教学流程和教学策略时应该围绕“学习目标”展开设计，并伴有具体的评价过程。在开展以教学过程为研究对象的评价过程中，应该依据学科核心素养，对评价内容和方式进行完善、优化和创新，力争在课时计划、单元计划和学期进度计划内都能够实现量化与测量评价的全覆盖。根据《普通高中体育与健康课程标准》的评价改革，每个教学内容都应围绕体育与健康学科核心素养建立相应的评价体系，从而帮助体育教师在实施学习目标—评价的一致性管理上有依可查，帮助学生在参与评价时有据可循。

在评价方法上根据新课改要求，要做到过程性评价与终结性评价相结合、定性评价与定量评价相结合、绝对性评价与相对性评价相结合，以及注重教师评价与学生评价相结合。

在管理上要求学生根据清晰的学习目标采取相应的评价方法对学习内容进行科学正确的评价。

2.学生自我管理和自我控制

从心理学的角度来讲，高中生的认知和思维水平已接近成人。学生已经具备了一定的决策能力，他们能够控制自己的行为，并负主要责任。在课堂管理中，教师不应要求学生总是百分百服从，而应更多地关注学生的学习需求，为他们提供、创造良好的学习环境，帮助和引导学生分析问题并解决问题、获得对体育的成就感、归属感和自我认同感，从而提高学生的自我管理和自我教育的能力，形成一种积极的课堂环境。

有研究指出学生的“自主管理学练”成效明显，有助于学生培养学习兴趣、养成自主学习、积极锻炼的行为习惯，还有助于提高实践动手能力。学生在自我管理和自我控制的过程中，不仅巩固了原有知识与技能，而且在整个学练过程中具备了亲身体验，不断调整学习目标和制订学习计划的经验。其次，在创新精神的指导下，学生的创造能力得到较大的提升。如多媒体的使用、方案的制定、器械的组合、巧妙过障碍等。

但是，高中生的认知水平尚未完全成熟。学生在体育与健康课堂自我管理过程中，教师要在保证学生运动安全的前提下，既要尊重学生的独立性、批判性，又要监督引导他们正确看待自己的行为和存在的问题。同时针对他们认知的不足，教师还应在思维方式、理论学习、文化知识等方面帮助他们开阔体育的视野，进一步促进身心成熟。最终，引导学生总结提炼实践知识，反思学习过程中的问题，为后续的体育与健康课程实践以及学习生活提供指导性意见。

（三）提升体育教师的课堂管理行为

第一，体育教师的课堂管理行为是为了帮助学生提升自控能力，这需要与师生形成良好的伙伴关系；教师在愿意“分享控制权”时，管理的效果才能发挥得淋漓尽致。在体育与健康课堂上，教师与学生应共同建立且能为学生说清楚和接受的行为规则，在教学情境中运用学生行为管理的技巧来管理学生的不当行为，以达到学生发展的自控能力和社会能力的目标，进而完成体育与健康课堂管理行为的核心工作——学生核心素养的发展。

第二，在体育与健康教学过程中教师要不断提示学生对学习目标的管理与达成，帮助学生制订合理的目标。通过分解多个短期小目标，引导学生在规定期限内“跳一跳”就能达成目标，采用积分制的方法，在某一阶段后得到积分排序，以此作为评价依据，同时还可以结合奖赏制度，对学生的短期学习效果给予及时反馈和鼓励。

第三，在体育与健康教学过程中可采用团队管理法，即每名学生的行为都是在团体活动中展开，学习表现和学习效果均采用奖励或扣除相应的积分，以积分的形式体现他们的行为方式和学习结果，同时提升学生的社会责任感和团队意识。

第四，教师在与学生沟通时应当有沟通技巧和规则，比如，引导合作、拒绝贴标签、表达“明智”的信息、谨慎使用赞美用词、接受感情宣泄而非否决、理性表达愤怒等。

## 四、课程育人价值

### （一）体育与健康课堂目标与内容管理的科学化

在传统的体育与健康教学中，体育与健康课堂目标相对比较狭隘。传统的体育与健康教学要求学生须按部就班地依照教学任务进行系统的学习，在学习内容上学生往往都是在教师的统一指令下进行练习，无法真正体验到体育运动所带来的乐趣。

核心素养引领下的体育与健康课堂，在目标制订上会根据学生的学习水平逐步实施目标管理和自我控制体育与健康课堂。在内容上根据体育与健康课堂教学内容的学习效果，分阶段实施目标管理和自我控制体育与健康课堂。这样有利于学生养成体育锻炼的习惯和终身体育的意识。

### （二）体育与健康课堂对学生管理的人性化

传统体育与健康课堂，教师为保障教学的顺利实施，多采用严格的管理，例如，运用冷静、坚定、明确的目光或语言提示学生“我希望……”“我要求……”等强硬的语气。

核心素养引领下的体育与健康课堂，体育教师能够结合多种课堂管理方式，提高管理能力和管理艺术，以此来发展学生的核心素养服务。在课堂上进行科学的、人性化的管理激发学生精神中隐藏的能量，了解学生，给予他们充足的成长空间，用关心和尊重来唤醒学生的内在动力。

（三）体育与健康课堂评价管理的多样化

传统体育与健康课堂教学评价的评价主体单一、评价双方对立，体育与健康课堂评价往往是教师的“一言堂”，只注重学生的成绩和练习结果常常忽视学生进步过程的评价，挫伤一部分学生的学习兴趣。

核心素养引领下的课堂评价，注重学生的过程性评价，适用多种方法、多种维度对学生的课堂表现进行科学、合理地进行评价，让不同水平的学生发现自己的进步与成长，感受运动带来的快乐。

（四）体育与健康课器材、场地管理的个性化

场地设备的规格、数量和质量将客观地影响学生的锻炼热情。传统的体育与健康课堂为了保障教学的顺利实施，教师依据个人意愿提前设计和布置场地器材，忽视了学生作为学习的主体。

核心素养引领下的器材、场地的利用上，积极调动学生参与进来，既充分挖掘了场地和器材的最大利用价值，又培养了学生的创新能力，让学生真正成为课堂的主人。

**天津市南开区教师发展中心**

# 以学生为主体，彰显校本特色 开发劳动项目，落实劳动课标

文/郑　洁　郑　森　张金龙

《义务教育劳动课程标准》从课程理念、课程目标、课程内容、课程实施等维度对劳动课程进行了详细的解读，为劳动课程的有效实施起到了推动作用。劳动课程对学生的全面发展具有重要的意义，做好区域整体规划是实现劳动育人价值的重要一步。南开区在多年研究的基础上，以立德树人为根本宗旨，坚持培育和践行社会主义核心价值观，把劳动课程纳入中小学课程中，积极探索具有南开特色的课程模式，构建德智体美劳全面培养的课程体系。

## 一、更新劳动课程理念

### （一）把握育人导向

坚持党的领导，围绕培养担当民族复兴大任的时代新人，着力提升学生综合素质，促进学生健康成长、全面发展。把准劳动课程价值取向；引导学生树立正确的劳动观；尊重劳动、崇尚劳动，增强对劳动人民的感情，报效国家，奉献社会。

### （二）遵循教育规律

符合学生年龄特点，以体力劳动为主，注意手脑并用、安全适度，注重实践体验，让学生亲历劳动过程，提升育人实效性。

（三）体现时代特征

适应科技发展和产业变革，针对劳动新形态，注重新兴技术支撑和社会服务新变化。深化产教融合，改进劳动课程方式。强化诚实合法劳动意识，培养科学精神，提高创造性劳动能力。

（四）强化综合实施

加强区域统筹，拓宽劳动课程途径，整合家庭、学校、社会各方面力量，形成协同育人格局。

（五）坚持因地制宜

秉承南开“公能”课程思想理念，根据区域和学校实际，结合南开区在自然、经济、文化等条件，充分挖掘行业、企业等可利用资源，采取多种方式开展劳动课程。

## 二、明确劳动课程目标

准确把握社会主义建设者和接班人的劳动精神面貌、劳动价值取向和劳动技能水平的培养标准，全面提高学生劳动素养。

（一）树立正确的劳动观念

正确理解劳动是人类发展和社会进步的根本力量，认识劳动创造人、创造价值、创造财富、创造美好生活的道理，尊重劳动和劳动者，牢固树立劳动最光荣、劳动最崇高、劳动最伟大、劳动最美丽的思想观念。

（二）具有必备的劳动能力

掌握基本的劳动知识和技能，正确使用常见劳动工具，增强体力、智力和创造力，具备完成一定劳动任务所需要的设计、操作能力及团队合作能力。

（三）形成良好的劳动习惯和品质

能够自觉自愿、认真负责、安全规范、坚持不懈地参与劳动，形成诚实守信、吃苦耐劳的品质。珍惜劳动成果，养成良好的消费习惯，杜绝浪费。

（四）培育积极的劳动精神

领会“幸福是奋斗出来的”内含与意义，继承中华民族勤俭节约、敬业奉献的优良传统，弘扬开拓创新、砥砺奋进的时代精神。

## 三、规划劳动课程内容

根据课程目标，针对不同学段、类型学生特点，以日常生活劳动、生产劳动和服务性劳动为主要内容开展劳动课程。结合产业新业态、劳动新形态，注重选择新型服务性劳动的内容。

小学低年级以个人生活起居为主要内容开展劳动课程，注重培养劳动意识和劳动安全意识，引导学生学会日常生活自理，让学生懂得人人都要劳动，学习生活自理能力，感知劳动乐趣，爱惜劳动成果。小学中高年级以校园劳动和家庭劳动为主要内容开展劳动课程，适当参加校外公益劳动，让学生学会分担家务，体验劳动合作，体会劳动光荣，尊重普通劳动者，初步养成热爱劳动、热爱生活的态度。初中阶段兼顾家政学习、校内外生产劳动、服务性劳动，开展职业启蒙教育，让学生体会劳动创造美好生活，养成认真负责、吃苦耐劳的劳动品质和安全意识，增强公共服务意识和担当精神。普通高中注重围绕丰富职业体验，开展社会服务和生产劳动，理解劳动创造价值，磨炼意志，具有劳动自立意识和主动服务他人、服务社会的情怀。

## 四、推动劳动课程实施

### （一）整体规划劳动课程实施

学校要结合南开区和本校实际情况，对劳动课程进行顶层设计、系统规划，形成课程实施总体方案。方案要明确劳动课程目标、课时安排、课程内容、课程组织形式、课程评价等。同时要基于学生的年段特征、阶段性教育要求，研究制订学校学年或学期劳动课程计划，对学年、学期劳动课程实践活动做出具体安排，细化有关要求，使总体实施方案和学年或学期活动计划相互配套、衔接，形成可持续开展的劳动课程实施方案。

### （二）全面开发劳动课程途径

1.独立开设劳动必修课。义务教育学校设立劳动必修课程，每周不少于1课时，与综合实践活动课程等进行必要统筹，形成体现学校特色的劳动课程。普通高中学段劳动课程4个学分，每周不少于1课时，与高中通用技术选择性必修课程、选修课程及校本课程等内容有机整合，进行统筹实施。

2.结合学科核心素养，充分挖掘学科教学中可利用的劳动课程素材，在学科教学中有机渗透劳动元素，实现德智体美劳“五育”并举。

3.统筹规划劳动技术、通用技术、综合实践活动等必修课程以及地方课程、校本课程等有关劳动元素的相关内容，形成劳动课程群，发挥课程群的主题引领作用。

4.以劳动课程必修课为主，结合实验实习、职业体验、职业规划、公益服务、STEAM课程、创客活动、校园文化建设活动、主题教育等，形成校内与校外、课内与课外贯通融合的劳动课程模式。

5.将每年五月的最后一周统一设立为南开区中小学劳动教育周，通过开展劳动相关活动，充分展示个人、集体等劳动技能与成果，凸显学校劳动课程特色，打造南开区域劳动课程品牌。

6.充分利用南开区“云动”课程资源平台，研发劳动相关课程资源，开通学生选课平台，提供劳动课程套餐，实现教师、学生网上自主学习，构建线上、线下一体化课程体系。

（三）充分整合劳动课程资源

中小学要推动建立以学校为主导、家庭为基础、社区为依托的协同实施机制，形成共育合力。积极争取家长、校外指导教师、社区人才资源等有关社会力量协同指导学生开展活动。支持各学校依据本校课程建设特色，依托杨柳青年画、泥人张等具有天津特色的文化品牌，建设劳动课程合作基地，开设非物质文化遗产学习劳动课程。鼓励具有劳动传统与优势的学校，建设成为劳动课程特色校，区内开放劳动场所和资源，共建共享劳动成果。

## 五、落实劳动课程保障

（一）加强劳动课程研究指导

学校和教师可围绕劳动课程开展专项研究，特别是要结合本学校的学情特点，针对劳动课程面临的新问题，探索新方法，注重开展跟踪研究、行动研究，举办论坛讲座，营造良好的学术氛围，形成具有学校特色的体系或模式。区教科研部门要整合区域资源，促进校际联合，及时交流、推广可操作性的研究成果，不断提高南开区劳动课程的质量和水平，丰富劳动课程的内容和形式。

（二）完善劳动课程评价标准

劳动课程评价是学生综合素质评价的重要内容。各学校和教师要以促进学生综合素质持续发展为目的设计与实施劳动课程，坚持评价的方向性、指导性、客观性、公正性等原则。评价过程要改变以往单一的评价方式，强调多元评价主体、形成性评价、面向学习过程的评价，由学生本人、同伴、教师对学生学习过程的态度、兴趣、参与程度、任务完成情况以及学习成果等进行评估。区域以劳动课程目标、课程内容要求为依据，制定劳动课堂评价标准，供各校参考使用。鼓励各校建立劳动课程信息化评价系统，运用大数据、云平台、物联网等现代信息技术手段，开展劳动课程过程监测与纪实评价，全面客观记录学生课内外劳动过程和结果，充分发挥评价的育人导向和反馈改进功能，以评价促进学生发展。

（三）加强劳动课程师资建设

学校要有计划地建设一支专兼职相结合的劳动课程师资队伍，区级尝试建立劳动课程师资交流共享机制。将劳动课程纳入教师全员培训，强化每位教师的劳动意识、劳动观念。对承担劳动课程的教师进行专项培训，提高劳动课程专业化水平，帮助他们尽快指导学生实施劳动课程。

（四）强化劳动课程安全保障

加强劳动安全教育，强化劳动风险意识，建立健全安全教育与管理并重的劳动安全保障体系。制定中小学生劳动课程工作规程，完善校内外劳动课程安全措施，落实安全责任。依据学生身心发育情况，适度安排劳动强度、时长，切实关注劳动任务及场所设施的适宜性。鼓励学生购买劳动相关保险。

天津市南开区教师发展中心

# 展开创造的翅膀　体味美术教学自由的天空

文/李　震

《义务教育艺术课程标准》指出:“现代社会需要充分发挥每个人的主体性和创造性,因此美术课程应特别重视对学生个性与创新精神的培养,采取多种方法,使学生思维的流畅性、灵活性和独特性得到发展,最大限度地开发学生的创造潜能。”艺术教育是使学生在感知、观察、理解、想象和创造性思维能力上得到全面发展的过程。在人的素质方面应该形成创造思维品质和创造心理品质的培养。要实现这一目标,美术教师就必须转变教学理念,拓宽教学途径,更新教学方法。培养高素质的创新人才是教育工作者的重要任务。美术学科被认为是培养创造力最有成效的课程之一。因此,作为美术教师努力传播美术文化、提高学生的综合素质,特别是培养学生的创新精神和解决问题的能力是责无旁贷的。

## 一、时代发展呼唤美术课程教学要关注学生创造精神的培养

创新精神是一种人类精神,是人特有的能力,更是一个民族和国家的灵魂。人类发展史就是一部人类创新史,创新精神就是在这种创新的历史发展中,内化为人的精神素质,积淀为人类的文化遗传。创新精神还是一种实践精神,实践的本性在于创新,创新体现了实践的精髓。如今,社会的经济关系、政治关系完成了现代化转型,创新精神成为生产力的内在要求,成为人的普遍行为趋向,所以,创新精神已上升为一种时代精神。创新能力往往决定一个国家和民族的综合实力和竞争力,

是国家兴旺发达的持久动力。创新教育对于个人良好素质和人格的形成发展也具有重要作用。靳尚谊先生说:“这是一个需要我们的艺术教育能适应时代思想,并以新的方式培养和造就一代富有创造力的新型艺术人才的转折时期。”

## 二、关注美术课程教学全要素,培养学生创造精神

### (一)课程教学内容的创造性使用

我们的教材提供了大量的教学素材,如何运用这些素材,更好地将知识传授给学生,这就要求教师应灵活变通地把握教材内容,并给予充实和更新,创造性地使用教材。首先,教材中往往有些内容不符合学生的生活,有的使用起来与学生的生活有距离。因此,教师要联系生活实际,根据学生的生活实际、学习需要,补充教材。其次,教师要学会整合教材,挖掘教材中的创新元素。我们可以将教材中的内容结成网络,以经纬方式横、纵贯穿,以对比、联系法讲解。最后,课堂教学是一个动态的教学过程,教师要善于捕捉教材内容和备课预计之外的、发生在学生学习过程中瞬息变化的信息,对学生进行生动的创新教育。要做到以上,教师应该深入钻研现行教材,挖掘教育因素,拓宽知识面,探索以发挥学生创新能力为主的教学特色。

### (二)教与学方式的适切多样

课堂教学的适切性有两层含义。一是在课堂教学过程中,课堂的教学内容、教学方法、教学组织形式等教学要素适合学生的身心发展、符合学生的学习情况,教师的教学要求、教学需要。二是在课堂教学过程中,教师与学生之间相互尊重,没有压迫与被压迫之间的关系。课堂教学具有人文性、情感性、关怀性。教师的教适合学生的学。课堂教学能够上升到适合自身的教育。

在教学方法上来说,对不同内容如果运用单一教法就会显得乏味,学生不乐于接受。故对不同的课题,教师要多作精心的设计,把讲授、解惑、实践等各环节紧密联系起来,节节课都有不同的精彩之处,才能调动学生的积极性,拓宽学生的思路,激发学生的创新精神。首先,要大胆尝试新的方法与手段,可利用多种课程资源来辅助教学。美术学科来说,校内、校外的多种课程资源为教师提供了大量可利用的材料,能很好的拓展学生的思维空间。其中,具有时代感的教学素材更能与学生产生共鸣,与学生的创新型学法更契合。其次,要与各学科结合。美术不能孤立地讲

解，应与其他艺术门类以及历史、地理、政治等学科挂钩，这样才能建起完整的思维框架，触发学生的想象力与联想力，增强其创新思维意识，他们在学习过程中真正地了解自我，课堂教学更加适合学生。

### （三）美术关键领域的教学引领

新课改实施以后，我们对培养学生的核心素养十分注重，因而在进行美术教学时，教师应注重分析初中美术四大领域与美术学科核心素养间的内在联系，核心素养的培养与初中美术中的造型表现、设计应用、欣赏评述、综合探索密不可分。美术教师在中学美术教学阶段，围绕这些方面引导学生鉴赏美术画作、学习绘画方法、发挥想象力、创造力创作艺术作品以及评述和表达，从而提高学生的美术核心素养。

在教学中可以发现，对不同类型的教学内容，要创设各种相应的课堂结构，在美术教学中，绘画和手工课占据相当大的比重。因此，在美术教学中通过教师的引导让学生积极主动参与教学活动，这样获得的知识技能是学生自己的，而不是教师强加予他们的。

教师自身的创造能力直接决定着创新教学的质量，影响着对学生创造力的培养。这就要求教师的教学要有创造性。教师应该掌握并运用多样的教学方式来指导学生运用多样的学习方式来获取知识技能、启发创造思维。教师要着重对学生进行创新思维的训练和培养，把它作为一项重要的任务。首先，要维护学生的好奇心，激发求知欲；其次，要启迪学生的发散思维，通过有目的的训练，发展学生思维的流畅性、变通性和独特性。

## 三、美术课程教学培养学生创造精神的几点关注

### （一）处理好继承与发展、创造之间的关系

尽管发展学生的创造性是极其重要的，但对任何领域来说，扎实的基本功都是成功的必要条件。对学生来说，美术课程技能、技法的学习，是专业必修课，是从事美术活动的基本能力。学习好基础知识，熟练掌握各种形式的绘画语言，是学生表达个性，传达思想感情的语言工具。但是绘画技能不是学生学习美术的目标，而是学生表达其思想情感、展露情怀、抒发胸臆的手段。基本的技能可以差别不大，但

依赖于这些技能的作品却可以千姿百态、仪态万方。也就是说，必要的技能训练是一定要下功夫的，但是学生却不能仅囿于此，要力求超越这些技能。在技能的训练和基本功的培养中，可以砥砺学生的意志。而在情感的宣泄和美感的表达中，则能张扬学生的个性。我们要厘清培养技能和美术创作之间的辩证关系。

（二）在教学中发挥学生的主体作用

教育的对象是学生，教育的目的是学生的发展。教育的主体不是教材，不是教师，而是学生。学生是一个个具有独立人格的个体，其个性只有在自由的环境中才能得到发展。在尊重学生个体差异的前提下，鼓励是培养学生创造性、发展学生个性的最好方法。教师不能根据自己的审美喜好干涉学生独特的审美习惯，应该尊重并鼓励学生在诸如艺术表现方式、审美等各方面的个体差异，在教学中发挥学生的主体作用。

中学生尚处在学习阶段，知识面有限，在学术上毕竟是“稚嫩”的；他们年龄小，缺少社会实践，人生阅历不丰富且手头资料不足。教师切不可要求过高，求全责备，更不能吹毛求疵，要抓住闪光点，给予激励，并施以正确引导。“个人见解”不是“妄发议论”，要使学生懂得“厚积”是“薄发”的基础。并且，要培养学生独创性思维，必须要保护学生探究事物的热情。因为探究能使学生学会研究问题的方法、锻炼独创思维的能力、提高探究问题的兴趣、找到发现问题的乐趣。

要鼓励学生主动向规则挑战，要强化问题意识，培养质疑能力。学起于思，思源于疑。爱因斯坦认为提出问题比解决问题更重要。变传统注入问题为放手让学生讨论，潜心启疑、悉心激问，教师尊重学生的独立意识，倡导和培养学生的主动性和创造性，鼓励他们克服思想上的“随大流”，勇敢地去尝试。引导学生经常对熟悉的事物变换不同的角度去观察、思考，从中发现和领悟新的意义，从而去创造具有独特风格的作品。其实教师要做到的是激发学生的创新意识、发展学生的创新思维、培养学生的创新人格。

（三）教师在教学中要融入创造性理念

学校教学过程是教师与学生相互作用、相互影响的过程，在这个过程中，教师的作用是不可替代的，其理念、言语等对学生（尤其是对于可塑性极强的中学生）、对教学成果有着直接的影响。教师在教育教学中，各种言行是受一定的理念（包括各种潜意识）支配的。因此，创造性思维培养中必须着力转变教师理念。

所谓转变，其实就是“教”的意识，转向“导”的意识。创造性教学实质上是学生在教师的引导和帮助下经历创造性解决问题并求得自身发展的过程。那么教师一要树立新的创造性教学观；二要了解创造型学生的特征，善于鉴别和正确引导；三要引导学生创造性解决问题的过程；四要兼具扎实的教学基本功和勇于探索和尝试新的教学方法，使自己的教学更有个性。

（四）通过探究性学习培养学生的创造精神

生活是艺术的源泉，也处处充满了美术的影子。要知道，研究性学习是学生创新精神的载体，注重学生对生活的感受和体验，强调学生的亲身经历，让学生在实践中去发现和探究问题、体验和感受生活、发展实践能力和创新能力。教师在探究性学习的过程中，可结合学生的日常社会生活实践，创设比较类似的学习条件，构建探究性美术教与学场景，让学生在实践中领悟美术在实际生活中的独特价值，激发学生独立思考、主动参与表现生活美和美化生活的探究精神与学习动机。

美术教师要不断适应教学需要，改进我们的教学，用创造来教会创造，用创造力来激发创造力，用发展变化来使学生适应并实现发展变化，使学生懂得创造和超越已有的东西不仅是可能的而且是必要的，只有这样才能不辱育人使命。

天津市南开区教师发展中心

# 云动致远　铸魂育人

## ——区域数字化平台满足学生自主性选择课程

文 / 张亚亚

党的二十大报告指出：“我们要办好人民满意的教育，全面贯彻党的教育方针，落实立德树人根本任务，培养德智体美劳全面发展的社会主义建设者和接班人，加快建设高质量教育体系，发展素质教育，促进教育公平。”办好人民满意的教育，是以人民为中心的发展思想的重要体现，就教育领域来说以人为中心就是以学生为中心。新课改提出提升全民数字素养与技能，是建设网络强国和数字中国的一项基础性、战略性、先导性工作。教育在其中扮演着至关重要的角色，而最直接有效的途径是创设丰富的数字化学习环境，引导学生通过体验和探究，在利用信息技术解决真实问题的过程中，全面提升数字化学习与创新素养。天津市南开区特色数字化平台——南开区“云动”课程资源平台聚合教学素材和资源，打造全方位、立体化的教学资源库，支持在线个性化学习，为学生提供了优质的学习共享资源，开启了学生全面而个性移动学习新常态。

### 一、构建立体化课程体系，让学生做课程的主人

随着时代的进步和科技的发展，教育的理念、途径和形式的不断变革，在线教学平台推动传统的教学模式进行创新，为学生学习提供了便利，云课堂教学改变了传统的教学模式，使学习者拥有更多的自主性。南开“云动”课程资源平台于2017

年10月启动，依托网络技术、数据支撑、APP服务，以“立德树人”为目标，以深化教育综合改革与推进课程改革为重心，支持多种教学模式与在线个性化学习，截至目前，平台已推出600余门课程供学生学习。

### （一）助力“双减”政策增质提效，丰富学生常态活动

南开区“云动”课程平台，既契合互联网时代的融合出版需求，又可以为“双减”及“互联网+教育”模式下的中小学提供课堂教学和课后服务。提高课后服务质量是南开区依据“双减”政策所制订的方案之一，方案中强调要引导学生用好南开区“云动课程资源平台”丰富的线上教育教学资源。

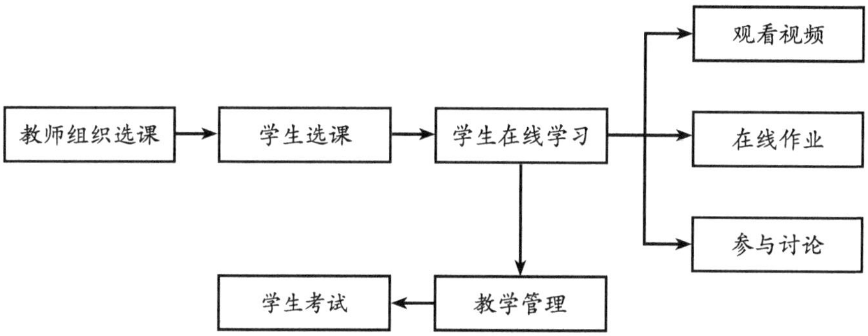


**图1　课程的学习组织**

2021年9月份，也就是“双减”政策后的第一个学期，南开区为进一步落实市教委、市发展和改革委员会、市财政局和市人社局联合印发《关于进一步做好义务教育阶段学校课后服务工作的实意见》精神，丰富学校课后服务的内容，为学生提供服务支持，南开区云动课程资源平台特地精选小学161门、中学108门、校本特色课程学习资源供学生自主选择，这些学习资源，为学生的有效学习提供了资源支撑，将“线上与线下”“校内资源与校外资源”相互结合，充分发挥信息技术优势，结合课后服务的实际情况，精准推送多样化、个性化的学习资源，培养学生兴趣、促进个性发展。通过线上资源与线下社会实践课程相结合，全面落实五育并举素质教育，提升学生综合素质。

### （二）打破时空壁垒，开启学生自主学习模式

在校外培训取消、“停课不停学”的情况下，家长和学生也迫切需要用于课后查

漏补缺或提升拓展的高质量学习资源。

每年的寒暑假组织和各类节日就会开展基于中小学学生综合素养的云课堂混合式学习活动，并以多种形式通知到每一位学生，使学生积极参与到课程的学习与评选活动中。利用“云动”课程资源平台，全程覆盖形成有网络就有课堂，学生可突破时空限制，实现了随时随地学习模式，拓展了学习空间。2022年开展的“培根铸魂守初心 铭史励志担使命——扣好人生第一粒扣子”云课堂学习活动中，中小学生累计选课3407人次，共完成12791学时、3282学分、66183个课程任务点的学习，视频观看量达286305次，课程总访问量1530627次。

“双减”政策继续走深走实，借助科技的力量进一步提质增效，实现基础教育教学整体性变革，促进学生全面健康成长。

| |
|---|
| 2019年南开区“云动”课程资源平台<br>暑期课程评选活动<br>2021年南开区“云动”课程资源平台<br>暑期课程评选活动 |
| 2020年“品魅力诗词，颂中华雅韵”<br>南开“云动”课堂暑期经典阅读活动 |
| 南开区2021年“传承经典·香溢南开”<br>综合实践主题活动 |
| 培根铸魂守初心　铭史励志担使命<br>南开区2022年寒假云课堂主题学习活动 |
| 开展“践行社会主义核心价值观　礼赞百年征程路”<br>南开区2022年暑假云课堂主题学习活动 |

**图2　假期课程的主题活动**

## 二、线上线下按需切换，家校共育有备无患

南开区云动平台关注师生的自主选择性学习，不仅为师生提供在线教学、在线教学组织、在线教学互动等功能，还为师生提供个人学习空间与移动客户端，其丰富多彩的课程为师生隔空教与学提供了不竭的资源保障。

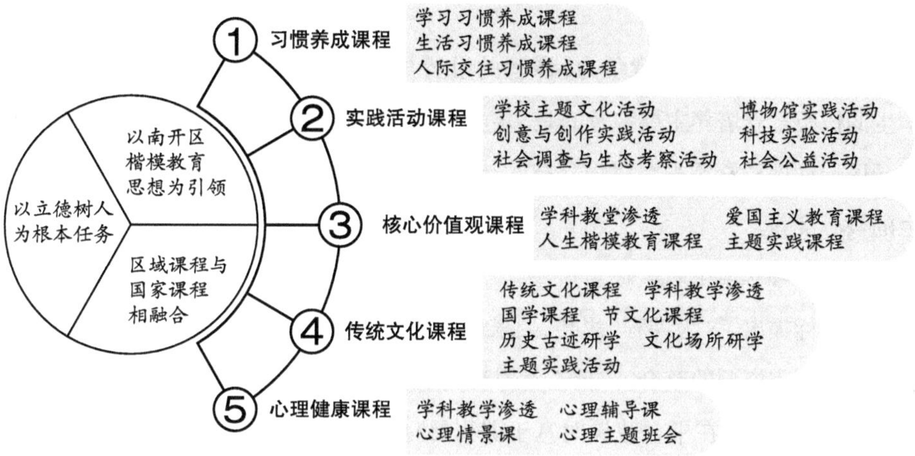


**图3 云动平台课程结构**

很多不确定因素使得线上线下教学随时切换，如疫情期间，面对“停课不停学，学习不延期”的现实需要，平台开辟师生个性学习与移动学习的新阵地，同时，南开·云动学习社区积极推动区域中小幼个性化地构建习惯养成、实践活动、传统文化、社会主义核心价值观、心理健康五大主题课程，科学建构纵向中小幼学段衔接，横向学科知识贯通，线上线下实时互动，培育全程立体化的新优质教育学习空间，科学规划、合理安排好学生的学习和生活。

在实际教学过程中，教师课前可通过云平台进行备课，并发布小组任务，学生可根据教师的指示，提前进行预习、资料查阅和教学研究；课中，丰富、多元的互动工具使师生之间达到深度互动；课后，教师可在教学云平台上布置作业测验及考试，及时掌握学生的课堂学习情况，教师可根据学情、教学实际，依托其实施教学，选择合适的学习内容，通过网络学习空间布置学习任务，指导学生进行自主学习，

并开展答疑辅导，准确地为学生的学情把脉指导，有效避免学生在家的无所适从，实现学校教育与家庭教育共同发力。

同时，平台还在完善专递课堂、名师讲堂、国家配套微课等，同时，通过课程置换，让学生有更好更丰富的选择。

## 三、课程体系深度融合，提升学生的核心素养

课程是学习的核心竞争力，课程的设置与开设决定了培养对象的素质结构。学生的核心素养培养主要涉及的是"培养什么样的人，如何进行培养"这样的问题，南开区云动课程资源平台将信息技术与学科教学、学生活动深度融合，全面提升学生的核心素养。

### （一）培养学生的学科素养

新课标提出了"大课程"思想，要求教师本着"开放、个性、自主"三大教育策略，进行各种课程资源的整合。"核心素养观"的"新三维目标"在南开区云动课程资源平台中仍有体现，在平台建课时基于课程目标对课程进行了整合。一是从目标开始重构学科课程；二是进行了学科内容的整合；三是学科间内容的整合；四是国家课程、地方课程、校本课程之间的整合；五是学科与生活及社会中相关元素的整合，让学生学习最适合更合理的知识，学生在学习中其他学科也均与信息技术进行了有效融合。对推动跨学科教学开展具有突出的助力作用推出许多跨学科课程，如《综合实践课程》《古诗词诵唱》等。

### （二）培养学生的能力素养

平台重构了新的课程，现已推出区域精品课程、中学研修课程、校本特色课程、名师讲堂课程、高中选修课程、京津沪区域课程等课程。学生应当掌握的能力，不是记住多少知识，而是要学会运用所学的知识与形成的能力，来解决现实中的教育教学问题，从而形成知识与能力的迁移能力。如平台上《民俗剪纸》看似学习剪纸，但在无形中学习了点线面的应用，了解了天津传统民俗文化。学科与生活及社会中的相关元素整合，使教学从学科中心转向对人的整体发展的关注，使课堂教学从机械学习走向了有意义学习，从学科学习转向了跨学科学习，从知识、技能走向了综合素质。

### （三）培养学生信息素养

#### 1.引导学生正确认知

学生对于网络上的知识缺乏鉴别能力，有的网络环境信息技术导致对生理和心理产生不利影响。统一平台使用后，学生通过使用云平台自主学习、听课、完成作业、自我学情分析，充分认识实名制的网络空间是一个学习场所，里面海量的教学资源、教学工具、学科工具、教学大数据等各类资源能够充分为我作用，逐渐增强正确使用现代信息技术的意识。

#### 2.提高学生操作技能

平台上的主题活动会统一制作操作手册，通过对引导学生在云平台在线学习，充分利用平台获取、筛选、储存、处理、管理、应用和评价数字化学习资源，正确使用媒体终端进行随时随地学习、交流和分享，开展个性化自主学习、合作学习、探究学习，并制订适合自己的学习计划，从而不断提高学习效率。比如，建课时可设置课程分项考核比例，学习者完成可在线查看考核比例，完成学习任务后，成绩由各项加权得出，支持线下成绩录入，支持成绩实时计算，引导学生进行自我学情分析，使学生认识到自己有哪些知识点掌握不牢固、哪些方面能力不足，从而有针对性地调整学习计划，或者通过平台的数据分析功能获取学习建议。

以学生为本，运用数字化信息技术建设的课程资源是提高课堂教育教学效益、提升学生核心素养是网络时代的必然趋势，也是当今教育的幸事，对于学生和学校都有着重要的意义。云动学习社区正努力尝试建立区域学生综合素质评价体系，通过师生、家长、社会多角色评价主体，科学且真实地记录、评价与指导学生发展，有效提高学生的核心素养能力，必然可以为社会输送大批的高素质人才，为社会发展增添一份力量。

天津市南开区教师发展中心

# 以“三导师制”为平台，开发学生发展指导新课程

文 / 陈文革

## 一、构建“三导师制”，激发学生的潜能开发

潜能开发的本质在于：培养自我意识、突破思维的瓶颈、释放本身所具有的智慧，以及人性的升华。潜能开发归结为两大方面：一是学会做人；二是学会学习。这两方面也是密切联系在一起的，在学会做人中体现学习的规律，在学会学习中领悟人生的做人道理。随着新高考改革的推进，学生的选择权不断扩大，我们的育人目标是培养全面而有个性发展的人，以“三导师”为主导的导师组分别是成长导师、学科导师和生涯导师，三导师之间的工作重点各有侧重，但又相互融合。

### （一）成长导师

成长导师由所有班主任、任课教师、部分家长、部分学长和社区人员组成，主要对学生进行生涯意识觉醒和职业启蒙教育，帮助学生了解自己的兴趣、能力倾向、个性特点与生涯发展的关系，了解大学专业信息与社会职业需求，合理规划升学与就业目标等。

**表1　成长导师工作图表**

<table>
<tr><th colspan="2">名称</th><th>简述</th><th>任务</th><th>说明</th></tr>
<tr><td rowspan="4">自我认识</td><td>能力与性格</td><td rowspan="4">在学生课程基础上进一步了解学生，使导学更具针对性和实效性</td><td rowspan="4">对学生过去的了解、分析、整合</td><td rowspan="10">成长导师以学校教师为核心，对学生进行全方位了解，使后续“学科导师制”执行更有方向，在指导上更清晰，知道自己要做什么，怎么做效果更好。需对家长社区（会）工作者进行培训</td></tr>
<tr><td>职业价值观</td></tr>
<tr><td>职业兴趣</td></tr>
<tr><td>我的家庭</td></tr>
<tr><td rowspan="2">学业认识</td><td>了解自己的学科成绩</td><td rowspan="2">引领学生进行学会比较：统考时将自己的分数用标准分与全区比较，看自己在全体中的位次，与自己比较看自己的发展状况</td><td rowspan="2">制订适合自己的高中课程方案</td></tr>
<tr><td>会利用自己的学科成绩进行自我分析</td></tr>
<tr><td rowspan="4">职业探讨</td><td>生涯意识觉醒</td><td rowspan="4">带领学生了解职业与学习间的关系，对寻找并获得工作时所需技能的认知，未来工作如何与经济、社会需求及功能相关联的认知</td><td rowspan="4">教育成就的达成与生涯发展机会的认知，面向未来的规划</td></tr>
<tr><td>丰富多彩的职业世界</td></tr>
<tr><td>未来职业</td></tr>
<tr><td>就业与创业</td></tr>
</table>

（二）学科导师

学生根据自己的兴趣需求等，参考学科教师的特长优势，自主选择“学科导师”。学科导师主要由各学科教师组成，重点是引领学生对学科素养进行自我学习和思考，定期和学生面对面探讨学业发展状况，固定时间地点进行深入研讨；每位导师既要指导一个学生小组，又要承担部分重点学生或有需求学生的学科核心素养辅导，形成每位导师1+N导学关系的工作模式。

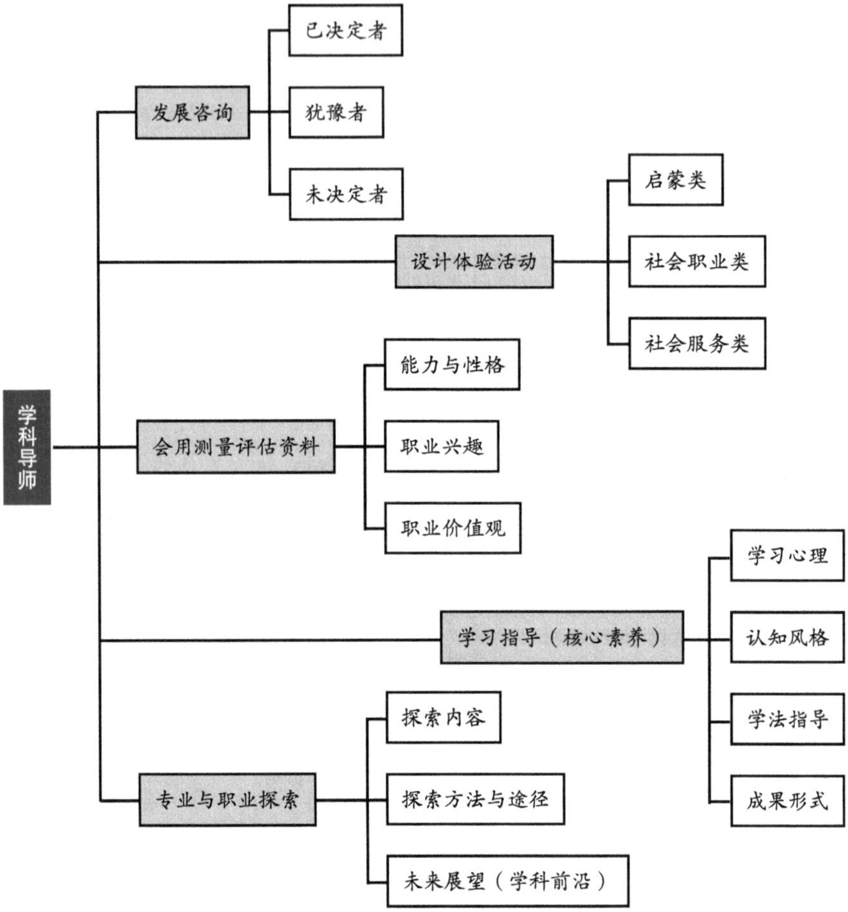


**图1　学科导师工作框图**

（三）生涯导师

生涯导师由大学教师、企业管理人员、社区工作者、家庭教育专家及学校教师组成，为有需要的学生开展小组辅导、一对一辅导等，满足学生个性化发展的指导需求，帮助学生形成个性化的阶段目标。学生可在学校提供的导师资源库中自主选择确定生涯导师，也可以根据自身实际情况的选择生涯导师。

## 二、依托“三导师制”，开设激发潜能的新课程

学校一切工作都是为了学生的发展。学校秉承“挖掘学生潜能，让每个学生都

获得成功”办学理念、“实事求是，生生不息”学校精神，认真贯彻党的教育方针，全面落实立德树人根本任务，坚持五育并举、三全育人，真正做到面向全体学生，善于发现、勤于开发学生身上蕴藏的激情和能量；立足学生的健康发展，引导学生挖掘自身潜能，增强自信，为其终身发展获得成功而奠基。

学生发展指导工作遵循，引导学生做人要走得稳、做得正、行得端，帮助学生发现自我、启发自我、成就自我。

### （一）以新课程为引领，协同发挥校—家—社的发展指导作用

学生发展是学校、家庭和社会协同发挥作用的结果。学校在学生发展中发挥方向引领、统筹协调的主导作用，有计划地把家庭和社会资源纳入学校课程资源体系，挖掘家庭和社会在学生发展中的独特优势，弥补学校资源不足。

家长是学生发展指导工作的重要合作伙伴。聘请家长为导师参与学生指导工作，可增强家校合作育人成效；家长通过配合学生发展指导工作，认识到指导孩子发展和为学生成长发展营造良好家庭氛围的重要性，密切亲子关系。

社会为学生发展指导提供多方面丰富资源。社会上丰富的场馆资源有助于学生开阔视野、丰富体验、了解社会，是学校课程教学资源的重要补充；社会上各行各业的从业者可为学生认识职业差异、进行人生规划提供最生动最鲜活的职业发展案例和示范。

### （二）借力新课程，形成“塔式跳阶”学生发展指导平台

经过二十多年坚持不懈的实践与探索，学校形成了卓有成效的指导学生发展的“塔式跳阶”学生发展指导模型。模型是自下而上逐层上升的六个层级塔式结构，以学生发展的五个方面“理想、学业、心理、生活和生涯”为核心工作内容，以“保障措施”为工作基础，以“课程与导师”为工作主导，以“内容与任务”为工作抓手，以“阶段目标”为工作依据，以“阶段成果”为工作导向，以“育人目标”为工作方向。同时，根据“课程与导师”不同，该塔纵向分为三个维度，即“国家课程和学业导师维度”“地方课程和生涯导师维度”“校本课程和成长导师维度”。“塔式跳阶”学生发展指导模型具体见下图 2 。

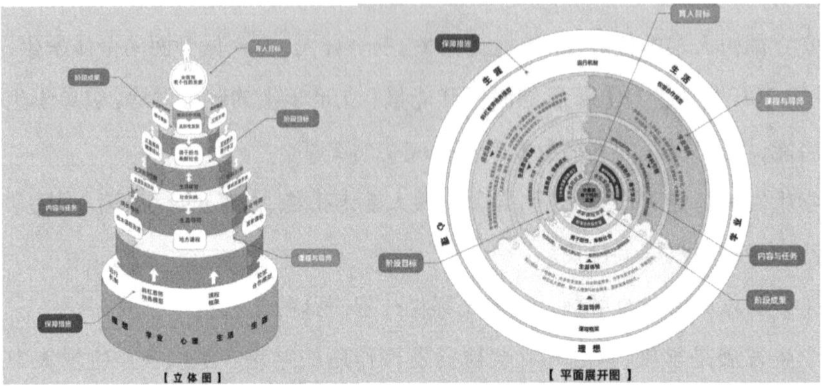


图2 “塔式跳阶”学生发展指导模型

“塔式跳阶”中学生发展模型将普通高中学生发展指导的内容理想、学业、心理、生涯、生活融于自下而上的六个层级呈塔式结构，分别为“保障措施”“课程与导师”“内容与任务”“阶段目标”“阶段成果”“育人目标”，形成螺旋式上升态势。每个层级配有相应的导师组织活动，导师分为“成长导师”“学科导师”“生涯导师”，同一层级导师工作重点有所侧重又相互融合互补。同时不同层级之间的导师身份根据活动安排和学生的需求做出相应调整，以适应本层级的活动需要，从而形成“跳阶”指导。

学生在各层级活动的初始阶段，一般会面临“多重取优”的状况，即在众多的活动中，或在多次重复参与活动中，经导师指导发现自己的优势科目，在这个选定的优势上面集中投入时间，随着深入参与，逐渐达到自己的预设目标。这样，活动的安排就形成一个上小下大的塔式结构。

通过学校、家庭、社会多方指导学生在多元化趋势中发展，发现自己在某一或某些方面具有优势，从“排队等候”的常态成长中，形成“插队跳阶”的发展态势。在这个过程中，教师尊重成长规律，指导学生按照自己“跳阶发展”的力度（动力）、方向（优势方面），以及“跳前准备”和“学科课程学习安排”，自主确定何时、何层级、如何发展。学校通过各层级的活动不断地激发学生学习的主观能动性，使学生的能力由隐及显。该过程中，形成动态项目成果“学生发展数字资源库”，该成果“分层级、有重点、整体推进”运行，基本实现了面向全体学生，结合不同层次的需要提供个性化的发展指导的目标，协助学生肩负起自主发展、主动发展、全面发展的责任，使其早日成为自己生涯发展的主人。

## 三、“三导师制”引领下，形成学生发展指导的课程理念

一是基于“以师带徒”+“学校教育”相结合的“校—馆”合作教学模式，探索集体智慧和个体经验共建共享，合作开发课程资源，让学生走进“场馆”，开阔视野，实践体会，培养兴趣，发现潜能和优长，找到发展方向。

二是基于现代信息技术与课程教学相融合的现场实时学习与“数字资源库”互补结合模式，为学生在学校课程体系框架中按需自主选择学习方式和学习内容提供丰富的线上线下资源。

三是基于“社会是最鲜活的课堂”理念，利用社会资源为学校办学特色服务模式，聘请手工艺人、企事业教育专家、学生家长、学长走进校园，为学生选课走班学习创造条件。

四是基于“大思政课”理念，组建大中小一体化思政课联盟，激发学生自我成长与发展意识。成立了由高校马克思主义教育学院、中学、小学组成的大中小一体化思政课联盟，激发学生的自我成长与发展意识，加强学生对世界观、人生观、价值观的指导，提升学生的思想政治素养。

**天津大学附属中学**

# 第一章 培根铸魂——铸牢学生敦品笃行的德行

新课程改革要以立德树人为根本，将“铸牢中华民族共同体意识”贯穿教书育人全过程，帮助学生树立正确的世界观、人生观和价值观，培根铸魂。青少年是祖国的未来、民族的希望，明确课程教学目标，规范课程教学内容，创新课程教学方法手段，不断提升课堂教学的亲和力、感染力和实效性，引导学生树理想、强本领、勇担当，打好精神底色，夯实人生根基。

德育班本课程建设对学生发展的研究与实践

拓展英语课程资源　培根铸魂立德树人

培根铸魂　启智润心

——初中英语课堂教学中的德育渗透实践

培根铸魂：传承周恩来精神课程建设成果

“学科德育”视阈下初中古诗文教学研究

——以苏轼作品为例

发挥线上教学优势，将思政教育融入语文课堂教学中

以文化人　强基铸魂

——“汉字文化”育人课程的开发与实践

延伸阅读实践，培育悦读基因

——谈小学低段语文部编教材阅读栏目实施策略

读诗诵词，蕴文化积淀　仿古学今，促长效发展

培根铸魂育人才

——贯彻立德树人理念，发挥课程育人功能

# 德育班本课程建设对学生发展的研究与实践

文/付 博

## 一、课程育人思考

### （一）背景依据

教育的根本任务是立德树人。坚持立德树人，提高教育质量的基本导向是学校工作的聚焦点、着力点和落脚点。为全面贯彻习近平总书记在全国教育大会上的重要讲话精神，以《国家中长期教育改革和发展规划纲要》《天津市中小学德育工作指南》为指导思想，结合学校德育实践活动和发展规划，在学校德育工作已有明显的课程化趋势和雏形，学校对德育课程有了新的认识和理解，正在走一条基础教育德育创新的探索之路的基础上，努力构建具有学校特色的德育课程，是构建学校文化的重要组成部分。

### （二）课程目标

1.“生本”教育理想实现的再推进，是适应时代发展、核心素养需求，响应学生发展需要的班级实践创生路径。

2.推进班级建设，凝聚教育合力，满足学生个性化成长需要。

## 二、课程育人方略

以班级为单位开展和推进班本课程，将班级作为推进课程内容的网格单位，充分发挥集体内成员的优势，通过教师引领学生、学生带动学生的途径起到触发效果，强调全员参与、自主探索、自我超越、自省升华。

## 三、课程育人经验

### （一）班本课程作为德育主体奠基课程

班本课程作为主体奠基类课程，在实施过程中要求全校各班基于班情和班级建设目标，按课时、按标准、按要求开展，教师带领学生进行课程顶层设计，班内全体学生共同参与。它区分于班会课、德育课，不是不同主题的班级活动，而是同一主题下的不同形式的系列课程，是班级活动的课程化，是德育课程的班本化。

学校班本课程依托德育部门指导，引领教师构建一人一课程、一班一课程，课程因教师而异、因班级而异。经过几年的探索，学校组织教师磨课、听课、评课，涌现出一批优秀班本课程案例，这些教育经验对学校德育课程建设起到有效补充的作用，是德育课程建设的创新之举。

### （二）突出“自主探究、学科融合”的实践特色

例如：“班本课程”生态文明课程群，教师融合地理学科特点，开展“行走津门”系列班本课程。学生畅游意风街，了解地域文化与建筑的关系；行走五大道，透过近代历史看天津；畅游海河沿岸，了解天津的河海文化；行走杨柳青石家大院，看天津非遗文化——杨柳青版画。

再如：“班本课程”志愿服务课程群，教师依托“青年梦想家”与天津市少年儿童图书馆合作的图书馆志愿服务活动，开设“实践体悟班本课程”。自高一年级起，每个月都会带领学生去少儿图书馆亲子阅览室进行志愿服务活动，每次都带着不同的课题，从最开始的学习图书馆规章制度，到具体图书馆的图书摆放、检索和借阅系统的使用以及增强工作意识、学会有效沟通等；每次都有学案，每次都做到前期准备精细到位，活动过程精心努力，活动结束用心反思，做到次次有收获，次次有进步。通过两年的班本课程，学生从最开始的眼神躲闪、语句不清，到大方有礼、对答如流；从最开始的不知所措、手忙脚乱，到工作娴熟甚至给他人作指导……每个学生都有不同的改变。

（三）体现“情境体悟、审美浸润”的育人需求

“思政班本课程”在情境浸润中给学生以直观体悟，学生在看到习近平总书记对青年提出希望的视频中能够获得力量和感召力，看到爱国青年积极有为的图片而震撼。教师带领学生走进天津大学，直观感受高校的魅力，激发学生树立学知识长本领的志向；带领学生走进天津中医药大学，听抗疫一线医护人员分享武汉经历，更让学生真切体会到“哪有什么岁月静好，不过是有人负重前行”。

“我和我的家乡”班本课程，学生通过观看《我和我的家乡》台前幕后的视频，更能体悟到每个人为家乡付出的艰辛。

“光影世界”班本课程，教师与学生一起欣赏电影《摔跤吧爸爸》，从励志、亲子关系到女性的觉醒再到国家发展，深挖细作，学生的审美情趣在一点一滴的浸润中得到提升。

（四）注重课程系列化、打造课程接续性

德育课程是社会政治和主流意识形态传播的工具和途径，班本课程作为学校德育课程的一部分，其实施教育的途径更多元、更广泛，学校在建设推广班本课程中以课程选题系列化、打造课程接续性为宗旨，目的在于引领教师更新理念、转变认识，以课程的理念整合日常班级德育工作。

系列化体现在班本课程主题设置上，课程设置不是一课一题，而是一班一课程，是同一主题下的纵深延展，注重从多角度、多层次设定子题，要体现“一条主线”下的多点开花，体现班本课程的深度和广度。

接续性体现在开展班本课程探索的系统性，选定主题后，课题组会持续跟进班本课程的实施情况，以三年为周期，围绕主题进行深入探索，体现课程实施的梯度和深度，不因学期更替中断课程研究，在接续中不断提升育人实效。新时代教师要突破传统，不仅仅是班级管理者，更是班级文化建设者，是研究型、专业型教师。教师要仰望星空思考班级建设的方向，要脚踏实地构建班级建设的框架。班本课程就是逐步推动教师认知的改变，班级建设成果是教师智慧、文化理念下的慢生成。

## 四、课程育人价值

### （一）学生核心素养落地，五育并举落到实处

在课程探索之中，我们看到参与班本课程建设的学生明显的变化，且变化呈现全员效果。课程要求全员参与，每个参与活动的个人都能在班本课程塑造的班级场域感受到团结共进的集体氛围，集体氛围带动个体参与活动的同时，也为个体树立了身边的榜样，丰富学生学习生活的同时达到对身心的滋养，更好地发挥个体优势，也对个别学生心理问题起到疗愈的效果。

### （二）教师校本培训规范化，教师队伍建设纵深发展

学校德育坚持每学期至少开展四次围绕班本课程设计研发为主题的校本培训，以邀请校外专家到校讲座和优秀教师经验分享的形式双管齐下，致力于理念引领与实践经验相结合、工作策略与内化反思相结合、实践拓展与理论学习相结合，规范教师校本培训。

班本课程通过其自身可研发、可探究、多元共进的特点，带领教师在课程建设上走深走远，对于教师带班的理论和实践均有提升促进，对教师的成长和向纵深处发展大有裨益。

**天津市第四十三中学**

# 拓展英语课程资源 培根铸魂立德树人

文/田 力

## 一、课程育人思考

### （一）背景依据

《普通高中英语课程标准》明确指出“普通高中英语课程具有重要的育人功能”“实施普通高中英语课程应以德育为魂”，教师应深刻领会立德树人根本任务的重大意义，全面关注学生的品德和情感发展，丰富课程资源，拓展学习渠道，培养学生语言能力的同时，培养学生的思维品质和文化意识，引导学生将自己的英语学习同自己的职业生涯发展和祖国建设密切联系起来。

### （二）课程目标

通过课程育人、文化育人、活动育人、实践育人提高思政教育实效。在学校教育的全过程中充分发挥英语学科特点，着力培养学生的语言能力、思维品质和学习能力，教会学生运用英语这门工具学科实现交际的目的，提升文化意识，成为具有中国情怀、国际视野和跨文化沟通能力的社会主义建设者和接班人。

## 二、课程育人方略

英语课程教学过程中，挖掘英语教材素材，结合课程教材主题语境，拓展课程资源，充分利用校园文化资源、学校活动资源及其他丰富的学习平台资源，开展课程学习及课程思政教育，从而充实思政教育内容，丰富思政教育形式。

## 三、课程育人经验

### （一）课程资源之校园文化

学校在庆祝中国共产党成立100周年之际，将党史学习教育与学校文化建设紧密融合，建设了“思政教室”“廉洁教室”，打造了中国共产党精神谱系墙、“伟大征程”党史学习教育文化墙，以及体现学校公能文化的恩来墙和伯苓墙，营造学校浓厚的学习氛围，打造浸润式的学习方式。在利用思政教室开展教学和活动的同时，教师可以组织学生开展“英文讲精神”“英文讲故事”等主题活动，指导学生用英语讲述中国共产党精神和楷模故事，讲述中国故事。引导学生坚定理想信念、凝聚政治共识、强化责任担当、树牢为民宗旨，做到不忘历史、不忘初心，知史爱党、知史爱国。

### （二）课程资源之学校课程

学校通过构建“一轴两翼”公能特色课程体系，“以周恩来为人生楷模”教育为轴及“允公博雅”“允能智慧”为两翼的课程开设，实现以“楷模教育”为引领，以“养成教育”为保障，以“两翼课程”为资源的教育体系，着力培养学生核心素养，促进学生特长发展、全面发展。英语学科可以依托学校课程体系，充分利用课程资源，与STEAM课程、非遗课程、传统文化课程开展跨学科项目式学习和主题学习，将语言学习付诸实践，用英语完成相关课程成果介绍，传承和发扬中华优秀传统文化，向世界讲好中国故事。

### （三）课程资源之学校活动

依托学校公能文化，学校开展了系列活动，如公能讲坛，学校邀请大学教授专家为学生开展主题讲座；如楷模教育，学校学生会开展“以周恩来为人生楷模”系列教育活动，如朗诵会、读书分享会等。结合英语课程要求，利用这些活动资源，开展撰写英文活动报道、英文人物访谈等主题活动，在训练英语语言表达的同时，引导学生深入思考和挖掘楷模精神实质，充分发挥楷模引领的作用，培育学生优良品质。

### （四）课程资源之学习平台

在信息时代，学习资源丰富充实，教师要引导学生学会辨识和选择优秀学习平台资源。为学生推荐如学习强国、南开区“云动”课程资源平台等官方主流学习平台，作为学习英语的拓展资源。学习《中国日报》等主流媒体发布的最新消息和学习强国学习平台中英文播报、每日一词等板块，在规范英文表达，训练听力理解，拓展专题词汇的同时，做到与时俱进，了解国家新政策、新发展和巨大成就，增强民族自信心和民族自豪感。南开区云动课程资源平台提供了学科类课程、特色传统文化课程等不同门类的课程学习资源，还有与教材同步的学科德育课程，为教师备课和学生开展自主学习提供了丰富的选择。

（五）课程资源之教材资源

依据《普通高中英语课程标准》要求，教材要突出其思想性原则。新教材分别涵盖了“人与自我”“人与社会”和“人与自然”三大主题语境，话题广泛，这些话题和语境以多模态语篇的形式呈现，除了传统的三大文体，还有日记访谈、新闻特写、戏剧小说、食谱、书评影评、专栏文章、社论、电子邮件、游记、寓言故事、实验报告、藏品说明、安全指南、海报等。更有形式新颖的新媒体语篇，如网络直播、论坛专题讨论等多种语篇类型，为学生提供丰富的真实语境和课程思政教育资源。教师应深入研读教材，充分挖掘和利用思政教育资源，充分实践英语学习活动观，培根铸魂，落实立德树人根本任务。

（六）教材资源之“人与自我”主题语境

在“人与自我”主题语境中，教材提供了如生活与学习、语言学习、健康生活、中外节日、良好人际关系、社会交往、优秀品行和社会责任感等话题的语篇文本，引导学生践行社会主义核心价值观，树立正确学习、生活的人生态度，了解中外节日意义和内涵；通过中国传统节日走向世界的事实，增强国家认同感，坚定文化自信。学习优秀人物事迹和他们从事的公益事业，强化学生对优秀品行的认知，引导学生了解中外普通人的高尚品格和善举，树立关爱他人、服务社会、积极参与志愿服务活动的态度和品质。

（七）教材资源之“人与社会”主题语境

在“人与社会”主题语境中，教材提供了如家庭生活、良好社会关系与社会交往、健康生活方式、艺术及艺术家、科技发展和科学精神等话题的语篇文本。引导学生传承中国家庭传统美德，对比中外家庭观念和生活方式的异同，形成正确的世界观、人生观和价值观，探索构建和谐家庭新方式；对比中外文化关于友谊的观点和态度，形成正确的交友观和跨文化意识，正确交友；了解不同国家流行的体育运动，思考体育对身心的影响，对比中外现代及传统体育运动，增强对中国传统文化的认同；引导学生批判性认知科学现象及科学与生活的关系，树立科学态度。

（八）教材资源之“人与自然”主题语境

在“人与自然”主题语境中，教材提供了人与动物、自然生态、国家地理概况，世界文化多样性、环境保护、人与自然和谐相处、关爱地球、保护环境、自然灾害与防范、安全意识与自我防护等话题的语篇文本。要引导学生关爱动物，保护生态，尊重自然，合理开发利用自然资源，了解动物在文化交流方面的作用，坚定文化自信，探索人与动物和谐共生的方式，树立可持续发展的观念；帮助学生树立面对灾害的积极态度，学习灾害防范、应对及救援措施，反思人类行为，树立环保意识和灾害防范意识，培养积极乐观人生态度；树立环保理念增强环保意识，践行绿色生活方式，建立人与自然和谐共生的价值观。

## 四、课程育人价值

通过充分利用课程资源，积极参与校园文化等相关学习活动，学生加深了对于学校公能文化的认同，增强了对于南开精神实质的理解和实践，用以指导个人学习成长和发展。同时结合学校“一轴两翼”课程体系学习和主题学习教育等活动，强化了学生理想信念和责任担当。

学习平台的充分利用为学生丰富了课程资源，拓展了学习渠道，在信息时代的背景下，给学生提供了多样的选择的同时，也教会学生选择官方、正规学习平台，获取主流媒体正确信息的方式和途径，不断自主学习和了解国家的发展和成就，不断增强国家认同，增强爱国情怀，坚定文化自信。

基于语篇以及不同主题语境的学习，学生对于个人、社会和自然形成正确的认知，培育和践行社会主义核心价值观，树立正确的世界观、人生观和价值观，培育中国情怀，拓宽国际视野，树立人类命运共同体意识和多元文化意识，为更好适应世界多极化、经济全球化和社会信息化做好准备。

**南开大学附属中学**

# 培根铸魂　启智润心

## ——初中英语课堂教学中的德育渗透实践

文／邓瑞梅

### 一、课程育人思考

（一）背景依据

1.新时代、新形势的教育要求

党的二十大报告指出，全面贯彻党的教育方针，落实立德树人根本任务，培养德智体美劳全面发展的社会主义建设者和接班人。《义务教育英语课程标准》指出：英语课程内容的选取遵循培根铸魂、启智增慧的原则。

2.学生现实情况分析

在高度信息化的时代，中学生面临更多的挑战，学生当中存在以自我为中心、观点片面偏激、学习毅力不足等问题。

（二）课程目标

培养有公德，有现代化才能的学生；把立德树人融入英语课堂教学，学习知识的同时形成正确价值观、必备品格和关键能力。

### 二、课程育人方略

充分挖掘教材文本，找准智育与德育结合点，巧妙设计教学方案，逐步进行德育渗透,拓展升华单元主题,实现培根铸魂教学目标。

## 三、课程育人经验

在外研版八上“M5 Lao She Teahouse U2 It describes the changes in Chinese society”课堂教学中,关注学生成长需求,遵循学生发展规律和个体差异,实践“允公允能”“立德树人”教育理念,基于教学实践总结出了在中学英语课堂教学过程中开展品德教育的有效途径。

### (一)充分挖掘教材文本,精心设计课堂主题教学

英语教材是我们渗透品德教育的载体,语篇、对话、习题等内容都内含了很多德育点,需要我们深入研读,充分挖掘,将文本的文化知识和德育功能紧密结合起来,提升学生的语言能力的同时,将德育渗透到英语课堂教学中,以单元主题为引领,以培养学生的语言能力、文化意识、思维品质、学习能力为课程目标,精心设计教学活动,提升学生文明素养和社会责任感。

“M5U2 It describes the changes in Chinese society”这节课的主题是老舍本人和老舍茶馆,陈述了老舍先生的事迹、茶馆的历史文化等,以学习中国传统文化作为语言教学与德育渗透的结合点,让学生了解像老舍这样在中国文坛中有重要影响的作家以及京剧、话剧等中国传统文化,培养学生对传统文化的热爱,对祖国的热爱,坚定文化自信,弘扬和传播中国传统文化,增强学生们的民族文化自豪感。

精心设计教学方案,在课堂的导入环节,为学生们播放一段茶馆的介绍视频,展示老舍茶馆、京剧表演、民族乐器等。为集中学生注意力,融入主题教学,在播放视频前设计问题“What can we do at Lao She Teahouse”,学生看完视频后给出“We can drink tea; We can watch the Beijing opera; We can enjoy the ancient Chinese musical instrument performances”等答案。短短两分钟的视频可以将学生带入教材主题的语境,让学生对在茶馆喝茶、看话剧的体验产生浓厚的学习兴趣,启发学生思考京剧、话剧的由来以及它们在中国文化中的重要性,将中华民族传统文化渗透到教学中,让学生惊叹我们的传统文化是如此博大精深,引导学生坚定文化自信,增强民族自豪感。

在课堂的泛读和精读环节,设计匹配段落标题、填写表格和复述等活动。匹配段落标题帮助学生梳理作家老舍、老舍茶馆和话剧《茶馆》之间的关系。填写表格

让学生了解作家老舍的生平事迹，填写表格后继续询问学生“What else do you know about Lao She?”，学生们积极参与，给出了“His real name is Shu Qingchun; He also wrote the novel *Camel Xiangzi*.”等答案，老舍这个人物形象跃然纸上，学生对作家老舍有了更深入的了解。

每一个学生的基础和性格特点不同，因此接受能力和理解能力也不同，教师在设计课堂活动时要充分考虑个体差异性特点，设计的任务要体现分层性。在这节课的读后环节，设计复述话剧《茶馆》活动，结合文本内容和学生不同的基础水平，设计复述框架，包括四个问题构成，分别为“What is it? When & where does the story take place? What is the main idea? Why do you like it?”四个问题难度设计合理，由易到难，层次分明，不同水平的学生可以在框架下复述回答其中一个或多个问题，提升学生的课堂积极性，让每个学生有话想讲，有话会讲，在自己原有的基础上取得进步和提升。

（二）联系学生实际，拓展升华单元主题

本节课的主题为茶馆，虽然茶馆可以体现中国传统文化，但是与学生的生活联系得不够紧密，真正去过茶馆的学生并不多，相比于茶馆看戏，看电影有更直观的感受和体验。

从学生最近看过的爱国电影入手，将传统文化教育进一步上升到爱国主题教育。通过调查问卷的形式确定了四部最受欢迎的电影，分别为《我和我的家乡》《长津湖》《八佰》《金刚川》，由于大部分学生刚刚看过这几部电影，都表现出浓厚的学习兴趣。首先，让学生在给出的框架下自由讨论、相互介绍电影内容并说出自己最喜欢的那部电影的感受和评价，增加学生对于这些素材及剧中人物的直观认识，培养学生的语言能力，同时引导学生们向电影里面的战士们学习，学习他们勇于拼搏、不畏艰险的精神，学习他们舍己为人的爱国情怀，激发孩子们的民族自豪感和责任感。

为进一步培养学生的团结协作、探究创新精神，在课上的写作环节，将全班分成六个小组，每组由5个组员构成，每组在四部电影中选择自己最喜欢的电影，每个组员负责影评的一部分，最后由组长汇总整个影评并在全班展示，展示的形式由各组自由选择，鼓励创新。在确定小组成员时，充分考虑学生的个体差异，一方面，教师可根据自己对学生基础的认识为每个学生匹配最适合的小组；另一方面，充分发挥学生自己的主观能动性，让学生根据自己的意愿选择最适合的小组，提高学生完成写作任务的积极性，保证课堂效果，发挥每位学生的学习潜能，提升学生的语言和思维能力。

在课程的最后，把这几部电影的图片放在一起，通过设计问题“What do the soldiers have in common”让学生用英语阐述他们对影片中人物、精神的感受，引发共鸣。大部分学生给出“They love their country; They are very brave and they fight for their country; We should learn from them”等回答，在学生们沉浸在学习的乐趣中时用孟晚舟刚回国时说的一句话作为本节课结尾，“Where there is a Chinese flag, there is a beacon（灯塔）of faith. If faith has a color, it must be China red”进一步升华了主题，将德育渗透到英语教学中。

## 四、课程育人价值

教师要创设与主题相关的真实语境，从学生的主体地位出发设置主题所承载的德育点，并引导学生参与课堂情境，将德育做到润物细无声。本次教学实践在开展过程中，设置了一系列语言学习和思维活动，加以教师的正确引导，让学生们在茶馆主题设计的真实语境下开展交流互动，于轻松愉快的氛围中实现对传统文化的理解和对老舍先生个人魅力的欣赏。同时，如何结合学生发展规律及身心特点，进一步拓展升华单元主题，实现培根铸魂、启智润心是在英语课堂教学过程中需要深刻思考的课题，本次教学实践从学习爱国电影入手，升华单元主题，培养学生的勇于拼搏、不畏艰险的精神以及爱国情怀。

课堂教学是学生学习英语知识的最要渠道，也是开展品德教育的有效途径。通过充分挖掘教材文本、巧妙设计教学活动和拓展升华单元主题，可有效培养学生的语言能力和思维能力，以及文化意识和家国情怀，引导学生树立正确的世界观、人生观和价值观。

天津市南开翔宇学校

# 培根铸魂：传承周恩来精神课程建设成果

文 / 施梦雅

## 一、课程育人思考

教育部关于印发《完善中华优秀传统文化教育指导纲要》的通知中提出："坚持中华优秀传统文化教育与时代精神教育和革命传统教育相结合。"把寻绎周恩来足迹，传承红色基因，践行楷模精神作为核心教育理念，对于形成良好班风、学风都具有积极的促进作用。

目前红色教育的效果并不如人意，一些少年儿童对红色历史的了解不够深入，兴趣不大，认识上没有上升到一定高度。

结合以上教育现状，结合学校实际情况，开展"学习周恩来精神，传承红色基因，建立良好班风"特色课程，通过对"周恩来精神"的深入了解，集体中每一个学生在"周恩来精神"的指引下快乐学习，健康成长，践行理想，树立人生远大志向。

## 二、课程育人方略

本着立德树人的基本思想，品德教育应贯穿语文学科教育始终。注重校内、校外资源的整合，深入发掘红色基因的多样性，形成环境育人、活动育人、文化育人三方联动，学生可以身体力行感受"周恩来精神"，自觉传承红色基因。

## 三、课程育人经验

### （一）根植语文课本，注重知识的迁移，探寻红色基因

语文课本是学生学习伟人精神的第一课堂，根植语文课本，注重不同课文中的迁移，探寻红色基因，感受不同时期下周总理的风采就成为语文课程教学的第一要务。

在小学语文阶段，《为中华之崛起而读书》被编排在部编版语文四年级上册之中，学生在学习之后领略到了周总理一心为国、笃行致远、为中华崛起而奋斗的远大理想。在学习过后，为学生展示部编版九年级上册《周总理，你在哪里》的原文，让学生感受亿万人民对周总理的爱戴与崇敬之情，让学生进一步体会周总理呕心沥血为党和国家的事业奋斗终身的精神。从青少年的志向到贯穿一生的孜孜追求，周总理始终如一为人民谋取幸福的生活的精神。虽然《周总理，你在哪里》是九年级课文，但其蕴含的红色基因，依旧可以作为让学生感受伟人人格魅力的有效载体。

### （二）整合校内外资源，打造丰富活动，展现协同育人效果

1.“班级大讲堂”活动

大讲堂讲的内容是以周恩来精神为载体的周恩来生平、故事等内容，此活动以学生讲、教师讲、校外人士讲三部分组成。学生方面，开展“传红色优秀文化，讲周恩来经典故事”活动，请学生自主搜集有关周恩来的故事，声情并茂地讲解出来，实现自学、融通的目标。教师选取红色经典书目《大外交家周恩来》部分片段进行诵读，让学生了解周总理独具一格的外交艺术和外交风格。校外热心人士包括：华苑派出所警察、天津理工大学教师、南开区劳模等进入课堂宣讲“周恩来精神”。

学生们根据周总理亲笔书写的“党员守则”内容，制订班规。学生通过制定一系列的奖惩条例，约束和规范自身的行动，倡导良好的习惯和行为，达到自我激励和鞭策的目的，形成健康良好的班风和学风。

2.“红色经典文艺展演”活动

在班级内开展诵读《周恩来传》等经典篇目比赛；组织排演《千秋巨笔：陈望道首译共产党宣言》话剧；打造亲子合唱团活动，由学生带动家长唱红歌。通过亲子

合唱团的形式，家校教育形成合力。在组织亲子活动的过程中，学生、教师和家长三者都成为“主角”。三者积极参与、主动探索、团结互助、友好合作，营造出自由表达、通融理解、开放民主的班级氛围，为孩子快乐健康地成长提供了支持，也让更多的家长融入班集体建设之中。

3.班级环境建设

利用好展示墙，张贴周恩来优秀诗词作品、周恩来经典语录、周恩来各个时期照片、学生手抄报、学生软笔、硬笔书法作品。利用班级板报展示周恩来学习小组评比情况、有关周恩来的小知识、周恩来对青少年的期望。班级图书角收藏《周恩来答问录》《周恩来中学时代》《周恩来传》等图书供学生阅读。张贴周总理照片及名言，是对学生无声的激励，体现出“润物细无声”的特点。学生长期生活在具有“周恩来精神”的班级中，受到伟人高尚人格和伟大精神的熏陶，上课听讲更为认真和专注，下课更加遵守班规校纪，喧哗吵闹的不文明行为逐渐减少，更多的学生加入安静读书的行列之中。

4.校外精彩实践活动

组织学生参观周邓纪念馆，聘请学生担任纪念馆义务讲解员，这对学生既是一种语言上的锻炼，又培养了学生服务社会、奉献社会的意识。组织学生承担社会公益活动，如维护地铁站附近、公园环境卫生，担任养老院义工等。与社区形成合力，建立校外实践基地，与支教地区学生互通书信，举行捐书活动。

（三）重视心理辅导，与课程建设并行，引导学生形成正确价值观

结合学生心理团体辅导的要求，开展“我有话对总理说”活动，学生互相交流心中理想。在前面已经深入了解总理生平事迹、高尚品格之后，学生将个人理想或所思所感表达出来，这既是对周恩来精神的传承，又是一种对学生健康人格、正确价值观的引导。

组织本班学生制作“给总理的留言簿”及“总理画册”。两册内容在3月5日周总理诞辰当天，转赠给一年级学生，这种做法不仅将红色基因传递下去，而且为周总理的诞辰日增添仪式感。

通过以上心理辅导与课程建设的结合，学生对于伟人精神有了更深刻的理解，也通过书、画的形式大胆表达对总理的爱戴之情，真正意义上做到了将周恩来精神

内化于心、外化于行。

## 四、课程育人价值

通过学习周总理勤学善思的精神，班级形成了持之以恒、勤学奋进的学风。学习周总理笃行求真的精神，班级形成了更加积极奋斗、脚踏实地的作风。学习周总理修身爱国的精神，班级形成了热情服务社会，艰苦朴素的班风。学习周总理担当奉献的精神，班级全体成员树立坚定志向，努力为实现中华民族伟大复兴而奋斗。

良好班风的建设需要循序渐进，在培养学生学习“周恩来精神”的过程中，给我印象最深刻的体验就是要重视校内校外资源的整合。学生思想品德方面的提升，不仅依靠校园教育，更有赖于社会教育。

我们应该充分整合校内外的教育资源，充分调动社会各界的教育力量，形成对学生思想教育的合力。公益性校外活动的开展，是践行“周恩来精神”的有效途径，学生们在活动中增强了动手能力，同时也增加了社会责任感，发扬了少先队员优秀品质，培养了担当奉献的精神，更好地践行了社会主义核心价值观，为建设美丽天津奉献了自己的力量。

天津市南开区实验学校

# “学科德育”视阈下初中古诗文教学研究

## ——以苏轼作品为例

文 / 陈梦瑶

### 一、课程育人思考

#### （一）背景依据

近年来，“立德树人”逐渐成为部编版初中语文教材编写的重要理念，使得语文教材成为语文教学中实施德育渗透的载体，而苏轼作品作为宋代文学的最高峰，具有独特的文学价值和德育功能。因此，在日常的教学中，教师应充分发掘教材中的德育因素，通过多种形式对学生的思想道德进行潜移默化地熏陶与培养。

初中生正处于研习文化知识，形成思维认知，树立正确价值观念的关键时期，在此时期进行的品德教育对其形成健康的世界观、人生观和价值观至关重要。《义务教育语文课程标准》再次重申了语文课程“工具性”与“人文性”相统一的课程性质，强调了义务教育语文课程围绕立德树人根本任务，充分发挥其特有的教育功能。

#### （二）课程目标

在目前的语文课堂中，不少教师对品德教育仍有所忽视，本文以部编版初中语文教材中苏轼的作品为例，将古诗文教学与德育目标相融合，培养学生在青少年时期树立正确的价值观念。

## 二、课程育人方略

本文以分析苏轼的作品为例，对“学科德育”视域下的初中古诗文教学进行研究。

## 三、课程育人经验

（一）初中教材苏轼作品教学德育渗透调查及分析

为了得到翔实准确的数据，笔者采用调查问卷方式随机抽取了南开区科技实验中学八年级和九年级共300名学生进行调查。通过调查，分析出了在日常的课堂教学中，苏轼作品教学学习中的一系列问题。

（二）初中教材苏轼作品教学德育渗透实施中存在的问题

1.功利主义盛行，学生缺乏内在学习动力

苏轼作为宋代豪放派的代表词人，他的人生经历、文学内涵及精神世界都对正处于青少年时期的学生产生重要的影响，尤其是他在《记承天寺夜游》《定风波》中展现出的面对困境乐观、洒脱精神更能为学生提供写作的素材。在调查问卷中，我们了解到大部分学生对苏轼的作品较为感兴趣，但如今以升学为主要目的的教育模式损害了学生内在的学习动力，学生的关注点往往在怎样提高语文成绩，忽视了语文学习的兴趣和从中得到的审美愉悦，久而久之，学生失去了寻找苏轼作品中的人文价值和德育内涵的动力。

2.语文教学缺乏“德育意识”，教学方法单一

部编版初中教材选入了5篇苏轼的作品，不仅因为它们本身具有高度的文化涵养、美学价值，更是因为其中包含着很多中华民族的传统美德。但部分教师在日常教学中，缺乏“德育意识”，未能充分挖掘苏轼作品中的德育知识，将教学重点放在诗词内容和解题技巧上，很多时候是为了考试服务。教师的教学方法较为单一，多以串讲为主，课堂枯燥无味，很少会发挥学生的主观能动性，难以激发学生的听课兴趣和自主探索的欲望，造成学生对苏轼人物形象与品质及其折射的德育功能探索和反思不足。

3.学生与经典文本之间存在隔阂，无法“知人论世”

初中生正处在身体和心理由幼稚到成熟的重要时期，人生阅历不足，文化积淀也

较为薄弱，而苏轼一生中经历了众多艰难险阻，他的作品是其不同人生阶段的真实写照。因此，对于苏轼作品，初中生并不能很好地自主把握其道德内涵。倘若学生不能很好地了解苏轼作品具体的历史语境，教师又不能及时引导学生进入符合历史背景的语境中，仅凭课上45分钟的时间内来学习是非常紧张的。其次，受当今多元文化潮流的冲击，对于苏轼作品的解读层出不穷，学生如若不能汲取对作品正确有益的解读，不仅会受到商业文化对自己精神的侵蚀，更不利于自身道德修养的提升。

（二）实施苏轼作品德育功能的教学策略

1.培养学生对苏轼作品的学习兴趣，提升内在学习动力

兴趣是孩子最好的老师，在以应试教育为主的大环境下，教师应在注重学生成绩的同时逐渐培养他们对苏轼作品的兴趣，学习其中的优秀思想品质，使自己的精神世界得到满足，内心世界更加充盈。在讲解《水调歌头》时，为了让学生理解苏轼与苏辙的兄弟情深，我特意给学生观看了苏轼与苏辙的纪录片，用一句话“苏辙为了捞哥哥，差点当了皇帝”来打趣总结。学生看完纪录片后对苏轼与苏辙的故事极为感兴趣，我趁机引导学生将他们带入到《水调歌头》中的情境，通过反复朗诵“但愿人长久，千里共婵娟”一句，引导学生体会：不管身处哪个时代，我们对亲情的留恋是亘古不变的。如今处在信息高度发达的社会，对亲人的思念更方便传达，要及时对远方的亲人送上自己的关心，并且鼓励学生给亲人写一封信，这样一来，自然不做作的品德教育就在轻松愉悦的氛围中潜移默化地对学生产生了影响。

2.转变教学方式，鼓励学生自主探索作品中的德育内容

近些年一直强调学生在课堂上的主体地位，将课堂交给学生，但在学校的语文课堂上，还是以教师讲授为主。因此，转变教学方式势在必行。在讲《记承天寺夜游》时，我提前给学生们划分了小组，让每个小组在苏轼的文学、书画、美食、官场这几个方面任选感兴趣的内容展示，小组合作搜集资料并整合，在课堂上向大家分享他们眼中的苏轼。各个小组的积极性很高，有的小组将苏轼的从政经历制作成了思维导图，有的小组绘制了苏轼美食地图，有的小组在班级举行了苏轼书画小展览……课上各小组娓娓道来，其他学生听得津津有味，课堂氛围严肃活泼，在课堂结束前，我向学生提出问题：“了解完苏轼在各个领域所做的贡献，苏轼的形象是否在你心中更加清晰？而课文中的‘闲人’二字，你是否又有了更深的理解？”学生畅

所欲言，将自己对于“闲人”的理解分享出来。在教学中，我们要灵活掌握不同的教学方式，做到五育并举，留给学生自主探究的空间，相信学生会做得很好。

3.再现苏轼作品情境，营造德育渗透氛围

通过视听结合的场景再现相较于书本上简单的文字而言更能激发学生兴趣。因此，在苏轼作品教学中，教师可以帮助学生借助文本，通过想象再现作品的写作情景，来营造德育渗透氛围。如在教《定风波》时，可以通过情景剧的方式，请学生扮演苏轼遇雨的情节，扮演苏轼的学生通过吟诵《定风波》来感受雨中苏轼的乐观胸襟。其他学生以合作探究的方式将故事丰富起来，以激发学生想象力，体会苏轼在面对自然界和人生中的风雨时的坦然，达到德育渗透的目的。又如在讲授《江城子·密州出猎》时，先引导学生自主查阅密州时期的苏轼的经历，了解词中三个重要典故，在此基础上鼓励学生以课本剧的形式将词中内容表演出来，表演过后再适时地引入当时的北宋朝廷背景，引导学生体会苏轼的报国情怀与远大志向。最后，再联系社会现实，探讨苏轼的爱国思想对当代中学生的启示。同样的，《卜算子·黄州定慧院寓居作》可以举办班级朗诵比赛，通过配乐等营造氛围，将学生带入情境，调动多种感官感受苏轼被贬黄州初期的心境，进行德育熏陶与教育。

## 四、课程育人价值

通过研究，笔者认为苏轼作品带给学生的道德熏陶是十分浓厚的，在青少年时期学习苏轼身上的豪情壮志、乐观豁达，对以后人生道路的发展以及自我人格的形成有着重要意义。但要在初中语文课堂上将苏轼作品的德育因素全部挖掘利用好，需要教师和学生付出很大的努力。语文课堂不仅是学生增长知识、发展智育的场所，更应该成为学生提高品德修养，提升个人思想境界的课堂。作为教育工作者，应充分挖掘苏轼作品中的德育因素，运用多元化的教学方法，将更多的课堂时间留给学生，全面提高学生的语文素质，让学生在苏轼的作品中提炼出对自己价值观与人生道路有益的知识，从苏轼的代表作品中学会他的乐观豁达、淡然处世。这是作为教育工作者的我们愿意看到的。

天津市南开区科技实验中学

# 发挥线上教学优势，将思政教育融入语文课堂教学中

文 / 董玉娟

## 一、课程育人思考

### （一）背景依据

1.立德树人是教育的首要目标，语文学科承担着学生成长过程中的重要责任。语文学科的“工具性”体现在教师在课堂教学中根据课文内容，引导学生正确使用祖国的语言文字，具备听、说、读、写等基本能力；语文学科的“人文性”体现在学生在学习语言文字的同时提高道德认知，也就是我们常说的将思政教育渗透到语言文字学习中。

2.线上教学是以网络为媒介进行教学的一种方式。它是广义的学习，既包含传统意义上的学科知识的学习，又包括课堂学习的拓展和延伸。线上教学真正打破了40分钟的限制，打破了教室的限制，打破了书本教材的限制，成为学生语文素养提升的新平台。在今后的教学中线上教学、线下教学势必会形成一种相辅相成的关系。

### （二）课程目标

1.思政教育内容涵盖广泛，教学中依托语文教材，紧扣文本中心，发挥学科教育作用，将思政教育“有形化”。语文教材中一个个鲜活的形象，一个个生动的故事，

都是思政教育的素材，学生在阅读中能感悟人物的精神、品质，是最好的思政教育。

2.我们培养的学生应具有终身学习的能力，终身学习不仅指学习文化知识，更重要的是不断加强品德修养。利用网络平台，达到线下学习为主，线上学习为辅，线上线下互为补充的学习方式。也只有以这样的学习方式才能做到终身学习。

## 二、课程育人方略

线上线下教学相结合，通过学习语言文字、品读经典文章、感悟人物形象，对学生进行“有形化”“多彩化”的思政教育。

## 三、课程育人经验

### （一）线上教学中利用网络资源，依托教材，将思政教育“有形化”

思政教育是一种润物无声的教育，是在日常学习中一点一点培养起来的。小学语文教材中的文章每一篇都有思政教育，作为教师在备课时要找准切入点、融合点，把语文教学内容和思政教育巧妙结合，实现语文教学、思政教育的实效性。

《七律·长征》《狼牙山五壮士》《开国大典》《灯光》，四篇课文具有鲜明的政治情感和价值导向。不同的时期、不同的人物展现了中国人民不屈不挠的斗争史，赞扬了革命先烈积极向上的乐观主义精神和勇于牺牲的爱国情怀。

这个单元的学习内容，对学生来说是陌生的，课前资料的搜集，课上词句的品读，都无法唤起学生的情感。为了让学生体会到那段艰苦的岁月，教师在线上授课时，通过分享屏幕，为学生播放电影中的经典片段，战斗场面的惨烈，振聋发聩的豪言壮语，战斗英雄的视死如归，无一不在冲击着莘莘学子的心灵。在观看过程中学生体会革命志士不怕艰难险阻、遇到困难勇敢乐观面对的精神，只有这样学生才会真正体会到今天幸福生活来之不易，才会对革命先烈产生由衷的敬佩之情，让冰冷的文字有温度，激发学生为祖国、为人民努力读书奋斗的情怀。

### （二）线上教学中利用网络资源，立足教材，将思政教育“多彩化”

小学语文教材中的许多课文描写的内容距离学生的生活相对遥远，并带有时代的烙印，一些外国文学的风格更是学生之前没有接触过的。作为一名语文教师在进行教学设计时就要充分考虑到这些因素，培养学生从众多的网络资源中筛选有用信息：了解事件发生的时代背景、社会环境、人文环境，了解人物成长的经历、性格特点，了解中西方文化的差异……这些资料可以让学生了解不一样的世界，这样不仅可以锻炼学生搜集资料的能力，提高搜集资料的效率，还可以在不知不觉中受到思政教育。

四年级上册第四单元共安排了四篇文章：《盘古开天地》《精卫填海》《普罗米修斯》《女娲补天》。本单元以“神话，恒久的魅力，人类童年飞翔的幻想”为主题，分别介绍了为开天辟地而勇于献身的盘古、具有坚韧不拔的意志的精卫鸟、不畏强权、坚强不屈的普罗米修斯、甘于奉献的女娲。这些人物身上的优秀品质，都是学生学习的榜样。针对四年级学生能读懂神话故事，但对于故事要说明的道理、精神以及作者想通过语言文字要表达的情感，学生理解起来有一定难度，除了运用常规的教学方法外，还要发挥线上教学的优势，利用网络资源，引导学生认识故事发生的时代背景，了解中西文化的差异，引导学生阅读如《山海经》《希腊神话》，感受故事的魅力，培养阅读习惯，把语文学习由课内向课外延伸。

一篇好的文章，不仅让学生学到了知识，更重要的是学生在思想品德方面的提升。《乡下人家》是部编版语文教材四年级下册第六组课文中的首文，这篇文章的语言朴实无华、通俗易懂，优美的语言向我们展示出乡下人家的淳朴以及乡村生活的和谐、自然；充满了诗情画意，借此歌颂乡下人家对生活的热爱，对家园的热爱，用双手装扮自己的家园，用勤劳让自己过上幸福美满的日子。

在这篇课文的教学中，教师利用互联网制作课件，实现了线上教学中的时空转换，学生们在感受乡下美好生活的同时，懂得了“幸福的生活是奋斗出来的”。多彩的世界，多彩的思政教育。

### （三）线上教学中，利用互联网平台，实现分层次教学，推进思政教育

学生是独立的个体，教学设计有层次，才能让不同层次的学生学有所得。教师在备课时根据本班学生的情况，设计不同层次的教学方案，为学生准备不同的学习内容、练习资料、拓展练习等材料，学生可以根据自己的情况，选择不同板块的学习内容。其中既有学生必学的内容，又有选学的内容，目的是学生在学习知识的同时，提高学习能力，提升品德修养。

例如：在教学《墨梅》这首古诗时，设计了三个板块。A板块：学会诗中生字，

理解“墨梅、淡墨痕、清气、满乾坤”等词语。能借助字典、词典试着用自己的话说说《墨梅》的意思，体会梅花的特点与品格。B板块：查阅资料，了解诗人的人生经历，感受诗人借助歌咏梅花抒发自己的胸怀。搜集阅读我国古典诗词中的以诗言志的名句。C板块：深入了解诗人的身世，体会诗人是怎样借梅花抒发初心的。你还知道哪些托物言志的古诗，可以找出来并读一读。A板块的学习内容是必做的；B板块的内容有一些难度，学生可以根据自己的能力选择完成到什么程度；C板块的内容属于选做题。学生需要深入了解了王冕的人生经历及当时的社会背景才能体会诗人的初心。

学生借助互联网平台搜集了大量有关的资料，精心筛选有用的信息，在这个过程中体会到诗人的情怀、高尚的品质，课堂上有理有据地说出自己的观点：诗人幼时家境贫寒却喜好读书，青年时才华横溢却屡试不中，因此寄情山水，在游历的过程中看到了官府的腐败无能、百姓的困苦，诗人虽痛心疾首，但无力解决，只能以梅自喻，表现了自己不与世俗同流合污、浊世之中独善其身的品格。这样的教学方式真正做到了线上、线下相结合。

## 四、课程育人价值

与时俱进是我们不懈地追求，作为一种新的教学方式，线上教学需要教师们在实践中摸索、总结、精益求精。经过将近三年的实践，教师的教学理念大大转变利用新的教学方式，把思政教育更好地融入语文课堂。在对语文教材进行深入挖掘的基础上，重点寻找思政与语文教学的融合点：英勇就义的李大钊、帮助老乡挖井的毛爷爷、与战士们同甘共苦的朱老总、心系绿化的邓小平爷爷、从小立志振兴中华的周总理、不畏强权的梅兰芳、智斗鬼子的雨来……这些英雄人物透过语言文字散发着耀眼的光芒，为祖国、为人民奋斗的种子也深深植入学生的心中。

学生拿到了线上学习的钥匙，根据自身情况设定学习目标，制订学习计划。学生养成了课前预习、课后延伸的习惯，这样既能深入地理解作品又丰富了学生的课外知识，同时可以学习到古人做人做事的道理、方法。

天津市南开区西营门外小学

# 以文化人　强基铸魂

## ——“汉字文化”育人课程的开发与实践

文/张　弛　付文琦　赵　婧

### 一、课程育人思考

习近平总书记指出中国传统文化是中华民族的“根”和“魂”，中华优秀传统文化是国家文化的重要软实力。南开区中营小学一直秉承着“挖掘学生潜能，培育时代新人”的办学理念，积极建设优秀传统文化类育人课程，培养学生的“中国魂”。怎样能够使学校的学生更好地认识、理解、欣赏百年中营小学的校园文化所蕴含的传统精神？怎样引导中营小学的学生在欣赏中华传统文化的优秀之处的同时，能够实现古今联通，达到古今文化的传承、延续、发扬、发展，使优秀传统文化成为中营学子前行的一种生命原动力，这是中营小学每位教师需要深刻思考的问题。

汉字文化，博大精深。我们以校园文化中的“校风·校训·学风”为基点，以典型汉字为切入点，着力建设能够实现中华优秀传统文化传承的特色校本课程——“走进中营关键字”。

### 二、课程育人方略

“走进中营关键字”让校园文化以校本课程的形式走进课堂，让学生在课程学习的过程中深挖校园文化内涵，进而拓展到优秀的中华传统文化，在继承和发扬中，提升自身素养，并可以为其他学校提供模式参考。

## 三、课程育人经验

### （一）课程内容取材学生生活

我们开发了以研习“校风·校训·学风”中的“勤、朴、敏、健、学、思、真、善”这八个典型汉字为主要内容的校本课程，引领学生探寻其中的优秀传统文化价值。

### （二）个性化的课程学习方式

为了更好地为学生呈现汉字中蕴含的文化内涵。每一个汉字，分六个板块展开，依次为：字之象、诗之声、文之韵、事之理、人之情和文化点醒。

1.字之象

描述典型汉字的本义和在本课程体现出来的传统文化精神内涵。

学习方式：自主探寻、搜索资料。

课前学生自主在学校寻找所学习的汉字。例如：“学”字，在学校正门的匾额“中营小学”上就有这个汉字，除此之外，敏“学”楼，科“学”教室、数“学”书等也有它的踪迹。学生在学校寻找的过程中了解到这个字就在他们的身边，与学习生活息息相关。通过一个汉字就能让学生实现古今文化的联通，我们引导学生通过字源网、《汉字有故事》《说文解字》等不同方式查找资料、追溯字源。在甲骨文中感受先人造字的智慧，了解汉字的丰富内涵。

2.诗之声

选取能阐释本课程核心要义的古诗，做适度讲解。讲解时不求全，只求能阐释本课程核心义。

学习方式：合作学习。

在学习与典型汉字有关的古诗文时学生以小组为单位分工合作达成读、悟、诵的学习目标。每个小组轮流担任展示组，完成合作学习后通过班级展示实现对学习效果的评价。展示流程如下：读——学生示范读，全班整体感知。（根据需要提示重点字音）学生领读古诗，全班跟读。学生自读古诗，对不理解的地方进行质疑。悟——学生质疑。学生之间交流不理解的地方，分享自己的感受和体会。诵——欣赏古诗配乐诵读。带领大家练习配乐诵诗。展示诵读，互相评价。

3.文之韵

选取能阐释本课程核心要义的一段或两段(篇)古文,讲解方式同“诗之声”。

“诗之声”与“文之韵”除了所选材料体裁上的差异,更重要的是内容的不同。两者从两个侧面或正反两面择取,期待较完整地展现这个基因点的诗文表达。学习方式:自主学习,生生交流。古诗文往往蕴含着一定的哲思,对话让学生真正成为课堂的主人。过程中激活了学生的思维,促进学生发展。小组内的学生先自学这一段古诗文,然后多角度开展对话。在交流过程中实现了自主学习。

例如:围绕“学”这个字我们选择了《论语》中的“学而时习之,不亦说乎?”这一句古文。分享交流:字词释义,文言文的现代汉语表达。质疑问难:为什么温习学过的知识会快乐呢?表达看法:不是把学过的再学一遍,而是把学过的知识用来解决过去不会的问题。联系实际:用学到的公式计算出过去不了解的数据,用积累的好词好句形容自己喜欢的景物,新练的歌曲唱给家人听很有成就感。

4.事之理

围绕课程核心义讲述1至2个故事,以事例呈现出这一基因点在治国理政等生活大事方面的意识形态,使学生达到对这一文化基因之“理”的认知与理解。

5.人之情

选取生活习俗中能体现课程核心义的故事。与“事之理”相比,这一板块更关注人的情感价值、意志品质,也就是这一基因点在日常生活中“人之常情”的表现。

学习方式:外化带动内化——读故事、讲故事、演故事。

以上两个板块有一个共同点,都是以故事为主要学习内容。教师在为学生选择故事时包括了古代贤者经典的故事,还有当下“时代楷模”的事迹,如钟南山、张伯礼抗击疫情、雷锋助人为乐、志愿服务等。学习过程我们主要以外化的讲故事、演故事带动学生把故事读懂读深,将其中的精神内涵内化于心。全班分为八个学习小组,每个小组都要承担一个故事的展示任务,可以是单人的讲故事,亦可以几人合作表演故事。

为了展示好故事,学生要熟悉故事内容,了解故事背景,发挥想象补充人物的动作、语言,试着布置环境,把故事改编成小剧本。这样学生在准备的过程中实现了古今人物的对话,了解了他们的内心世界,体会人物高尚的品格,领悟故事中的哲理。

6.文化点醒

将上述五部分做贯通阐释，达到“文化点醒”，实现现代传承。“文化点醒”是本套课程期待实现的最大目标。我们生活在几千年的传统文化之中，但有许多人并不知晓，就像感知不到空气的存在一样。因此，“文化点醒”就是期待通过几个板块的体察式学习后，达到习而察之，察而明之，明而感之，感而爱之，爱而从之。

如“学”这个汉字最后是这样进行的文化点醒：今天我们谈“学习”，往往把“习”字给弄丢了。“习”除了练习、复习、温习、勤习等意义之外，非常重要的就是“实践”与“应用”。只学知识，却不能将知识应用于人生、社会，学有何益？我们懂得了诗、书、礼、乐、仁、义、智、信的知识，却不能将这些知识变成自己的生活方式和品性，这就是没有落实“习”字。以此类推，我们学了许多知识，只有将这些知识尽力落到实处，我们的学习才是完全的“学习”。这其实也就是“知”与“行”的关系了。学而习，知而行，这样才能成为名副其实“中营人”！在这六个板块之后，还增加了一个附录，即“知识链接”。这一部分主要提供本课程所选诗与文的学习资料，偏重于知识介绍，让学生在课下可以继续拓展学习。

## 四、课程育人价值

### （一）以文化人，提高学生素养

实施校园文化与传统文化融合的校本课程，有助于提升学生文化底蕴，培植爱国、爱校之心，增强民族自豪感。学生既是课程的参与者又是建设者，学生自主学习的成果正是教学内容的重要组成部分。一些同龄人之间的经验感受能给学生彼此更加深切地影响。

例如：汉字“真”的学习中，学生们交流与人相处过程中真诚交往和敷衍应付带给人的不同感受时能很好地互相引起彼此的共鸣，大家各抒己见还解开了不少过去交往中的心结。大家也认识到：真诚的心还要有相匹配的方式，不要认为心是好的就不在乎表达的方式。

在“以人为本”的教育理念之下，以校园文化为引领，倡导学生主动探究中华传统文化的内含，充分调动学生学习的积极性。

### （二）模式推广，增强辐射引领

本课程有较强的借鉴性。开发的校本课程已经形成一套完整的资源成果，其中包括讲义、视频资源、教学设计等供其他学校借鉴使用。学校可以利用自身的校园文化按照该模式开发属于本校个性化的校本课程，还可以直接共享使用本课程。

**天津市南开区中营小学**

# 延伸阅读实践，培育悦读基因

## ——谈小学低段语文部编教材阅读栏目实施策略

文/李 莹

### 一、课程育人思考

《义务教育语文课程标准(2022年版)》提出:“义务教育阶段要激发学生的读书兴趣,要求学生多读书、读好书、读整本书,养成良好的读书习惯,积累整本书阅读的经验。”语文部编教材把课外阅读纳入课程建设中来,创编了“快乐读书吧”“和大人一起读”“我爱阅读”栏目,促使教师对学生进行有效的课内外阅读指导,通过阅读可以引导学生学会文明交往、表达生活,使学生初步体验阅读的乐趣,大胆提问,乐于分享。这一改革,适应了时代发展的新要求,但实际教学过程中“快乐读书吧”等阅读栏目还存在不被重视和没有有效落实情况,低段学生的阅读兴趣未被充分激发。因此,如何科学指导学生进行课内外阅读变得极为迫切。

### 二、课程育人方略

本文将通过阐述小学低段三个阅读栏目的内容设置及内在联系,结合低段学生阅读的实际问题,制定行之有效的实施策略,给教师以启迪和参考。

## 三、课程育人经验

### （一）部编教材阅读栏目内容设置及内在联系

1. 低段阅读栏目的内容设置

“快乐读书吧”栏目，一年级教材分别设置了“读书真快乐”“读读童谣和儿歌”，在此基础上，二年级设置了“读读童话故事”“读读儿童故事”“和大人一起读”“我爱阅读”栏目内容的编排，多为儿歌、童话故事、童谣、小短文、成语故事、民间故事等体裁，这些内容的设置，充分关注了学生的认知发展特点，主题贴近学生生活实际，符合儿童的思维方式、语言学习和发展规律。

2. 低段阅读栏目间的内在联系

“快乐读书吧”和“和大人一起读”“我爱阅读”是相辅相成、密不可分的整体。学生通过课内阅读进行拓展延伸，实现课外阅读的模仿和迁移，再用课外阅读的广度和思维影响课内阅读的发展。可以说，课内外的阅读教学相互交叉、融合和渗透，交相辉映、互为相长，是一个闭合生长的循环体系。

### （二）部编教材阅读栏目实施策略

针对阅读栏目的教学现状和问题，我们抽丝剥茧会发现，教师是改善学生阅读现状的关键。不论是指导学生、深挖教材，还是引导和影响学生、家长，指导家长对学生进行行之有效的家庭引导，都需要教师的参与和付出。由此，笔者制订了以下阅读实施策略，力求给一线教师在阅读教学中一些启示和帮助。

1. 关注题材，分类整合，开展“1+X”或“1+X+Y”群文阅读

部编教材阅读栏目选文多为儿歌、童话、童谣、儿童故事、小短文、寓言故事、成语故事、民间故事、绕口令等，其中童话故事、儿童故事居多，同时，童谣、儿歌类题材也有不少涉猎，需要重视。教学时，合理运用教材选文，整合资源，围绕多样主题创设阅读情境，指导学生运用阅读方法，进行任务导读，同时链接拓展，让学生在课外阅读中学习知识、发展思维、获得能力，实现课内课外联动，篇章与组文阅读协同，整本书与跨学科学习相结合。

教学时，注重阅读材料整合。把课内有关内容和课外有关文章一同展示给学生，通过补充阅读材料，形成“1+X”或“1+X+Y”群文阅读的思路（其中的X指多篇

同类文章，Y指整本书的课外阅读材料），与此同时，教材中其他文章也可跨单元、分类型整合拓展学习。比如，《小鸟念书》这一课，音韵简洁明快，是自然界的天籁之音，在这样动听悦耳的声音中，让学生体悟语言文字的魅力，体会人与自然和谐的美妙。再让学生结合儿歌《说话》《青蛙写诗》来找一找大自然中还有哪些美妙的声音？当学生们兴趣盎然时，再扩展到课外的小儿歌《雨铃铛》《巴喳——巴喳》《蛋》让学生再次感受和体悟；最后，在欢乐的氛围下，让学生把自己想象成小青蛙，用拟声词写诗，学生们热情高涨，学习效果显著。

2. 目标引领，情景再现

阅读教学要根据教学内容，结合单元目标设定阅读目标，之后根据教学内容和目标设定，合理选择教学方法。低年级的学生阅读程度低，识字量少，鉴于此，教师必须采取多种方式激发学生阅读的热情，如"多媒体辅助""情景再现""活动引导""读中感悟"等形式激发学生的阅读兴趣，帮助学生更好地理解、记忆、积累。比如："春节童谣"一课，我先让学生回忆过年时的喜庆氛围和兴奋心情，然后在黑板上贴上红灯笼，窗户上贴上窗花，门口贴上对联，瞬间将学生带入春节氛围，激发学生学习春节童谣的兴趣，同时结合多媒体，如微视频、动画、电影、图片、古诗文和文字资料等，对学生形成更深层次的冲击，激发学生回忆春节的种种体验。同时，设计阅读记录卡，通过"大人小时候是怎么过春节的？和现在有什么不同？"的问题设置，激发学生回家阅读的兴趣，给了家长和孩子沟通交流阅读的机会。同时，可以结合"快乐读书吧"中《读读童谣和儿歌》中的童谣一起体会文字的音韵美和生活美，有效开展课内阅读到课外阅读。

3. 课时保证，有效开展

"快乐读书吧"栏目是整个学期课外阅读的总纲式指导，因此，教师必须给予足够的时间安排部署，使课外阅读真正得到有效落实。

首先，可以开展课外阅读启动课，指导学生挑选高质量教材配套书目，如从作者、译者、排版、插画、纸张等方面考虑；其次，指导学生制订阅读计划表、导读单、记录表，每天记录自己的阅读收获。同时，给学生更多的时间在课堂上进行自主阅读，辅以教师的指导和引领，让学生就阅读问题进行交流讨论，帮助学生有效开展阅读活动。再次，注意日常对学生课外阅读的关注，可以通过创建班级阅读群等方式，让学生有自由阅读、表达和被关注的空间，教师时时进行激励和表扬，激发学生持续的阅读热情。最后，可以激励学生进行汇报演出，通过表演，不但能加深学生对文章语言的凿实，对文章的体悟，而且让学生在表演中收获快乐。

在学期末，还应设置“阅读小明星”“阅读小达人”等奖项，激发学生阅读的热情，用活动为学生的持续阅读提供源源不断的动力。

4.家校共育，协同成长

课外阅读的开展，离不开家长的帮助和支持。面对家长们参差不齐的阅读指导水平，教师首先需要对家长进行必要的阅读指导培训，联合家长力量，对阅读课进行合作研究，以期贴合学生实际情况，从而更好地推进课外阅读的开展。

教师可以利用家长会、家校群、班级博客和微校云等平台，采用多种形式展示学生在校的阅读成果，在激发学生阅读积极性和主动性的同时，指导家长如何进行有效阅读指导，有的放矢，循序渐进地获得家长的关注和支持，鼓励家庭选择某次班级主题阅读活动或自选内容进行拍摄展示，并给予宣传、奖励，调动更多的家长关注学生的课外阅读。

每个学生都是一个独立的个体，他们有各自的优势，也有自身的短板，所以，我们的课外阅读指导，必须考虑家庭学习环境的差别，因此，必须根据学生和家庭的实际情况分层级布置课外阅读作业。课外阅读的实施，必先深入了解影响家庭课外阅读的主要因素，具有针对性地指导家长解决困难，使其更好地帮助学生完成课外阅读任务。

## 四、课程育人价值

思想的发展和情感的浸润，都源于文字，学生通过教师和家长的指导、陪伴，不断延伸阅读实践，在实践中想象、思索、体验，一定能够奠基学生的悦读基因，构筑阅读天堂。在童年期，让学生爱上阅读、快乐阅读、广泛阅读，奠定阅读兴趣，打造阅读乐园，学生将心念于此，乐留此地！当他们再捧起书本、展开书页，你就会听到，那书本内化后飘出的丰富诗意；你就会看到，那书本浸润后的灵魂立意的高远和人生不屈的格调。

天津市南开区艺术小学

# 读诗诵词，蕴文化积淀
# 仿古学今，促长效发展

文／王 艳

《中小学传统文化教育指导标准》中指提出对于中小学生来说，只有系统学习中华传统文化，浸润于中华传统文化的浓烈氛围之中，习与智长，化与心成，才能掌握并灵活运用优雅、精致的祖国语言，成为一个既有知识、又有文化的现代中国人。小学阶段进行古诗词诵读活动，是学生品德形成和学习中华传统文化的有效载体。信息时代中的不健康信息对学生的影响面广，传统道德品质在学生身上有所缺失，学校历来的传统——古诗文诵读在当下就显得更为重要。古诗文的诵读是对学生将来成为什么样的人深入反思的结果。

对“古诗文诵读”校本课程的设置意在拓宽学生的古诗文积累，引导学生热爱中华传统文化，培养学生优良品质，教育和引导学生树立正确的世界观、人生观、价值观，在诵读过程中培养学生对诗词美的体验和鉴赏力，达到美育的目的。

本文意在阐述“古诗文诵读”校本课程的设置和实践让学生在感受诗词之美的同时，又受到深刻的思想启迪，陶冶情操。课堂实践，家校互联，二者力求达到“以文化人”的育人效果。

**一、整合资源，以篇带篇**

经典古诗文历经千年的岁月淘洗流传下来，不但是汉语言文字的典范和精华，更蕴蓄了中华民族“宝剑锋从磨砺出，梅花香自苦寒来”的不屈精神和品格，是文学史上生命力旺盛的瑰宝。千百年来，它们已经积淀成为我们民族精神约定俗成的教科书，成为一种长效的民族素质的滋养剂。诵读古诗文，是让民族精神的血液在一代代人身上流淌，是激活传统、继往开来的有力之举。学校组织古诗文校本课程资源的编写团队，对原有的一至六年级的古诗文资源进行了反复修改。在了解小学阶段对经典古诗文需求的基础上，精选诵读材料，以每个年级语文教材中的经典诗词为依托，以篇带篇，符合学生语文学习水平和延伸需求。例如：五年级古诗文校本资源根据古诗词的不同意向和主题确定为“家国情怀”“边塞风情”“山清水秀”和“离别愁绪”四个部分。其中第一部分选取《春望》《十一月四日风雨大作二首》两首古诗，使学生感受到诗人的深深爱国之情。第二部分则通过《从军行二首》《塞下曲》两首古诗的诵读，让学生们感受边塞诗歌独特的韵味。其他几册校本课程资源亦是在反复调研学情的基础上，结合每个年级语文学习的需求合理整合经典古诗文，以达到校本资源的最优化。

## 二、悦享课堂，传播文化

在“古诗文诵读”校本课程的教学中力求做到以点带面，在活动中激发学生的背诵兴趣，使诵读古诗文成为每个学生的自觉行为，鼓励学生能根据自己的喜好自主选择古诗文来进行背诵积累。教师对古诗文校本资源运用后也进行了总结，互相交流经验，不断研究如何更贴近语文学科，但又不拔高要求，激发学生对古诗文的热爱，从而在润物细无声中将中华传统文化的种子慢慢播撒。教师在授课前认真备课，准备充分的补充资料、制作课件等教具。教学时根据不同的学段需求安排游戏、朗诵、赛读、讲古诗、画古诗、“飞花令”等环节，将“古诗文诵读”校本资源用“活”，将校本课程讲“活”，将学生心中的古诗文之火点燃。在教学中进行诗乐整合，学生在借鉴和模仿的基础上，将经典古诗文进行配乐朗诵、配乐歌唱，甚至改成故事配乐表演。

一场精彩的表演中，古诗文穿越历史，在学生眼前展现内蕴风采，在学生心中积蕴美的力量。诗画整合让学生明白了什么是诗中有画、画中有诗。安静的午后，学生在反复吟诵后用自己的笔画出自己理解的意境，那彩色中蕴藉着共鸣，那线条中流露着喜爱，那构图中展现着收获。

## 三、展卷有益，家校共读

课程自然延伸，从课内延伸到课外，由课外延展到家庭。家校联动，拓宽诵读外延。为更好地落实“古诗文诵读”校本课程建设，在家长会上，专门设计了一项内容：亲子共读古诗词。让家长意识到吟诵古诗词的好处，在陪同孩子一起读古诗词、学古诗词、品古诗词的过程中，建立沟通的桥梁，拉近亲子关系，帮助孩子建立良好的诵读习惯。我们利用校园艺术节等契机请家长和孩子共同上台展示，一段亲子演出看似短暂，但那一句句诗词流连齿尖的芬芳会在记忆中久久珍藏。

除此之外，古诗文的学习不仅仅局限在课堂，更延展于每一个家庭，有的家长每天坚持陪孩子阅读，不仅是语文学科的进步，更是学海无涯乐作舟的开始。学校利用班级微信群、钉钉群展示学生和家长共读古诗、共同朗诵的视频，让大家看到了诗词浸润家庭的力量。

## 四、以诗开蒙，美育延展

经典古诗文带给学生的熏陶是潜在的，随着“古诗文诵读”校本课程的不断推广和实践，师生在吸收经典文化知识的同时，还陶冶了性情。许多优良品质逐步形成，诗人的品质滋润着孩子的心灵，可以说，手捧一本经典芬芳了自己，也芬芳了整个校园。学校将“古诗文诵读”校本课程融入课后服务中，用古诗词充实学生的大脑，丰富学生的学习内容，也调节学生的学习压力。学生由一首诗爱上一位诗人，由一首词爱上一个词派，由一个曲牌爱上诗词的世界。一年级的学生把自己工工整整抄写的两句古诗作为礼物送给同桌，同桌第二天又回赠两句，这简单的诗句连结了两颗心灵，搭建了友谊的桥梁。对古诗词的热爱让五年级的学生也找到了创作的兴趣，他们已经开始跃跃欲试了，一首题为《春色有感》的小诗偷偷地放到教师的桌前——濛濛山色湖水清，袅袅细雨到天明，偶有群鸭来相会，无限春色满目情。

虽是浅显稚嫩的笔触却填满了学生对诗情的无限向往。“古诗文诵读”这一课程让学生在最佳的年龄段接受祖国深厚文化的熏陶，在他们小小的心灵中种下喜爱诗词的种子，对诗词的热爱慢慢地开始萌芽，潜移默化地形成优良的道德思想，并逐渐完善自己的人格，惠及学生的一生。

王本陆在《教学以育人为本》中提到过教学主要通过让学生（新生一代）学习并掌握精选加工的人类文化而实现文明传承和个人发展，而其特点就是“以文化人”。“古诗文诵读”校本课程资源的选编初步完成了“文”的价值，但这一课程在实践中如何完成“化”的功能，如何调动学生学习古诗词的积极性、调动学生学诗诵词的内驱力，如何把教育教学主体真正让位给学生将是我们要一直思考和改进的课题。学生对古诗词色彩美、画面美、意境美的品鉴不是一朝一夕能够养成的，对“诗中有画”“诗中有情”“诗中有理”的文化内蕴的体悟不是一时一刻能够生成的。教学过程设计的系统化，不同年级之间的衔接过渡就需要教师共同研讨反思。“古诗文诵读”校本课程建设仍任重道远，我们也将在实践、总结、再实践、再总结的反复研究中不断前进，促进校本课程建设的落地生花。

**天津市南开区咸阳路小学**

# 培根铸魂育人才

## ——贯彻立德树人理念，发挥课程育人功能

文/田家宁

### 一、课程育人思考

（一）背景依据

教育是国之大计、党之大计。党的十八大报告提出，把立德树人作为教育的根本任务；党的十九大报告明确提出，全面贯彻党的教育方针，落实立德树人根本任务；党的二十大报告指出育人的根本在于立德。全面贯彻党的教育方针，落实立德树人根本任务，培养德智体美劳全面发展的社会主义建设者和接班人。我们要培养未来人才，就要培育学生的中国根，使他们胸怀祖国，一心向党。只有以优秀的中国文化为基础，学生才能立地生根，铸造出为民族不懈奋斗之魂。

（二）课程目标

教师要肩负起教学责任，贯彻立德树人理念，做好对学生的思想品德教育，为学生夯实人生根基，让学生树立正确的世界观、人生观、价值观，培养有中国心、中国情的新青年。

### 二、课程育人方略

教育要培中华之根、铸民族之魂。要达到这一目标，就要发挥课程的育人功能。

首先，要上好思政课，结合红色文化进行教育活动。其次，结合各学科教学来进行教育，帮助学生厚植爱国主义情怀，弘扬奋斗精神。

### 三、课程育人经验

#### （一）利用好思政课程

思政课是开展中小学生思想道德教育的重要阵地，也是落实立德树人的基本保证。思政课对学生的影响是终身的，教师要重视思政课，用思政课引导学生向上、向善，培育学生的民族信念。

1.关注学生年龄特点

小学生的学习思维正处于一个逐渐发展的阶段，此时学生对于抽象的语言文字理解能力比较弱，教学时需要补充一些具体的事例。在这个阶段，教师要充分意识到小学思政课的特殊之处，要提前做好思想建设和授课准备。转变以往的教学思路，从学校教师的角度重新考虑，形成更优质的教学模式。教师教学的内容和教学的形式都要符合学生的年龄特点，针对不同年龄段的学生要有不同的侧重点。只有这样思政课才能更好地进行，道理才更容易被学生接受。

2.改变单一的教育方法

以往的思政课大多是教师对学生进行知识的讲授，这使得课堂气氛相对沉闷，教学内容枯燥又片面，无法使教育精神深入学生内心。教师要对以往的思政课进行变革，让学生成为课堂的主人，促使学生积极主动地去学习。在教学过程中，教师可以进行多种活动设计，通过小游戏、小儿歌的形式让学生熟悉思政课内容。特别在对低年级的教育中，要通过各种各样的方式引导学生参与到课堂当中。如在进行劳动教育时，可以先利用劳动短片吸引学生的注意，之后再展开小组讨论，说一说平时都会进行哪些劳动，人们为什么要进行劳动。最后，还可以分享热爱劳动的小故事，让学生知道劳动的重要性。下课后布置劳动任务，在班级里设立“劳动光荣榜”，让课程内容延伸到生活中。

3.进行红色教育实践活动，延伸思政课堂

红色文化是我党在长期历史实践中创造的文化精髓，红色教育是能够触及学生灵魂的教育。加强红色教育能够帮助学生树立正确的三观，减少不良风气对学生的影响。在红色教育的影响下，学生能体会到先辈革命者的艰辛，知道现实生活的来之不易，养成居安思危的意识。

红色教育主要分为两部分。一是对学生进行日常的红色教育活动，比如："学四史、讲四史活动""唱支山歌给党听"合唱等。通过组织日常活动，让红色气息进入校园，营造良好的育人氛围。二是进行社会实践活动。在假期中，组织学生到红色革命根据地进行参观。例如：学生参观了周邓纪念馆，了解了周恩来和邓颖超的革命斗争事迹，受到了红色教育的影响。在进行社会实践活动时参观了西小站村军粮路，学生穿上军装，推上运粮的小车，体会到运粮的艰辛。通过实践活动，达到了传承红色教育的目的，学生不仅增长了历史知识，还感受到了肩上的责任感和使命感。通过红色教育，激励学生更加珍惜现在的生活，将来为祖国作贡献。

### （二）立足课堂，做好课程思政

要对学生进行思想政治教育，课堂教学是"主渠道"。每位教师、各学科课程都要承担好育人的责任，"守好一段渠、种好责任田，使各类课程与思政课程同向同行"。因此，在教学中要立足课堂，做好思政教育，下面以语文教学为例。

《义务教育语文课程标准（2022年版）》中提出语文是最主要的交际工具和信息载体，是人类文化的重要组成部分，语文课是精神教育与学生现实生活的重要结合点，将立德树人纳入语文课堂，有助于中小学生树立正确的理想。

#### 1.深挖教材，抓准教育契机

课堂是进行思想教育的重要阵地。教师要不断增强自我提升的能力，明确知识传递和价值引领之间的关联，并对教学内容进行顶层设计，使授课内容既有科学性又有思想性。对比传统的语文教材，统编教科书增加了知识文化方面的内容，注意到了语文课堂的思想塑造功能。所以，教师在授课中要抓准教育契机，使学生在掌握语文知识的同时得到思想观念的滋养。例如：小学语文一年级上册首先编排了《我是中国人》一课，为学生展现了中国的众多民族，而最终的焦点凝聚在：我国是一个多民族的国家，无论我们是哪个民族，我们都是中国人。学习这节课，不仅拓宽学生的视野，更是在开学第一课就为学生树立正确的思想，让学生知道自己的身份、有强烈的民族意识，培养学生作为中国人的自豪感。《升国旗》也是培养学生爱国主义的课文。通过这节课的学习，学生能了解到关于国歌、国旗的基本知识，同时也认识升国旗这一庄严的活动，培养学生对国家相关事务的认知。

2.结合传统文化，渗透思政教育

优秀的传统文化也包含着丰富的思政元素。教师在对传统文化进行教学时渗透思政教育，让学生在学习优秀传统文化的过程中养成良好的道德品质。例如：小学语文二年级下册《弟子规》选文不仅对学生的日常穿着和行为习惯进行了规范，还对学生的人生观和价值观进行了培养。尤其是强调了不要过度重视衣服和饮食等外在条件，而要关注自己的德学、才艺。学习这一内容，学生不仅能对《弟子规》这本开蒙读物有所了解，还能从中体悟人生道理，形成正确的思想道德观念。

## 四、课程育人价值

### （一）形成良好的育人氛围

在立德树人思想的指引下，教师的教学理念不断更新，积极建设良好的班级文化。如在班级中张贴社会主义核心价值观、每周一句名人名言、定期更新板报内容等。通过各种主题教育，实现学生接受教育和自我教育的双重目的，最终形成了良好的育人氛围。

### （二）促进向上的精神风貌

在日常的教学中，教师坚守立德树人阵地，让学生在一代代伟人的影响下产生身份认同感。加入中国少年先锋队后，学生知道自己的肩上背负着国家的期望和使命，能时时用少先队员的标准要求自己。在日常的生活中，不文明的现象也在逐渐减少，取而代之的是乐于助人、团结友善。

### （三）掌握丰富的文化知识

在课上，教师根据教材内容进行资料补充，不断拓宽学生的视野，丰富学生的精神世界。如语文课程学习《七律·长征》时补充时代背景和红军长征的路线，学生更能深刻地理解红军长征的艰苦，感受革命先辈的付出，这不仅塑造了学生的精神，还增长了见识。

天津市南开区南开小学

# 第二章

# 增智赋能——提升学生格物致知的素养

学生是自我教育和发展的主体，课堂教学应充分调动学生学习的积极性，发挥其主体能动性，培养学生解决问题的兴趣与能力，从而达到深度学习的效果。当学生能自如掌控学习时，就拥有了强大的力量，他们将成为探索者、系统思考者、自我导向的学习者，提升自我智能，为未来做好准备。

综合发展视野下小组合作模式在初中物理教学中的应用

STEM教育的高中物理特色课程建设探究

——以“制作一支智能弓箭”为例

基于场馆资源开展综合实践活动

在实践育人中培养格物致知的能力

——实践课程体系的建设实施

提升元认知水平，构建“启智”初中数学课堂

场馆学习的综合实践活动课程开发策略

单元整体教学英语课堂，提升学科育人成效

教而有法，师生共情

——小学低段语文线上教学有效性策略探讨

思以见远　识以别物

——浅谈小学语文教学中思维能力的培养

掌握操作“金钥匙”，开启学生“智慧门”

——浅谈小学数学课堂教学中的有效动手操作指南

六力筑梦启心智，生涯启蒙润沃土

在小学英语作业设计中实现减负提效

# 综合发展视野下小组合作模式在初中物理教学中的应用

文/许 姣

## 一、课程育人思考

目前，教育政策、理念要求初中物理教师不断提升教学效果，探究适应性更强的教学模式，营造有序的课堂环境，满足学生综合发展需求。小组合作学习模式作为当前初中物理教学的新模式、新方向，能有效降低学生知识学习难度，传递学习经验，继而有效地提升学生知识汲取效果，尤其在适应学生深化而多元的发展需求、适应课程教学目的等方面，小组合作学习模式的表现非常突出。据此，我们结合相关教学经验和实践成果，以学生综合发展为基点，以小组合作模式为着力点，将其应用于初中物理课程的概念、价值以及建设路径为探索脉络，探讨小组合作模式在初中物理课程教学中的应用。

## 二、课程育人方略

通过“目标—项目—情境—评价”四轮驱动小组合作机制，即明确初中物理课程教学目标任务，科学设置合作项目和情境，并建立相应的评价体系。在达到完成教育教学目的的基础上，有效提升学生的综合能力。

## 三、课程育人经验

### （一）编制可靠合作任务，强化学生学习的目标性

教师在深刻理解合作小组教学的内涵和目的要求的基础上，设计相关探索任务时，可以明确知识的探索方式，让学生快速、有效地获取相关经验和知识，进一步提高教师课程教学质量和学生经验获取效果。在编制小组合作探索任务过程中，教师可结合课程技能目标、情感任务等要素，以培养学生的综合能力为中心，以学生个性和多元进步为导向，系统设计合作任务，围绕学生基本水平，做好各个学习小组任务的分发与分解工作。同时，在设计任务时，紧紧围绕各个小组的成员的实绩表现，动态调整任务，以提升小组合作探索任务的适应性。教师还要引导、鼓励、支持学生配合布置的任务，做好成员经验与技能探索任务的分解，以保障所有学生均能有所发展。

以人教版初中物理“电压”教学为例，教师可结合电池基本知识，设计多组电池串联实验，根据实验内容和学生合作小组实际情况，设计多种合作任务课题：请你和你小组成员连一连、想一想如何才能提升灯泡的亮度？为什么用更多的电池，灯泡的亮度越高？你有什么发现？想一想在日常生活中，我们还能用什么方式来提升灯泡的亮度？在这些任务驱动要素下，学生结合教师给出的线索进行联想、发散自身思维，有目的、有计划、有方向地探索知识，将其迁移到后续学习的经验探索中。

### （二）设计趣味实验项目，提升学生学习的主动性

虽然初中生已经形成了基本的知识学习概念和态度，但其在面向较复杂、较抽象的物理概念和知识点时的“粘性较低”。如果以学生兴趣爱好为中心，设计趣味性强的实验项目，能够有效激发学生对知识的探索欲望，有效提高课程学习质量。据此，教师可在渗透学科知识和基本素养过程中，深入了解学生具体喜好，并以其发展趋势为中心，设计趣味性强的实验项目，以在降低学生小组探索学习难度的同时，改变学生被动学习状态，增强学生小组学习或自主发展的主观能动性，保证学生小组合作教学效果。

以初中人教版物理“重力”概念探索为例，大部分学生在生活中均对重力有模

糊的认识，但若仅通过枯燥的概念解释和课件展示的方式让学生掌握重力基本知识，难以让学生产生直观印象，影响学习效果，还有可能消磨学生课堂参与的主动性。因此，教师在授课前，可基于学生对未知现象的好奇心精心设计实验：学生以合作小组为单位在课前准备三个铁制的别针，再准备三个圆形磁铁。学生在别针的下方系同样长度的细绳，在一个透明直尺上面放置三个磁铁，并在其下方依次将刚刚穿了线条的别针放在下面，并观察现象。最后，学生分组讨论产生现象的原因。这种教学方式，不仅提升学生在课堂中的主体地位，而且用趣味的物理现象直观展示了物理概念，激发学生探索心理。

### （三）打造开放合作情境，优化学生思维发展效果

立足当前物理教学任务和核心素养培养要求，教师可根据学生的基本表现，结合小组学习模式的本质，以思维培养为中心，设计灵活、开放的小组合作情境，在满足学生发展需求的同时，培养学生学科逻辑思维，让其能够更加创新学习和运用物理知识，进行个性化学习，完善学习理念，提升学习效果。

以人教版初中物理“用天平测量固体和液体质量”探索为例，为培养学生开放性思维，教师可根据质量不会随着形态、物态以及位置发生变化而变化的概念，设计有趣的合作情境。首先，给出不同质量的冰块、水、水杯以及不同质量的砝码；其次，给出开放性合作主题，即必须用水杯来保证托盘天平的平衡。可以预见的合作情境包含：用水+水杯情况下砝码的放置情况，冰块+水杯情况下砝码的放置情况，水杯+冰块+水情况下砝码的放置情况。在这些情境中，有些合作小组可能会以多种组合方式进行探索，有些合作小组甚至会探索冰块融化成水后砝码的变化情况，即化成水的冰+正常水或单一冰块化水等。这样的设计不仅提升了物理实验的灵活性，还能进一步加深学生对物体质量概念的认知和理解。

### （四）制定明确评价价值，完善学生能力水平表现

小组合作评价能够帮助学生了解自身不足，引导学生克服学习方式的缺陷，因此，具有非常重要的实践价值。教师可结合初中物理学科教学标准、要求、任务等要素，编制可靠的评价体系：首先是合理地设计评价内容，如学生是否能够积极配合教师和小组成员完成经验探索、是否会主动交流等；然后是丰富评价主体，如学生自我评价、小组成员互评等，以提升学生小组评价的可靠性和公正性；最后，教师

要注重合理利用学生的评价结果，如利用评价方式，积极引导学生改变错误的学习观念和行为习惯等。

在高要求、高标准的初中物理教学背景下，小组合作教学模式可有效降低学生物理学习难度，有效提高学生综合素养，满足学生多维、多元发展需求。为此，教师要充分利用合作小组教学模式，围绕教学核心内容，不断强化自身职业素养，让自己更加职业化、专业化，切实提升教学质量。

### 四、课程育人价值

初中物理课堂小组合作学习模式主要是指教师依据课程教学目标，围绕学生内在和外在发展需求，以学生个性发展、综合发展为方向，为学生搭建适应性强的学习环境，在这种灵活的学习环境中，学生能够系统、有序的掌握课程知识，能够拥有较强的知识实践能力等。据此，其价值主要体现在以下三方面：一是转变学生学习观念。小组合作学习模式会将知识以更加立体、系统的方式展示在学生面前，使其中的学习方式、经验获取更加灵活、便捷，从而改变、完善甚至重构学生对物理知识学习的理解。二是培养学生综合素养。小组合作学习模式为学生营造丰富多彩的探索情境，学生将通过在不同的情境中扮演不同的角色，如探索者、交流者等，满足其个性、心理等方面的发展需求。三是提升课堂教学效率。由于小组合作模式能够为学生营造独立思考和信息交互的情境，因此这种方式会在一定程度上弥补学生沟通交流、团队合作等方面的不足，继而达到提升课程效率的目的。

天津市南开田家炳中学

# STEM教育的高中物理特色课程建设探究

——以“制作一支智能弓箭”为例

文/邓道平

## 一、课程育人思考

### （一）背景依据

20世纪80年代以来，美国推行STEM教育，至今已经为美国输送了大量尖端人才，国内学者在较早时期就已经开始了关于STEM教育的理论研究，《义务教育课程方案（2022年版）》中也提出设立跨学科主题学习活动，加强学科间相互关联，带动课程综合化实施，强化实践性要求，而该要求与学科核心素养吻合。因此，将高中物理教育与STEM教育结合，探索物理单科教育向综合化教育转变的新模式和新思路，激发对STEM教育在课程实践建设的思考与研究是现代教育的重要任务之一。

### （二）课程目标

高中物理教学不是单纯的将知识传授给学生，关键在于让学生把知识与生活结合，教会学生学习及解决问题的方法，培养学生的综合技能。将STEM教育与高中物理教学有效结合，可以让学生将物理知识与科学、技术、工程及数学等科目重新整合，成为理论和实践相结合的综合性人才。

## 二、课程育人方略

根据我国教育现状，提出渗透STEM教育的高中物理特色课程建设，结合我国高中物理人教版课本的相关内容，教师对原始实验进行改进创新，学生自己动手制作实验模型，学习利用软件进行数据处理，最后理论联系实际并得出结论。

## 三、课程育人经验

在高中物理教学中逐步渗透STEM教育的要点是学科融合与生活实际联系，因此本节课课堂的主动性交给学生，教师在整个过程中起到辅助作用，学生遇到问题、解决问题是本节课重要技能提高部分。实验“探究功与速度变化关系”是必修2模块中的一节学生实验课，它是一节典型的探究性实验课，虽然知识点不多，但它是动能定理前的一节准备课。因此，这节课是本单元也是本模块较重要的内容。以下我们结合STEM教学模型，以高中物理实验：“探究功与速度变化的关系”这节课的教学内容为例，建立科学、技术、工程和数学相结合的STEM教学设计。

### （一）课堂导入

在“探究功与速度变化关系”的实验中，通过橡皮筋拉动小车做功使小车的速度增加，通过测量打点计时器所打纸带上的点，可计算出小车的速度。本实验的关键是如何引导学生找到功与速度之间的关系，橡皮筋拉动的程度不同，小车获得的速度不同，但是橡皮筋拉动的幅度很难测量，与速度之间的关系也很难找到。所以课堂之初，教师提出问题，需要学生制作一支智能弓箭，这支弓箭可以发射出箭想要的速度。

### （二）设计方案

教师在学生设计实验之前有目的地给出实验材料，如不同劲度系数的橡皮筋等。学生可以通过上网查找资料，动手演示实验，计算推理或与其他组学生讨论的方法选择材料和设计方案。

方案设计的关键点有以下三个。一是找到橡皮筋条数和功、速度的关系，当学生发现橡皮筋的伸长程度不好测量时，就会进一步思考，如果保证伸长程度一样，而改变橡皮筋的条数，那么做功会直接成倍增加。二是找到做功$W$和速度$v$之间没有具体关系，而与速度二次方$v^2$却有神秘的关系。三是如何测量箭射出的速度，可以选择的方式包括手机phyphox软件辅助，电脑Tracker软件辅助，借助平抛运动计算水平速度等。

（三）学生实验

通过对学生设计方案的初选，改进并确定学生实验方案，学生进行实验，得到数据。

（四）处理数据

本实验关键在于数据的处理，教师在此可给予学生帮助，推荐数据模拟软件—origin软件，学生可自己上网学习origin软件教程并对数据进行处理。

保证橡皮筋拉伸的长度每一次相同，让箭从同一位置处释放，测得的速度$v$，速度二次方$v^2$和对应的橡皮筋条数$n$记入下面表格，分析实验数据，探究橡皮筋所做功$w$（$w=nw_0$）与速度$v$，速度二次方$v^2$的关系。

| 橡皮筋条数$n$（$n=w/w_0$） | 0 | 1 | 2 | 3 | 4 | 5 | 6 |
|---|---|---|---|---|---|---|---|
| 速度 $v/m\cdot s^{-1}$ | 0 | 0.85 | 1.11 | 1.45 | 1.62 | 1.76 | 2.06 |
| 速度二次方 $v^2/m^2\cdot s^{-2}$ | 0 | 0.723 | 1.232 | 2.103 | 2.624 | 3.098 | 4.244 |

**学生实验数据表**

将以上表格数据导入origin软件，以测得的速度$v$为横坐标，橡皮筋的条数$n$为纵坐标，得到如图1所示的点，由图可知，橡皮筋的条数与速度v并不是线性关系。改变策略，尝试以测得的速度二次方$v^2$为横坐标，纵坐标不变，做出图像，选择fittinglinear得到线性拟合的曲线，曲线方程为$n=1.468v+0.60$，校正决定系数达到98.70%，斜率真实值的标准差仅为0.069，相对误差比较小，完全可以忽略如图2，可以确定橡皮筋的条数$n$与速度二次方$v^2$呈正比例变化关系，即每次橡皮筋对小车所做的功$w$与箭速度的二次方$v^2$成正比。

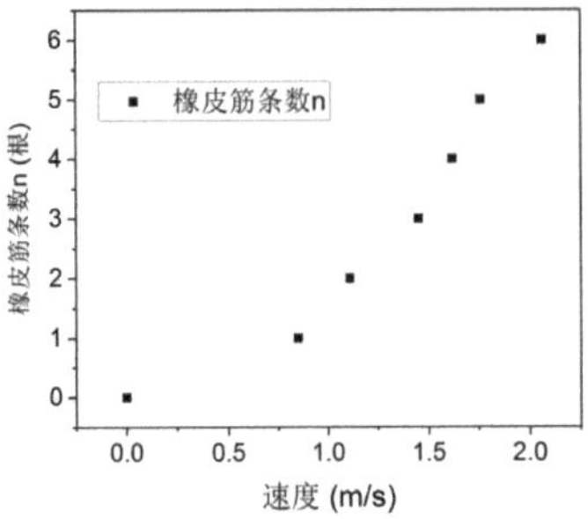


图1　$n-v$点图

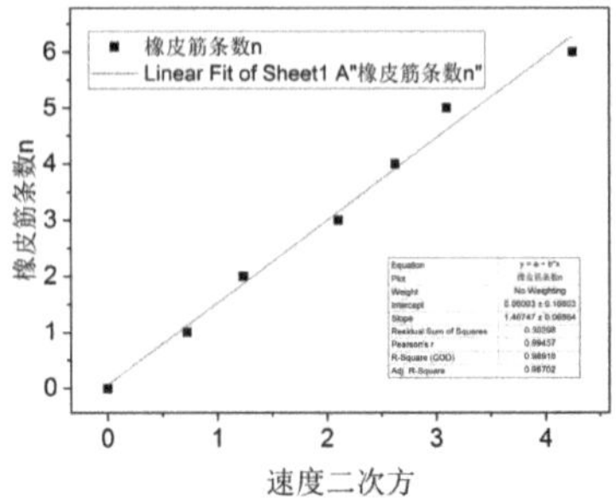


图2　$n-v^2$线性拟合图

（五）评价建议

高中物理教材实验“探究功与速度变化的关系”这节课主要是通过成倍数增加橡皮筋的条数探究功与速度变化的关系，为下一节的动能定理做铺垫。原实验在实际教学过程中，主要遇到以下两个问题，一是如何引导学生想到让橡皮筋条数成倍增加而不去测量功的数值；二是用纸带和打点计时进行速度测量的过程中，橡皮筋的伸长量太多会导致橡皮筋超弹性限度，但是太少会使纸带上的点集中，很难区分。

根据以上分析，分别做两点改进。第一，教师通过提出创新工程设计题目引导学生，如何制作一个智能弓箭，通过之前对微分法的了解，若选择劲度系数较小的橡皮筋，那么就可以通过直接改变橡皮筋的条数来较准确地控制速度。第二，速度测量的方法改进为利用平抛运动计算初速度的方法。

（六）回归书本

本节课的主题已交由学生完成，最后收尾总结由教师完成。教师主要做以下两方面的总结：第一，回归书本实验，将本节趣味实验“制作一支智能弓箭”与课本实验“探究功与速度变化的关系”相联系，总结本节知识重点。第二，从实验设计、实验操作、实验创新等方面总结本节课学生课堂总体表现。

## 三、课程育人价值

现阶段学科知识教学与生活脱节，让学生总会有疑问，现在所学的知识以后有什么用？而STEM教育从最开始抛出的问题就是紧密与生活相连系。教师在本文中的教学案例，课堂引入是“制作一支智能弓箭”，随着智能手机的普及，“智能”一词与现实生活联系紧密，学生会把这个题目直接融入生活，类比生活中的“智能”，设想自己设计的方案。学生通过学习与生活有紧密联系的案例，明白知识来自生活实际，而我们学习的知识也可以用来解决生活中遇到的难题。学生在解决问题和巩固相关物理知识的过程中，有效提高其科学技术素养、工程素养和应用数学能力，提升学生的整体综合素质。在科学技术高速发展的今天，选择合适的教育方法对学生的发展是很关键的，本文中教师提出在高中物理中渗透STEM教育的一些设想，希望为更多的教师提供参考。

**天津市第二十五中学**

# 基于场馆资源开展综合实践活动

文 / 沈慧英

## 一、课程育人思考

### （一）背景依据

《义务教育课程方案和课程标准（2022年）》提出：课程内容要与时俱进，更新课程内容，改进课程内容组织与呈现形式，注重学科内知识关联、学科间关联。实际上，学习不应仅限于课堂，走出课堂，会迸发出更多的思维火花。

在《中小学综合实践活动课程指导纲要》中也多次出现学校可与校外社会资源开展合作的建议，鼓励中小学生走进社会实践基地，走进博物馆、纪念馆等场馆，通过实地考察和收集文献了解场馆详情，认识和感受古今中外人文科技领域的文明和成果。于是，以场馆资源为代表的社会资源就成了学校教育的有益补充。

### （二）课程目标

场馆学习具有鲜明的情境性、自主选择性、主动探究性以及学习结果的多元性等特点。因此，让场馆教育融入学校教育，可以提升学生学习的积极性，培养他们的综合实践能力，让学习走向真实而深刻，多样而独特。

## 二、课程育人方略

场馆学习作为新型的学习方式，更多的是过程性学习。因此，在课程育人方略上主要体现：将场馆学习与人文资源相结合，厚植家国情怀；将场馆学习与科技资源相结合，鼓励技术创新；将场馆学习与学科资源相结合，完善知识体系。

## 三、课程育人经验

### （一）在场馆中聆听，体认社会历史文化

“中华百年看天津”是天津博物馆重要的陈列之一。在“外患深重”部分有一幅“九国租界分布图”赫然地挂在墙上，地上用玻璃砖展示的租界与现在地理分布的对照图，给学生们留下了深刻印象，它时刻提醒着我们天津那段屈辱的历史。参观结束后，学生们便以《探寻天津的租界建筑》为主题开展活动。天津租界建筑比较集中的地方有三个：一是素有“万国建筑博览会”之称的五大道；二是被誉为“东方华尔街”的解放北路；三是目前保存完好的意式风情街。全班学生分成三组，对这三处的建筑风格、人文历史等方面进行了综合研究。为了能清楚地了解五大道的地理分布、名人府邸的位置，“五大道”小组的学生们自制了一个电子地图，为大家清楚地呈现了建筑分布，带领大家自由穿梭在五大道中，了解建筑前世今生的传奇往事。

意式风情街是意大利在境外唯一的租界。小组成员通过上网搜集资料以及咨询历史教师，收集了很多关于中意历史文化交流的故事。学生装扮成马可·波罗，通过穿越的方式为大家分享所见所闻，讲述了由于闭关锁国，造成中国经济落后，清政府签订了《辛丑条约》后，意大利借此在天津设立租界的往事。由于英、法、美、德四国租界贯穿解放北路，所以各式建筑都能在这条街上找到。该组成员中的一位家长从事建筑行业，被聘请为辅导员，不仅带领学生们深度解析了解放北路中的建筑，还给学生们介绍了很多世界著名建筑。学习过后，全班学生又在“五大道”及“意式风情街”的照片中辨别不同建筑风格，达到了学以致用的效果，也使整个活动更能首尾相连，串成一线。

此次活动的开展，既让学生见证了作为近代北方“徽辅首邑”的繁荣与屈辱，又让他们明白不想被他人欺辱，就要自立自强。

### （二）在场馆中践行，增强社会责任意识

周总理与天津有着不解之缘，作为天津学子，一直把周总理的事迹作为楷模教

育的代表。进入周邓纪念馆,我们看到了很多周总理在天津期间学习生活、组织学生活动等相关文物。通过文物资料,让学生们更全方位、立体化了解、走近我们敬爱的周总理。周总理的“少年立志”“坚定信念”让学生们感慨万千,参观结束后,学生们开展了“海棠依旧香如故——做志存高远的普育学子”主题活动。

活动中,学生们将搜集的资料进行整理并准备道具,编排了很多不同时期的小话剧。《周恩来儿时学习的故事》讲述了周总理从蒋妈妈给他讲舂米不易的事情中感悟到学习应该经历千锤百炼的故事;《为中华之崛起而读书》讲述了周总理到沈阳东关模范学校后,看到民生凋零,便立志读书的故事;《大鸾翔宇内》讲述了周总理积极参加学生活动,努力学习,不忘救国的事迹。

以“第一人称”视角,通过角色扮演,学习周总理儿时严格要求自己,刻苦学习的精神,学习他从少年时期就确立远大理想的志向,学习他为达成目标坚持不懈、持之以恒的品质。

（三）在场馆中体验，设计制作表达创意

随着科技的不断变革,仿生机器人、人工智能等都在改变着我们的生活,学生们到天津科技馆“机器人天地”进行参观学习后,“仿生”成了学生们热议的词汇。

恰好,物理课上学习了超声波的知识,了解到蝙蝠、海豚等动物能发出超声波,利用回声定位原理制成了声呐,为人们的生活提供帮助。经过大家共同商议,决定尝试“仿生设计”,并把“超声波传感器”作为核心部件。

学生们经过作品构思、征集、评选,最终有五个设想脱颖而出,它们是:智能风扇、导盲犬拐杖、自动开启铅笔盒、智能泊车系统、视力保护器。学生们根据自己的兴趣爱好加入相应团队,制作过程中,小组成员有的请教信息技术教师,学习超声波传感器及Arduino开发板的相关知识,有的负责设计外观,有的负责搭建。大家各司其职,各尽其责。

各组在展示环节都拿出心爱的作品,讲述着它从诞生到“成长”的艰辛历程。虽然只是初级成果,但是在发言中学生们这种不忘初心、团结合作、面对困难不退缩的精神,感动着每一个人。

## 四、课程育人价值

场馆教育的内容是丰富多彩的，涉及的学习内容也是五花八门的，目的在于“活化”知识。让知识贴近学生的生活实际，将学科课堂延伸到场馆，从而让学习走向真实而深刻。像上述实例中的实践活动我们还开展了很多。场馆学习正在与家庭教育和学校教育形成合力，实现“知识教育+技能教育+情感教育”融合发展模式。因此，将学生发展核心素养与巧用场馆资源相结合具有重要的意义。

在整合场馆资源，开展综合实践活动的道路上我们还将继续求索。课堂只是育人的一个场所，生活是学生最广阔的舞台。未来，我们希望能够更加充分地利用场馆资源，研发更多的项目，继续努力为学生们打造更精彩的综合实践活动课程。毕竟，知识的背后应该是广阔的社会，校内与校外教育的结合，是为了培育完整的人格，最终让每个学生健康成长。

**天津市第九中学**

# 在实践育人中培养格物致知的能力

## ——实践课程体系的建设实施

文/傅　钰

### 一、课程育人思考

天津中学是综合实践活动特色学校，在实践中形成了稳定的操作范式、提炼了独特的育人价值、积累了丰富的基地资源。教育部基础教育二司副司长申继亮同志来校调研时提出："'十三五'发展规划涉及对育人模式的改革，天津中学的综合实践活动课程在不断的继承和发展中，已经形成了以探究精神和责任意识为核心精神的独特课程文化。"近年来，伴随课程改革、高考改革、育人方式改革、教育评价改革等文件的出台，天津中学的实践课程体系在适应中不断发展，在继承中不断创新。学校作为南开区综合实践活动的基地校和《基于"立德树人"目标的课堂教学与研学实践知行课程建设研究》的实验校，我们将综合实践活动与高中学生发展指导工作、思政一体化、劳动教育等工作进行了通盘性的设计与思考，在课程建设上着力，探索"五育融通 实践育人"的课程模式。

### 二、课程育人方略

学校秉承"实践育人"课程理念，构建"五育融通 实践育人"课程模式，满足学生个性化发展需求，打造多维度教育阵地，在实践中熔铸学生未来发展技能，培养全面发展的学生。

### 三、课程育人经验

为进一步聚焦中学生发展核心素养，培养学生适应未来发展的正确价值观、必备品格和关键能力，学校坚持“立德树人”根本导向，凝练课程所要培养的核心素养，聚焦德智体美劳五个领域的教育内容和教育目标，对实践课程架构进行了进一步的梳理。从办学理念、课程理念、课程模式、课程结构、课程实施、育人目标六个层面，建构课程逻辑。打造“人文之雅”“艺术之韵”“健康之美”“科技之趣”“实践之真”五大课程模块。丰富的课程共同承载育人功能，实现育人目标。

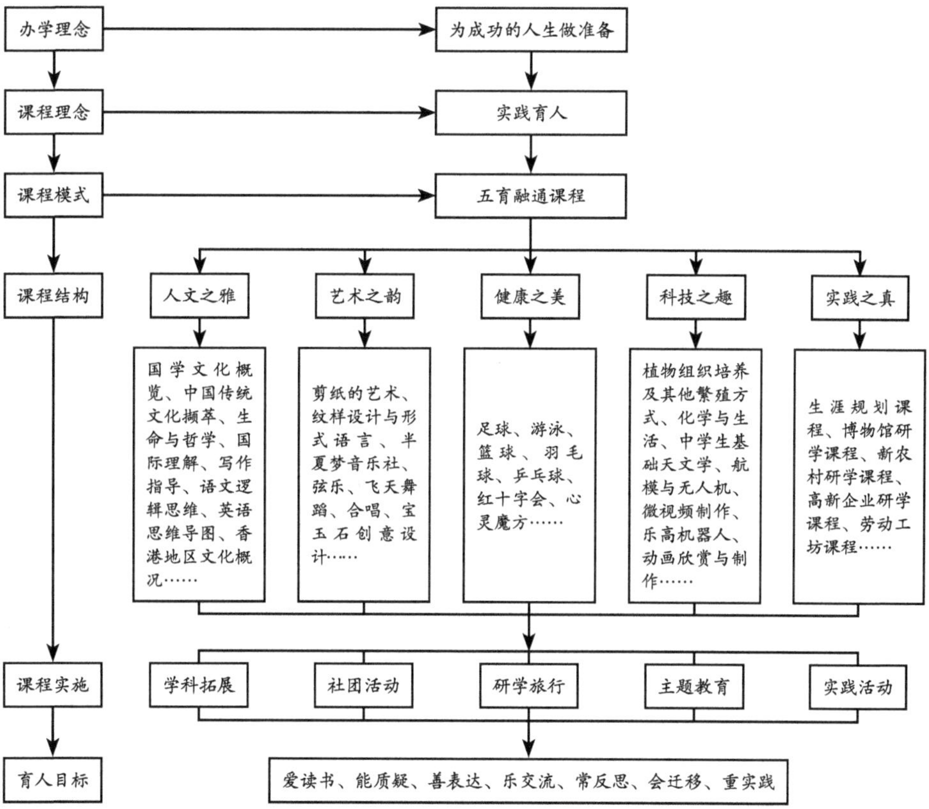


**实践课程逻辑图**

（一）注重提升学科教师育人能力，激活课堂主渠道的指导元素，打造以学科教师为核心的综合实践教师团队

培养全面发展的学生需要全面发展的教师，全面发展的教师必须具备从专业知识延展到政治经济学、社会学、心理学等学科主动融通的本领。这既是综合实践课程实施的需要，也是培养专家型教师的需要。

如2021年10月，由地理教师设计的海洋博物馆研学课程，打破了行政班的界限，完全以兴趣为导向自主选课。学生们在校内综合实践课的课堂中学习了海洋的相关知识，校外研学活动激发了他们的热情和创造力，培养了学生社会参与的主动性、小组合作探究能力、动手能力和解决问题的能力。此外，研学过程还促进了学生地理学科素养的达成，学科思政教育的落实，培养学生的大国意识，为将来建设现代海洋强国而努力学习，电视台、广播电台、报刊对研学活动进行了全程跟踪报道。

另外一节，由生物教师设计的研学课程中，学校帮助教师与我市两家在疫情中作出突出贡献的生物科技企业对接，将高二年级春季开学后正在讲授的细胞章节基础知识、高考能力点进行整合。教师和科技研发人员一起，将企业攻坚成果，与教材和考点的知识重组，形成融科研技术、企业文化与基础学科知识能力于一体的研学学案。学生们带着学案走进企业，一连串的知识点与眼前生物企业攻坚前沿的一整套热点的内在联系，自然而然地呈现在学生们眼前。企业负责人还回顾抗疫期间驰援武汉的日日夜夜，给学生们上了一堂精彩的思政课。系统观念设计教育教学情境，让学生们提升了学习兴趣与动力，涵养了精神境界，把爱党、爱国、爱科学实实在在地熔铸在学生心中。

（二）系统性统筹实践基地，明晰基地教育功能，形成研学实践教育合力

《中小学综合实践活动课程指导纲要》强化了课程育人导向，明确提出了价值体认、责任担当、问题解决、创意物化四个方面的课程目标，根据分类型、分学段推荐活动主题，根据实践体验要求，我们对以往社会实践基地、党团共建基地、高校生源基地、志愿服务基地等进行了系统的梳理，形成校内三类基地、校外七类场馆，目前已签约的基地18个。相对稳定的基地和实践内容，有利于我们不断明晰各类别中，具体基地的教育功能、育人目标、实践内容和接待能力等，打破社会实践的随意

性，对标《中小学综合实践活动课程指导纲要》的具体要求，增强计划性与科学性。

我们成立实践课程指导委员会，聘请委员会成员为学生的校外导师，参与学生的教育、管理与指导。让学生在考察探索、社会服务、职业体验中体悟个人成长与职业世界、社会进步、国家发展和人类命运共同体的关系，增强根据自身兴趣专长进行生涯规划和职业选择的能力，同时培养责任担当和问题解决的能力。

如生涯研学课程实施过程中的“校—馆”合作，以场馆实景的全域开放为学生搭建实践体验的课程平台，提供学习素材和资源。以人物访谈为主线，学生自主选择访谈对象，结合成小组，共同策划、协同参与，撰写人物访谈计划，分工合作实施访谈任务。学生在合作的同时，保持独立思考，共性与个性并存共生。在真实案例的引导下，教师适度点拨，因势利导，将学生的感受和思考引导到课程目标的落实上，使学生由对个人生涯发展的关注适当扩大到社会与国家发展对人才的需求上来。

一个学生在分享时说道：“当一个人完全受限于理想自我，并由它指引时，人总会以‘应该是什么’来支配自己的思想，人如果生活在无数的‘应该’下，就渐渐地与现实疏远。通过今天的生涯研学课程，我觉得每个人的生涯都是在发展中不断的选择、不断的适应，作为高中生的我们，当下要做的是增长知识、锻炼能力、找准方向，既要有忠于理想的能力，又有面对现实的勇气。”听到学生的话，作为教师很欣慰，也很感动，学生的意识被唤醒。

### 四、课程育人价值

“融通”思路的提出源于工作推动中的困惑，学校各部门囿于以往自身职能在实践教育中各自发力；各学科都有自己的教学进度和知识脉络，教师虽然可以认识到研究性学习对于学生综合能力提升的重要性，但“心有余力不足”制约了综合实践课程的发展；使综合实践课程存在管理空白和管理碎片化的倾向，最终难以综合发力。

2018年，受发展指导制度实施的启发，在市、区教研专家的指导下，我们提出“融通”的工作思路，将目标、师资、课程、信息、基地、项目六个要素的内容贯穿学生三年的发展，探索“五育融通，实践育人”课程体系，旨在打通教育时间、空间、内容的资源壁垒，融通性规划内容、整体性构建课程、制度化推进师资、系统性统筹基地、科学化选择项目，促进综合实践课程在学校整体课程体系中找到位置，找到抓手，使这项有意义的课程落地、落实。

**天津市天津中学**

# 提升元认知水平，构建“启智”初中数学课堂

文 / 郁婧文

## 一、课程育人思考

### （一）背景依据

1.新时代、新形势的教育要求

《义务教育数学课程标准》明确了课程育人导向，着力培养的核心素养，体现正确价值观、必备品格和关键能力的培养要求。在这一要求下，对课堂建设提出了新要求，即强调“关键能力”“核心素养”的培养，教育要达到“启智”的目的，也意味要更侧重于自主学习能力、应对变式、可持续发展能力的培养。

2.学生现实情况分析

线上教学的模式下，教师对学生的管控力相对较弱，学生的自主管理水平、自学能力等对整体的学习效果将产生极大影响。

### （二）课程目标

多项理论研究表明，元认知水平的提升可以有效帮助个体提升自我管理能力和应对变化的能力。通过提升学生的元认知水平，构建“启智”课堂，促进学生对冲变化的能力是当前课程建设的必然趋势。“启智”对课程要求意味着更深层次学习能力的培养，也意味着应对变化下可持续发展的能力及自主学习能力的培养。

学习的本质就是要求主体的思维产生变化的过程，而元认知是认知主体对自身认知过程的监测、调控等，在元认知水平提高的时候，能有效提高主体认知的效率。也就是说，当元认知水平提升时，刚好能达到“启智”的效果，促进学生融会贯通的能力的提升。

## 二、课程育人方略

本课程的方略即提升元认知水平，构建“启智”课堂。根据认知过程的不同阶段，大致将元认知培养策略分为以下三个阶段：认知前、认知中、认知后。

## 三、课程育人经验

### （一）认知过程发生前的元认知策略培养

1.通过档案评价机制，明确自我认知

利用“档案袋”评价机制，外化学生逐步向目标迈进的过程，使学生相信进步无关乎性别与其他。

档案袋评价，即收集学生的试卷、感想等多样化的材料，作为学生学期的评价依据。传统的评价模式，仅仅通过分数和等级去展示学生一学期的学习成果，其关注点更多地聚焦于成绩上，而忽视了在学习过程中学生成长性的展示。与之相比，“档案袋”评价中包含个人评价表，个人的反思、对自身知识掌握情况及学习状态的变化记录等。这样的评价机制会使评价更加注重质性评价和过程性评价，它能更好地引导学生的行为，并对积极行为进行强化；同时，也能提供给学生更多的反思自身行为的机会，使学生有更清晰的自我认知，从而提升学生的元认知水平。

2.渗透目标拆分法，确立可行计划

目标拆分法也是一种较为有效的元认知策略的提升手段，在认知监控前作出相应的计划，使之有可依靠的评判标准。

在认知活动开始之前，引导学生将学习目标拆分解为更为可行的小目标，按一定顺序完成这些目标，完成后，根据实际情况及时调整目标，确保目标达成进度及时间设置的合理性。这样制定出的计划具备更强的可操作性，对认知活动也具备更强的指导性。

（二）认知过程中的元认知策略培养

1.标注题目信息，做好信息的准确转化。

在最初的教学中，我发现学生的试卷往往是空白的，鲜少有圈画的痕迹。只有准确地理解、转化信息才能保证整个认知过程朝着预期的方向发展。在数学读、审题过程中有两点需要特别注意：其一，完整的获取信息；其二，准确地理解并转化信息。因此，在日常课堂中，培养学生在读题过程中用荧光笔圈画信息的习惯，以确保题目信息不被遗漏；另外，需将重要的数学信息在试题下方进行进一步转化。通过这一方式，可以有效帮助学生提升处理信息的效率与质量，圈画的方式也能保证在认知过程中注意力相对集中，同样是一种比较有效的认知监控策略。

2.外化认知过程，搭建整体逻辑

思维逻辑框图都是我在日常教学中时常用来搭建认知逻辑的常用手段，这也是一种可以监控认知进度的方式，它便于寻找认知过程中的关键逻辑节点及逻辑缺失，也便于学生从更加系统、宏观的角度理解所学习的事物。

3.培养学生的问题意识，逐步掌握探索世界的规律

学习的过程即发现、提出、分析、解决问题的过程；"问题"在学生认知过程中也可成为一条逻辑主线，引领学生有条理地探索世界的规律。

构建"问题式"课堂，课堂引导以"问题导向"的自主或合作探究为主。最初可通过一些"低起点的导向性"问题引发学生兴趣，让学生熟悉探究问题的一般步骤；营造宽容、和谐、民主的发问环境，让学生真正地敢于发问、敢于思考。

以《算术平方根》这一节的设计为例，通过"面积为2 的正方形边长如何表示"这一问题引出当下存在的认知冲突，引发算术平方根这一新概念的学习。在整个学习过程中，始终围绕最初的问题进行，经历发现问题、抽象概念、明辨概念、解决问题几个环节展开，让学生亲身经历"用数学眼光看待事物""用数学语言描述事物""用数学思想理解世界""用数学方法改造世界"的过程。

更进一步地，由引导性提问转为学生自主发现问题。学生能提问，本身就是积极思考、逐步形成概念、对知识更进一步思考的过程；学生能提问，意味着学生不仅仅提升了问题意识及创新能力，也意味着学生开始掌握了探究世界的一般规律。

教师在学生认知过程中要发挥好促进者的作用，一方面，要注意恰当的引导，

通过恰当、合理的问题设置引导学生走向正确的思考方向；另一方面，要尽可能为学生创造一个民主、开放、可以积极发问的基础环境，恰当应对学生的每一个问题，扫除学生提问的心理障碍，无顾虑地运用自己的发散思维进行思考。

（三）认知过程发生后的元认知策略培养

1.凝炼数学方法与数学思想，培养模型思想，促进知识迁移

学生在学习的过程中，要不断丰富自己的元认知理论，如在数学学习中，要时常总结、反思数学中隐藏的数学思想和解题策略，如数学语言的准确转化、方程思想、化归方式等。与此同时，更重要的是提升数学建模思想，数学中的模型思想实际上是一般化的思想，即透过表象总结问题本质建立对应模型，使结果具有可重复性。在日常课程设计中，不仅呈现知识总结与反思的过程，更要注重引导学生进行同类题、使用同类数学思想的题目的总结归纳，帮助学生建立可再次应用的数学模型，渗透建模思想，重视方法总结，在掌握当下知识的同时，为知识迁移做好相应准备。

2.关注学习情绪，降低焦虑对数学学习的影响

研究表明，数学焦虑会占据部分信息加工通道，影响选择的策略时的灵活性与思维的发散性。作为教师，需要及时关注到学生的不良情绪，对其进行适当的引导及适度的干预，减少焦虑情绪对元认知策略的影响。也要引导学生在应对变化情况时及时调整思路，整理情绪，尽可能发挥出原有的个体认知能力。

## 四、课程育人价值

通过本次课程实践，学生们开始有意识地在认知发生前进行自我规划，合理安排自己的整个学习过程；也能帮助学生正确认识自己，尽可能发挥出自己的全部实力；在认知发展中，也开始对时间、环境、认知策略等方面进行改善；同时增强了学生的问题意识，逐步渗透探索世界的基本路径；认知发生后也会借助一些方式，复盘及二次复核知识的掌握情况；且可以促进同类知识学习过程中的知识迁移。

在此课程实践中，我也更多了解了元认知策略的相关知识，并将其付诸实践，促进了学生的核心素养与基础能力的发展。

天津市育贤中学

# 场馆学习的综合实践活动课程开发策略

文／苏翠翠

## 一、课程育人思考

### （一）背景依据

2022年义务教育课程标准优化课程内容结构，设立跨学科主题学习活动，提出课程综合化和实践性的要求。场馆资源具有综合性特征，开发场馆资源有利于推动跨学科主题学习实践。2020年《关于利用博物馆资源开展中小学教育教学的意见》印发，倡议开发博物馆课程，将博物馆资源融入中小学综合实践活动等课程。近年来《国家宝藏》等文博类节目盛行，深受青少年的喜爱。情境学习理论认为知识本质上是情境性的，学习寓于情境之中，因此场馆可以为学生学习提供丰富而鲜活的学习情境。

### （二）课程目标

场馆学习兼具综合性、实践性与综合实践活动课程性质相契合，可以提升学生价值体认、责任担当、问题解决、创意物化等方面的意识和能力。如主题“大浪淘沙 红船启航”的场馆学习目标可以做以下设计。

价值体认：积极参加“曙光伟业——五四运动与中国共产党的创建”展览，体会中国共产党建立的艰难历程和重大意义，热爱中国共产党和伟大祖国，认同社会主义道路。责任担当：了解红船精神，思考如何传承红船精神，在生活和学习中以传承红船精神为己任。问题解决：深入分析中国共产党诞生的国内外背景，依据史实进行分析，并形成报告与同伴分享。创意物化：通过课件、手抄报、演讲词、解说词等形式与同伴分享中国各阶层为挽救中华民族命运做出的努力，据此分析中国近代社会的出路。

## 二、课程育人方略

本文从场馆资源开发的背景以及场馆学习流程设计、实施策略等方面探讨学校教育层面如何基于场馆学习有效开展综合实践活动课程。

## 三、课程育人经验

场馆学习的深入开展需要教师经过精心设计，避免走马观花式参观。场馆学习可以与项目式、主题式、探究式等学习方式相结合，以“项目+任务单”“主题+体验”“探究+发现”等形式引导学生实现场馆学习。为了有效规范场馆学习实施，其流程可设计为：

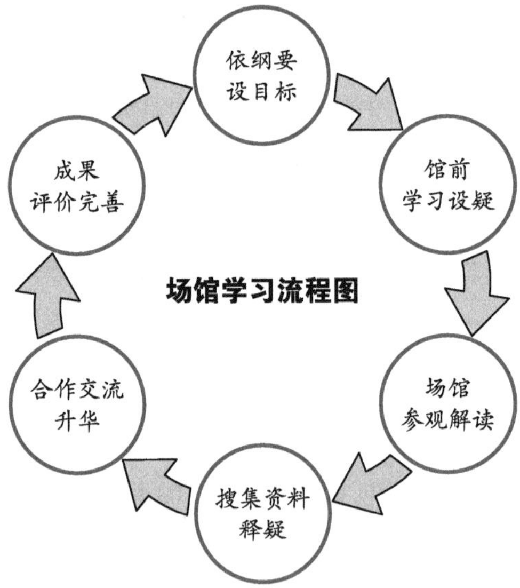


### （一）依纲要（新课标）设目标

首先，素养导向。《义务教育课程方案（2022年版）》实现课程目标由三维向素养的升级转变。综合实践活动课程属于跨学科综合课程，因此设定目标需考虑主题所涉及学科的核心素养。其次，四维设计。《中小学综合实践活动课程指导纲要》指出应从价值体认、责任担当、问题解决、创意物化四个方面设计目标，因此基于场馆学习的综合实践活动课程目标需要据此设计。

本文的案例来自天津博物馆2021年临时展览“曙光伟业——五四运动与中国共产党的创建”，依据《中小学综合实践活动课程指导纲要》同时结合《义务教育历史课程标准（2022年版）》、部编版八年级上册第14课《中国共产党诞生》的内容，选取学习主题为“大浪淘沙　红船启航”，并设计学习目标。

（二）馆前学习设疑

场馆资源展现在学生面前的是一件件展品，相比课本文字资料更为鲜活和丰富，对学生有较强吸引力，但这并不能直接促使学生实现深度学习，需要教师通过设计活动，引导学生带着问题去探究学习，将参观过程转变为学生探索解决问题的过程。如可以尝试将“大浪淘沙　红船启航”的场馆主题学习，设计成学习单进行探究。

| 学习主题：大浪淘沙 红船启航 | |
|---|---|
| 探究问题 | 问题分解 |
| 各阶层的尝试 | 农民与地主阶级的探索过程 |
| | 资产阶级与无产阶级的探索过程 |
| 国内外背景 | 中国共产党诞生的国内背景 |
| | 中国共产党诞生的国际背景 |
| 传承红船精神 | 红船精神的内涵 |
| | 新时代的中学生传承红船精神 |

（三）场馆参观解读

场馆展览由专业人员精心设计布展，展品具有典型性和代表性，展品选择和布局是专业人员的设计思路，因此学生去参观展览，需要由场馆专业讲解员系统讲解，学生边参观边听讲解同时尝试完成学习单任务。但也不可否认，场馆标准化讲解大多并不是针对中学生而设计，这样的解读很难满足学生深度学习需要，因此有效的场馆学习需要教师发挥关键性转化作用，将专业性的、标准化的讲解转化为学生能接受的课程性解读，将展品内容与学科学习内容有机结合。

“曙光伟业——五四运动与中国共产党的创建”展览中有一幅展品是“中国共产党第一次全国代表大会上海会址”的展板，这张展板的内容八年级上册历史课本有涉及，教师可以对这张展板进行深入解读，引导学生多维思考。教师可以从中国近代上海的经济状况、工人阶级的成长、中国共产党早期组织建立以及民主思想的传播等方面解读为何在上海召开中共一大。如此设计学生看到的不仅是一块展板，而是展板所反映的深层次历史渊源。

（四）搜集资料释疑

教师基于研究问题以及在参观学习过程中学生产生的新思考，指导学生搜集和处理资料，提升发现问题、解决问题的能力。学生搜集资料可以利用网络、图书馆等资源，在该过程中，教师需要给予学生搜集、鉴别资料的方法指导，引导学生加深对问题的认识和理解，建立问题与资料之间的关联，从而释疑。

在“曙光伟业——五四运动与中国共产党的创建”的展览中，学生看到“南陈北李 相约建党”的展板产生疑问，为何在20世纪20年代思想极其落后的中国，陈独秀、李大钊能产生宣传马克思主义思想、建立中国共产党的想法。针对这一问题，引导学生通过中国知网、超星图书和天津市图书馆查询文章和书籍，在教师的指导下，从不同层次的著作中，选取符合中学生认知水平的资料。最终选取《大浪淘沙中共“一大”人物传》《马克思主义为什么“行”》两本书和《“南陈北李”和中共一大代表》《中共一大：开天辟地的大事》两篇文章进行深度研读，并从中解读释疑。面对诸多资料难以梳理时，教师可以引导学生从马克思主义思想内涵、“一战”引起人们对西方资本主义文明的反思、俄国十月革命的胜利以及中国各阶层在近代探索的失败等内容进行深入剖析。

（五）合作交流升华

场馆为学生提供的是一个互动交流的场域，学生在学习过程中，针对自己或者小组所研究的主题，进行合作、交流、反思，最终教师引导学生整合升华所研究的主题。场馆学习可以在整个班级中开展也可以由几位志趣相投的学生组成小组开展学习活动，如果是整个班级的学生，需要提前分成小组，每个小组带着任务进行学习，学生在组内进行充分的交流、碰撞观点，各组交流后在班级展示学习成果。

“大浪淘沙　红船启航”这一场馆主题学习的核心内容是“中国共产党诞生”，教师可以指导学生将这一核心内容分解为中国共产党诞生的背景、原因、条件、精神、意义等几方面，各小组根据自己的兴趣选取内容进行研究学习。小组内部在参观展览之后相互碰撞学习、思考交流、总结归纳升华研究主题，为成果展示做准备。

（六）成果评价完善

基于场馆学习开展综合实践活动课程目的不在于纸笔测试，而是为了涵养学生素养，转变学生的学习方式，因此搭建学生成果的展示平台具有重要意义。成果的评价完善，需要学生针对自己或者小组所研究的主题，总结和反思成果。评价是促进学生反思完善的重要途径。成果的评价主体可以是场馆专业人员、教师、同伴以及学生本人。教师可以在活动开展的过程中，提供给学生评价的标准，让学生在自评和他评的过程中提升自己对问题的认识，获得能力发展。

## 四、课程育人价值

如今，科学技术日新月异，未来的公民需要的是发现问题、解决问题的素养。场馆承载了深厚的物质与精神文明，是课堂延伸和学生学习的重要环境和资源。“双减”政策之下，学生对高质量教育的需求更为迫切，情境化的场馆可以激发学生学习的积极性，促进学生与同伴、展品、教师等多维度对话，无限拓展学习的边界，因此场馆学习对学生的成长有重要的意义。

天津市南开区科技实验中学

# 单元整体教学英语课堂，提升学科育人成效

文 / 吴喜颖

## 一、课程育人思考

英语是当今世界国际交流与合作的重要沟通工具，学习和运用英语有助于学生了解不同文化，形成跨文化沟通与交流的意识和能力。随着新课程改革的不断深入，课程目标由知识本位转向素养本位，单元整体教学成为教学的新路径。本文将以小学英语人教精通版四年级“What subject do you like best”单元整体教学设计为例，深入探讨单元整体教学是如何赋能英语课堂，提升学科育人成效的。四年级学生的语言表达能力、思维能力都有了较好的发展。但是，学生在学习方式上还比较单一，还没有形成合作学习的学习意识。学生通过深入地探究单元主题意义，促进其学科核心素养的形成，达到学科育人的目的。

## 二、课程育人方略

教师要以单元教学目标为统领，有的放矢地减负提质，使学生在不断探究中形成分析问题和解决问题的能力，逐步促进学生形成高阶思维，为学生终身学习奠定基础，更好地达成立德树人的教育目标。

## 三、课程育人经验

### （一）实施单元整体教学的路径

1.教材为本，深挖单元主题

主题是单元整体教学的育人之本。在教学过程中，从单元整体角度考虑本单元的现实意义，再精读教材单元中的内容，通过深挖单元主题意义，从而达到学科育人的教育目的。要以单元主题来确立单元目标，再围绕单元目标来梳理教材内容，确定教学重难点来制定教学计划，让学生聚焦于单元主题，使学生在教师的引导下，潜移默化地形成自己对单元主题的认知与思考，从而提升学生的思维品质。

2.学生主体，确立单元目标

围绕单元主题，充分挖掘育人价值，确立单元育人目标和教学主线。依据单元育人蓝图实施教学，要构建由单元教学目标、语篇教学目标和课时教学目标组成的目标体系，要合理规划单元教学的小目标，建构起层次清晰、关联性强的单元框架，积极建立各个板块之间的内在联系。在教学过程中，以学生为主体，引导学生学会在做中学，学会与同伴合作探究感知单元主题的意义。学生在单元合作学习的过程中，发现知识之间的关联，主动建构单元主题的认知，发展能力，形成素养。

3.凝炼文本，分层教学活动

想要英语课堂减负提效，在单元整体教学过程中，教师就要合理地整合教材内容，再结合学生的实际情况作出相应的调整，发挥学生学习的主动性。教师还要根据单元教学内容合理规划教学内容，以此来让单元学习变得更加井然有序，学生才能在教师的引导下进行有效的学习，提升学习效率。

4.个性发展，巧设作业环节

作业设计是单元整体教学的重要环节。教师应从单元教学内容的整体出发设计作业，让学生更加系统、高效地完成学习目标。以单元主题为引领，作业设计要从基础词汇、语法等基础知识出发，逐步过渡到语篇精读，最后聚焦于单元主题。作业设计不仅要面向全体学生，还要因材施教，实施分层布置。此外，作业设计还应讲究独立性与合作性。设计作业时不仅要考虑到英语听说读写能力的锻炼，把知识接受和独立思考相结合；把独立完成和小组合作完成相结合；把课本知识与实际生活相结合,这样才能提高学生的学习能力与思维品质。

5.多元评价,以激励促发展

教师要精准把握教、学、评一体化的育人过程。教学评价应贯穿于课程的全过程,包括课堂评价、作业评价、单元评价和期末评价。教师应引导学生成为各类评价活动的设计者、参与者和合作者。激励性的课堂评价能使学生在不断的认可和鼓励下变得更加自信,激发学生学习兴趣,发挥学生学习的主动性和积极性。

（二）单元整体教学课例研究与实践

1.教材分析

本单元是人教精通版小学英语三年级起点四年级下册第三单元,单元话题为学科课程。本单元围绕“学科”这个话题展开,通过学习学科类的单词及表达,让学生有意识地用英语与身边的朋友去交流,能够表达对不同学科的喜好并了解不同学生科的内容,培养学生的学习兴趣。

2.学情分析

本单元授课的对象是我校四年级学生,这个年龄段的学生开始从被动地学习向主动学习转变,学生的语言表达能力、思维能力都有了较好的发展。但是,学生在学习方式上还比较单一,还没有形成合作学习意识。本单元是关于学科课程的内容,贴近学生的日常学习生活,学生也乐于表达自己对各学科的喜爱,通过本单元的学习可以加深学生对各学科的认知。

3.单元主题意义

基于对教材与学情的分析,将本单元的单元主题意义确定为:初步了解各学科以及课堂活动,学生能够表达对各学科的喜爱,从而更加地热爱学习。在单元主题基础上,我们课时的子主题共有三个。子主题一:懂得各学科的英文表达,了解自己的课表。子主题二:能够表达对各学科的喜爱并能说明为什么。子主题三:在各学科课堂中都会做哪些活动,深入了解对各学科。

4.单元整体教学目标

语言能力:学生能够在情境中运用核心词汇和句型询问课程的数量、是否喜欢该学科,喜欢该学科及原因,以及各学科都会做哪些课堂活动。思维品质:学生能够思考学习各学科的意义,形成积极对待学习文化知识的态度。学习能力:学生能够理解对话内容并内化为自己的语言能力。文化意识：学生能够表达自己对各学科的喜爱，通过本单元的学习可以加深学生对各学科的认知。

5.单元整体教学设计

本单元通过设置记者来学校参观访问，了解学生一日课程安排，学生有礼貌地向客人提供帮助的真实场景，引出要学习的目标语言，让学生感知、模仿、学习和体验，最终引导学生能够运用目标语言进行交际。第一课时：本课设计了一个问卷调查，了解上午有几节课，下午有几节课，都有什么课程，让学生熟悉课表。第二课时：本课记者了解访学生各学科课上做什么。第三课时：本课记者了解学生喜欢什么学科。第四课时：本课记者了解学生为什么喜欢该学科。第五课时：经过一番调查之后，学生们在课上开展一堂关于学科的讨论，加深学生对学科的了解，更加认真学习。

6.单元整体教学作业设计

第一课时——基础性作业：你知道哪些学科，请用思维导图列举出来。拓展性作业：做一个调查问卷，调查不同班级不同年级甚至不同校的学生的课表。第二课时——基础性作业：写一个小短文，介绍自己并介绍英语课。拓展性作业：做一个思维导图，有哪些学科，各学科都做什么课堂活动。第三课时——基础性作业：做一个调查问卷，询问学生们都喜欢哪些学科。拓展性作业：仿照课文，小组合作共同编写新的对话。第四课时——基础性作业：做一个调查问卷，询问学生们最喜欢什么学科。拓展性作业：写一个小短文介绍自己并写一写自己喜欢的学科。第五课时——基础性作业：四人一组，制定你们喜欢的课表，并说明原因。拓展性作业：四人一组，做一份思维导图，囊括本单元所有知识要点。

## 四、课程育人价值

单元整体教学要基于学情，以学生的认知发展为基础，体现教学设计的整合性和整体性，让学生以多样化的学习方式逐步构建单元的主题意义。教师应基于单元内文本，深挖单元主题意义，一切活动都要基于主题意义进行教学。教学中还要遵循学生的身心发展规律来设定单元目标，设计各种具有层次性的教学活动来提高学生的英语能力，使英语课堂达到减负提效的目的。作业设计也要摒弃以往机械式的作业，要做到因材施教分层次有针对性地布置。最后，教师在教学结束时还要组织学生进行总结与反思，充分利用思维导图梳理知识体系，让学生能够更加高效地学习英语知识，使学生在逐步完成学习目标的同时不断提升思维品质，落实学生的英语学科核心素养，提高学科育人的成效。

天津市南开区长治里小学

# 教而有法，师生共情

## ——小学低段语文线上教学有效性策略探讨

文/孙 清

### 一、课程育人思考

（一）背景依据

传统教学中，信息技术辅助课堂教学。自疫情以来，教学转而全部依赖信息技术。作为一名小学低段语文教师，我采用腾讯会议进行直播教学。在直播过程中发现如下问题：学生一开始对这一新型授课形式表现出极高的兴趣，乐于参与其中并积极学习。但是，学生的热情很快被教师过多讲授课文的教学方式所浇灭，学生亦步亦趋被动接受，主动学习、自主探究的空间被大幅压缩。随着时间推移，学生线上语文学习呈现倦怠之势。

（二）课程目标

为了充分调动学习者热情、积极发挥学生主体作用，教师必须摒弃传统的讲读法，退居幕后做学习活动的组织者、引导者，进而提高线上教学有效性。

### 二、课程育人方略

线上学习中，教师首先要结合单元语文要素以及教学目标组织好每一课时的教学内容，然后采用“预学—共学—延学”的教学组织模式，让学生分享自己已学会的知识，在共学中设计指向教学重点的问题，引导学生自主探究。最后将课文所表达的主题延展至课外，建立大语文学习。

## 三、课程育人经验

### （一）教学目标精准明确

为了在有限的直播时间内保证课有所得，就需要每一节语文直播课有明确而集中的教学目标。

首先，教师要明确教学内容教到什么程度、学到什么水平。如果教师仅知道教学内容，而不深入研读教学目标，往往会事倍功半。比如：统编一年级语文下册《我多想去看看》一课，“朗读课文，注意读好带感叹号的句子”，直播教学时，教师不能简单地为读好感叹句而孤立机械地指导，必须回归文本，让学生在体会“我”的感受和心情后，自然而然地读出真情实感。

其次，教师需要教授与能力习得相关的方法、策略。一年级语文下册第四单元学习重点和难点是“读好课文中的长句子”。“课文中的长句子”是教学内容，“读好”是要求学生达到的能力目标。学生要习得这样的语文能力，就需要教师传授读好长句子的方法：词语连读、读好短语、层层展开读、理解句子意思、读好分句。

最后，教学目标的定位要与学情相适应。“一年级的阅读教学，最重要的是指导学生把课文读正确、流利”，也就是告诉我们一年级阅读教学不要过度分析课文，而要给学生预留出充分练习读课文的时间。因此，在直播教学时，我会要求学生打开麦克风，点名读、分组读、师生合作读，营造线上琅琅读书声。

### （二）教学过程明晰得法

线上直播教学我采用的是“预学—共学—延学”的教学模式。

预学能够培养学生良好的自学能力，提高直播课互动效率。因此，在直播课前，我会向学生推送预学清单：读一读，借助拼音正确读课文1—3遍；圈一圈，圈出书中的生字；记一记，用自己喜欢的方式记住生字；想一想，思考教师提出的问题。预学单从熟读课文、预习字词、内容感知、阅读质疑四个方面指导学生预学课文生字词、初步感知课文内容。预学单在任务上体现了由易到难、由基础到综合的分层设计，可以满足不同学生的个性化需求。在第一课时教学时，教师就可以让不同层次的学生分享自己的预学成果，让每个孩子体会到自学的乐趣。

以直播教学《我是什么》为例，课前我利用班级微信群向学生推送了一份预学单：首先标出自然段，借助拼音把课文读通顺，圈画本课会认字，想一想用什么方法能记住这些生字。然后再读课文，把文中出现的植物妈妈用横线画出来，思考这些植物妈妈们用什么办法帮助孩子旅行的。最后，把课文不懂的地方做出标记，比如："降落伞、带刺的铠甲" 指的是什么。在用腾讯会议直播时，字音、字形的学习由学生做主角汇报交流，教师适时、适当点播字音、识字方法。再集中时间解决本课学习重点——课文中介绍的植物妈妈是怎么传播种子的，学习难点——仿照课文句式说一说其他植物传播种子的方法。

共学环节由单元语文要素指导下的课文教学主问题（2至3个）组成，师生间的互动交流主要是通过设问答疑来实现。教师要在问题关键处、学生困惑处给予适时必要的引导。教师问题的设置要富有启发性，能激发学生探究的欲望。比如：一年级下册第三单元语文要素是 "联系上文了解词语的意思"，《树和喜鹊》的教学重点之一是联系上文了解 "孤单" 的意思。如果一上来就问学生 "孤单" 是什么意思，你能联系课文中的句子说一说吗？这样的问题会显得突兀，学生一时觉得无从下手。不妨引导学生一步步探究：自由读第一自然段，圈一圈这段中的事物，说一说你有什么感受。学生会圈画出 "一棵树、一个鸟窝、一只喜鹊" 这三种事物，从而感受到树和喜鹊的孤单，再通过比较 "只有一个鸟窝" 和 "有一个鸟窝" "只有一只喜鹊" 和 "有一只喜鹊"，更加深入体会 "孤单" 的含义就是 "只有一个"。最后教师总结理解词语的方法。

（三）作业反馈精心有趣

作业是教学的延伸和拓展，是检测学生掌握学习内容的重要方式。低年级学生喜欢在实践、游戏般的活动中学习、成长，通过动脑、动口、动手乃至做全身运动与学习内容建立联系。让儿童的身体与大脑神经网络产生联动，可以调动学习者积极性，发掘学习潜能，促进儿童最优化发展。同时，为了落实国家"双减"政策，除了基础性的作业以外，低年级作业布置还可以结合课后练习、单元目标设计一些趣味性、开放性、实践性的作业。比如：可以用唱的形式来记住《汉语拼音字母表》；学了音序查字法，让学生查一查自己的姓氏，并录制小视频；还可以设置生活化的情境，锻炼学生口语交际能力；画一画课文的思维导图，等等。从线上作业的反馈中，可以看出学生对趣味化的作业充满热情也乐于完成。

在作业设计上也要有单元意识，通过研读教参明确本单元的学习学生要获取哪些知识、形成哪些能力、用什么样的作业形式来达成。例如，二年级语文上册第一单元要素是“积累并运用表示动作的词语”，就可以在单元课文学习完成后，联系生活实际，让学生说一说“(　)苹果”可以用上哪些动词。

小学语文的重点是表达，难点也是表达。低年级注重培养学生口语表达能力，为了让学生把话说完整、清楚，我还定期向学生推荐阅读书目，全班共读一本书，通过直播形式做读书分享，让学生交流自己的读书心得。

## 四、课程育人价值

在这段特殊时期，“预学、共学、延学”的教学模式使学生经历了“我自己学会了什么、我不懂什么”和“我新学会了什么，拓展了哪些课外内容”的学习过程。也使教师逐段分析讲解课文变成“单元语文要素+教学重点”引领下的问题式教学。用问题促使学生去课文中提取关键字词、语句，借助重点词语、句子说出自己的想法、体会，并读出相应的感受，从而以点带面串联起对课文内容的理解与掌握。指向问题的教学设计突出了教学重点，也实现了单元语文要素的训练。教师教得有目的方法，学生学得清晰明白。不过，预学部分对学生自主学习提出很大挑战。苏霍姆林斯基说：“教育的效果取决于学校和家庭教育的一致性。”低年级语文线上学习更需要教师和家长携手做好学生的督促与管理。教而有法，师生共情，相信线上语文教学也会开创一片新天地。

天津市南开区宜宾里小学

# 思以见远　识以别物

## ——浅谈小学语文教学中思维能力的培养

文/刘　达

### 一、课程育人思考

《义务教育语文课程标准（2022年版）》明确提出，语文课程致力于全体学生核心素养的形成与发展，为学生学好其他课程打下基础。思维能力作为语文课程培养的核心素养的一部分，它的水平高低影响核心素养的综合质量。

在语文教学实践中，有一种现象：班里的阅读气氛挺浓，学生热爱阅读，所读书目也很广泛，内容也非浅显，但是学生除识字量明显增加，朗读愈加流利以外，其他的语文能力并没有因阅读量的增加而有实质提高。对文章内容认识依旧比较肤浅。没有咀嚼，没有消化，没有吸收，全然一个囫囵吞枣的状态；没有思考，没有联想，没有体会，没有感悟，头脑无痕迹，心中无波澜，如同一部扫描机器，从纸面上无声划过。有读无思，读无所得，是一种快餐式的“消遣式阅读”。

### 二、课程育人方略

“思以见远，识以别物。”多思善疑，才有真知灼见。敏锐的思考，才有深刻的认识。培养学生思维的敏捷性、深刻性、独创性、批判性。培养好奇心，激发求知欲，让思考贯穿阅读全程，养成积极思考的习惯。提倡读有所得的“学习式阅读”。

## 三、课程育人经验

“学习式阅读”是经过课堂训练以后，在阅读中具有主动搜索、收集、积累、比较、反思意识的阅读方式。文本中“价值信息”能自动被大脑识别，迅速捕捉到，或留存，或思考。自然而然抓住“问题点”，质疑，思考，探究。最后思想认识上得到升华。每读一篇文章，每读一本书，都有满满的收获。

思考有方向、有路径。思考有作用点，有突破口，有“抓手”。沿着“抓手”，想开去，就形成路径；一个个问题节点，会把思考引向深入，认识就不会停留在事物的表面，理解就越深刻，越接近本质。发现“抓手”和厘清思路、优化问题是思考能力提升的关键。

运用提问策略进行阅读，彻底改变被动阅读状态。提问是思考的起点，能主动提出高质量的问题会使学习效率大大提高。常常表现向自己提问。问得好，才能思考得好。能出思路，能出深度。

### （一）开篇思

如《小英雄雨来》抓关键词“英雄”，围绕“英雄”，铺开问题。什么是英雄，哪些行为才能称之为英雄行为？雨来做了什么，被人们称为小英雄。接下来，带问题阅读，“掩护交通员”“和鬼子斗争”英雄行为自然浮现出来，与预设问题相应成对，对号入座。学生对几近同龄的雨来，竟然在穷凶极恶的鬼子面前，机智周旋，镇定自若，英勇无畏所震撼折服。在探究中懂得为民族利益敢于斗争不怕牺牲就属于英雄行为。开篇思若一步迈得好，文章核心内容，一次性尽收眼底，一眼洞穿。

### （二）读中思

《小英雄雨来》当雨来挨鬼子重重的一拳后，有一段描写“鼻子流着血，一滴一滴的血滴下来，溅在课本那几行字上‘我们是中国人，我们爱自己的祖国’”。此时有阅读经验的学生会敏感地触发思考：“鼻子流下的血，一滴滴的溅在课本那几行字上，这样的描写有什么意义。”进一步剥茧抽丝，追根究底“血代表什么，那几行文字是普普通通的文字吗，这样的结合有何深意”。正是透过这段文字我们能感受到小雨来用生命践行“我是中国人”这句话，兑现他的“我爱我的祖国”的承诺。阅读中发问追问，引发的思考，一步步引领学生深入理解、提高认识。

《挑山工》有一句："我心悦诚服地点着头，感到这位山民的几句朴素的话，似乎包蕴着意味深长的哲理。"训练学生一触即发，敏锐的发现，作者并没有直接把哲理明明白白地交代出来，有意识地留下一个"扣"，一个"结"，留下一个想象的空间。包含着怎样的道理呢？必然重新审视山民的耐人寻味的原话，品读原话的弦外之音，一语双关。解读出挑山工胜在心无旁骛，脚踏实地，一鼓作气，坚持不懈。识别重点语句，培养思维的敏锐性。

（三）读后思

《小英雄雨来》读后思考：小说共有五个章节，对敌斗争的英雄故事只有两章，另外三个章节与英雄有什么关系？这个问题的产生对理解人物提高认识非常重要。第二章"雨来上夜校"，读书使他受到"我们是中国人，我们爱自己的祖国"的爱国主义教育，懂得革命道理，才有对敌斗争时的勇敢，这是力量源泉。第一章的还乡河畔戏水，说明水性好，为后文在鬼子的枪弹下脱身做好铺垫，埋下伏笔。

再如《黄继光》读后，"他张开双臂，向喷着火舌的火力点猛扑上去，用自己的胸膛堵住了敌人的枪口"。有学生不解：黄继光不会想想其他办法吗？认为堵枪眼的决定，不冷静，唐突，欠思考；也有的学生受当下网络上诋毁贬损英烈的不良言论的影响，质疑英雄存在的真实性。引起全班学生积极思考和激烈讨论。这个发问和思考过程非常有意义。学生从当时战斗的情势，时间的紧迫，牺牲的增加，任务的重要性，设身处地地换位推想分析，被英雄壮举深深感染。查阅资料，探寻黄继光的身世背景。从出生地，到参军后的部队番号。用事实有力地回击了诋毁英雄的无耻行为，通过思辨更加崇尚英雄，认清历史，保持正确的政治立场。把《黄继光》和《青山处处埋忠骨》与电影《长津湖》对比阅读，激发学生在比较中思考，把普通战士黄继光与毛泽东的儿子毛岸英和五百里、五千里、五万里兄弟三人作比较，通过思考深切体会到上至革命领袖下至平民百姓，同仇敌忾，抗击美帝国主义。既看到伟人的博大胸怀，也看到普通家庭为了国家做出的巨大牺牲。这就是思维的深刻性。

《清贫》里，方志敏最后写道："清贫，洁白朴素的生活，正是我们革命者能够战胜许多困难的地方。"有学生抓住"洁白"一词，质疑表示颜色的形容词修饰生活，词语搭配不当。大家陷入深深的思索，探讨，提出不同的意见。真理越辩越明，逐渐形成共识：把“洁白”和“清贫”“朴素”并列在一起考虑，可以得出：洁白表示生活清廉，不贪取不应得之财，不被腐化生活方式所污染，纯粹，简单，光明磊落。这正是共产党人具备的美德。结合“我不比你们国民党当官，个个都有钱，我们革命不是为着发财”，沿着“发财”“个个”展开思路：共产党人革命不是为了发财，是为了什么？国民党官员个个为钱，这样堕落贪腐是不是旧政权倒台的原因呢？共产党朝气蓬勃的新生力量，以民族解放，为劳苦大众打天下为己任，推翻腐朽旧制度取得胜利是不是历史必然？学生经过这番心灵激荡，认识境界得到了提高。

## 四、课程育人价值

通过这样的思辨训练，落实《义务教育语文课程标准》提出的“乐于探索，勤于思考，初步掌握比较、分析、概括、推理等思维方法，辩证地思考问题，有理有据负责任地表达自己的观点，养成实事求是崇尚真知的态度”。思考是阅读学习的必须活动，没有思考，学习就无法深入，无法扩展，学习僵死在初级层面，眼前过目的文字只是符号。“认识水平低”“视野窄小”“思想不够深刻”都是缺乏思考所致。可以说每一点进步，新的认知获取和能力提升，都是思考的结果。

思考有模式可循。开篇思和读后思存在基本框架，开篇思是抓标题，预测文章内容，情节展开方向；读后思是内容总结、人物评价、事理启发、写作方法归纳。阅读中的思考进行，就需要良好的语感，阅读经验，生活经验，尤其是共情能力。

当文字和思想非常契合产生共鸣；当语义深奥，难解其意；当语义双关，言在此而意在彼；当情绪发生碰撞等等都能触发思考的引信。教学中思维的培养，重点让学生学会提问题：抓关键词提，抓重点句提，提有思考研究价值的问题。继而，晒想法，晒思路，晒解决之道。最后，每一个表达的呈现，都要言之有据。

对学生思考意识的树立和能力的培养，要求我们在教学中首先做好示范和引领，热情的鼓励肯定，激发学生提问思考的积极性，然后学而时习，不断实践，学以致用，让每个学生切实认识到“思以见远，识以别物”，让更多学生受益终身。

天津市南开区水上小学

# 掌握操作“金钥匙”，开启学生“智慧门”

## ——浅谈小学数学课堂教学中的有效动手操作指南

文/刘 畅

### 一、课程育人思考

#### （一）背景依据

1.新形势的教育要求

《义务教育数学课程标准》明确提出：“认真听讲、积极思考、动手实践、自主探究、合作交流等，都是学习数学的重要方式。”随着当前新课程改革不断地深入，对小学数学课堂教学的要求越来越高。要想作为教育工作者，理应紧跟形势，摒弃陈旧，开拓创新，促使课堂教学不断改革。教师要积极探讨更适合学生的教法和学法，使学生在数学课堂中不仅能获取知识，更重要的是通过动手操作，参与知识产生、发展和形成的过程，培养学生的数学核心素养。

2.学生现实情况分析

传统小学数学教学中动手操作学习的学具素材极为匮乏，学生动手操作体验不佳，没有充分感受到动手操作学习的乐趣，再加上有的教师不愿意让学生过多动手操作学习，认为浪费课堂知识的学习时间，所以小学生自然而然难以培养动手操作学习的乐趣，久而久之就不愿意参与到动手操作学习活动中，难以激发学生的动手操作兴趣。

3.学校教育教学理念

动手操作知识学习模式符合小学生逐步深入的思维认知模式，能极大地降低小学生数学学习压力，便于学生进行数学知识学习兴趣的培养。再加上传统小学数学教学“重理论轻实践”教学，致使小学生数学知识实践应用能力长时间得不到有效的开发，一定程度上影响了相关教学活动的实践效能的发挥，所以动手操作教学模式应用于小学数学教学有着一定的必要性。

（二）课程目标

动手实践、自主探索与合作交流是学生学习数学的重要方式，从学生的生活经验和已有的知识背景出发，帮助他们在自主探索过程中真正理解和掌握基本的数学知识与技能、数学思想和方法，同时获得广泛的数学活动经验，从而激发学生的学习兴趣，发展学生的思维能力，培养学生的创新意识，提高学生的实践能力，并形成初步的探索和解决问题的能力。

## 二、课程育人方略

素质教育要求为学生提供更多的知识学习体验机会，要求学生积极参与到数学知识的动手操作体验活动中，为了进一步有效地实践动手操作教学法，本文将深入动手操作学习模式应用于小学数学教学的具体路径的探索。

## 三、课程育人经验

素质教育要求为学生提供更多的知识学习体验机会，要求学生积极参与到数学知识的动手操作体验活动中，借此强化小学生实践思维能力。再加上动手操作学习模式较为有趣，所有学生都能以知识学习主体参与到数学实践活动中，弥补传统课堂教学活动学生自主性缺失的不足。经过我多年的摸索，下面将深入分析说明。

（一）深挖课本教材操作要素，创造操作学习机会

课本教材作为学生日常知识学习接触最为频繁的学习素材，其中所渗透的动手操作要素也是学生最为熟悉的，倘若利用得当便可帮助学生更加迅速地投入到动手操作学习活动中，减少他们适应课堂教学节奏所耗费的时间。对此，小学数学

教师需在课前教学备课环节深挖每一节课中可利用的动手操作学习资源，并转化为具体可行的知识学习项目，借此强化他们对于教材知识实践运用的认识。如以“分类和整理”一课教学为例，教师往往只需要进行一些简单学具的运用，要求学生按照特定的共性特点进行“分类与整理”即可，这样既完成这一课的知识教学，还帮助学生养成了分类整理的良好习惯。而教师可将一些不同形状和颜色的气球作为学具进行教学应用，要求学生动手将按照形状以及颜色进行分类和整理，这样学生就会结合教师的分类要求对“气球”进行简单的分类，根据形状或颜色进行划分，并在分类与整理动手操作中加深知识认识。

（二）强化教师课堂教学引导，导向学生动手操作

由于小学生的动手操作思维认知能力尚未发育成熟，必要时需要教师的点拨指导，确保学生拥有足够的信心参与下一阶段的动手操作学习。对此，教师应当在恰当的时机渗透必要的课堂教学引导活动，鼓励学生按照他们的所思所想灵活决定动手操作的具体活动，促使所有学生都参与到动手操作学习活动中。如以“认识平行”一课教学为例，学生对定义中“不相交”的理解比较容易，但对于“同一平面”的理解比较困难，在授课中用立体框架演示异面直线，丰富的想象活动，发展学生的空间观念。如以“图形的运动”教学为例，教师为引导学生更加透彻地理解轴对称图形的特征特点，可引导他们进行风筝、窗花等制作，对话交流中引导学生利用折叠、映照等技巧剪出精美的窗花，然后再利用动手操作制作出风筝的骨架，巧用轴对称知识描绘出风筝的基本形状等。借此来通过动手操作促使学生亲身实地感受轴对称所呈现的美，体会轴对称知识运用于实际的技巧。这样学生就实现动手操作掌握“轴对称”知识，发挥教师对其教学引导效能，促使所有学生都积极参与到动手操作学习活动中。

（三）设置动手操作学习目标，驱使学生合作动手

针对不同小学生的动手操作学习诉求，教师往往需要进行不同动手操作目标的设置，结合其实际诉求在不同时机进行动手操作素材的投放，借助动手操作素材导向学生实践思考问题，发挥他们的数学学科思维能力，在操作过程中实现数学知识的融会贯通。如以“平行四边形和梯形”一课的动手操作教学为例，教师为帮助学生更加透彻地区分长方形、正方形、平行四边形以及梯形之间的区别，便可将此

作为动手操作学习目标，要求学生动手操作探究区分这四者，这样学生便会利用学具小木棒进行相对应图形的摆放。发现正方形、长方形都是平行四边形且都有两组对边平行相等，而梯形只有一组对边平行，这样学生便通过动手操作实现这四个图形的区分，加深他们对于平行四边形以及梯形图形特征特点的认识，不会轻易出现知识混淆情况的发生。同时他们也会在动手操作学习活动调动下，积极参与到这一课的知识学习活动中，完成知识的深入学习。

（四）投放丰富动手操作学具，融会贯通加深理解

动手操作学习往往需要相对应的学具，确保学生具有可利用的道具进行知识学习操作，使学生得以借助实践操作将理论知识与实践应用进行融会贯通。对此，教师便可以将学具丰富作为切入点，挑选一些能够整合各个知识要点导向学生实践操作的学具作为动手操作学习内容，将理论学习与实践操作应用联系起来，实现理论知识巧妙过渡到实践操作。如以“图形的运动（三）”一课的教学为例，为帮助学生与之前所学习的知识内容进行联系，教师可应用风车、长方体、三角尺等学具，要求学生运用所投放的学具，结合之前所学习掌握的知识内容，在方格纸上面围绕一个定点进行旋转，将旋转得到的图形画在方格纸上面，便于其观察旋转图形所得到的图案之间所存在的客观规律，运用特定的描述物体旋转语言描述他们所挑选图形运动情况，教师也通过学生所喜欢的学具激发学生参与思考探索的兴趣，促使小学生纷纷加入“图形的运动”动手操作学习活动中，加深他们对于运动图形特点的认识。

## 四、课程育人价值

首先，激发了小学生知识学习的积极性，动手操作学习活动的开展，极大地丰富了小学数学教学活动形式，带给学生更为直观的课堂学习体验，感受动手操作学习数学知识的魅力。其次，推动了小学数学育人理念的转变，动手操作学习既落实了“教学评合一”思想理念，又践行了“生本教育”理念思想，为更多的学生进行实践性知识学习创造了机会。最后，有利于学生知识概念的融会贯通，相较于传统的小学灌输式课堂教学模式，小学生需要深挖动手操作要素，均衡动手操作学习与理论教学的时间，兼顾实践操作与理论知识学习，加深他们对于数学知识的理解

深度。

动手操作为小学生数学知识实践搭建了一个良好平台，促使小学生在参与一个个能力范围内的实践学习活动时，逐步将已掌握知识内容付诸实践，实践中提升知识理解深度，形成个人知识见解。对此，相关教育工作者应当合理设计安排动手操作学习活动，通过课本教材动手操作要素的挖掘、操作学具的丰富等多种举措，强化动手操作学习活动的应用，最终达到帮助小学生更加高效地进行数学知识学习的目的。

天津市南开区中心小学

# 六力筑梦启心智，生涯启蒙润沃土

文 / 郭梦溪

## 一、课程育人思考

### （一）背景依据

“六力”核心素养是我校“合力教育”的育人目标。作为学校的心理健康教师，多年来为了实现这一目标，我努力挖掘、整合“六力”核心素养的心理元素，以“六力”核心素养下的生涯启蒙教育为课题，帮助学生寻找适合自己发展的教育路径。

### （二）课程目标

创造适合每个孩子发展的教育，走进孩子的内心世界，通过生涯启蒙教育帮助学生更好地认识自我、认知社会，了解孩子所想，为他们寻得一块心灵沃土，助力身心全面发展。

## 二、课程育人方略

以“六力”核心素养下的生涯启蒙教育为课题，帮助学生寻找适合自己发展的教育路径，为学生实现梦想搭建舞台。

## 三、课程育人经验

著名校长刘彭芝说过：“真正的教育公平，是让每个孩子都接受适合其发展的教育。”而实现这一切的主角和根本是学生本身。只有走进孩子的内心世界，通过生涯启蒙教育帮助学生更好地认识自我、认知社会，才能真正了解孩子所想，为他们寻得一块心灵沃土，助力身心全面发展。

“六力”核心素养（人格力、学习力、健康力、自主力、交互力、全球力）是我校“合力教育”的育人目标。作为学校的心理健康教师，多年来为了实现这一目标，我努力挖掘、整合“六力”核心素养的心理元素，以“六力”核心素养下的生涯启蒙教育为课题，探索“提供适合每个学生发展的教育”，并进行了以下几点实践：

（一）研发课程资源，奠定基础

基于“六力”核心素养育人目标，着眼于孩子终身发展，依据学生发展规律和实际情况，我组建了学校童心筑梦心理健康工作室，带领成员教师们历经三年时间共同研发了学校《小学生涯启蒙教育校本课程资源》。课程资源适用于一至六年级，共计六册，每个年级的课程资源内容都是根据本年龄段的孩子们成长发展特点、心理认知规律编写而成，实施了近五年的时间。

与此同时，工作室成员教师还编制了与《生涯启蒙教育课程》相配套的《生涯启蒙活动手册》，课后孩子们通过观察思考、参与实践、发挥想象、自我设计完成活动手册中的项目，使课程实施更加贴近学生，灵活多样。生动活泼的形式激发了学生极大的兴趣，深受孩子们的喜爱。

（二）制定评价范式，促进发展

教育的最高境界是不仅让学生享受适合自己的教育，更要让学生享受适合自己的评价。我们制定了《“六力”核心素养量化评价》《学生心理健康评价标准》、“花young童年”成长护照和“生涯成长手册”，在评价中充分考虑学生的差异，采用阶梯式、选择式、补偿式，差异性、形成性、总结性等评价方法，让每个学生固有的或潜在的素质，自内而外地表现出来，成为现实的发展状态，促进学生身心愉悦。

（三）讲究整体节律，关注差异

一切好的教育都是顺应学生天性和个性的教育，表现在对不同年龄、不同年级的学生采取不同的教育要求、任务和方法，讲究教育的整体节律。为此我们在全校根据学生的年龄、接受程度，分层次开展了多种心理健康主题活动，如一年级：美丽的校园；二年级：我和我的朋友；三年级：寻找会听的小耳朵；四年级：Hello，坏情绪；五年级：绘制曼陀罗；六年级：我的未来不是梦。以各项主题活动为载体，让生涯启蒙教育全面开花。提供民主、科学的菜单式服务，或扬长避短，或补短扬长，尊重学生自主选择，关注差异，一个都不能少，人人都有所发展。

（四）丰富线上活动，打破壁垒

在如今网络信息快速发展的时代，新媒体线上活动尤为重要。在学生眼里，附小童心筑梦心理健康工作室就像一个阳光加油站。我从“六力”中提取孩子们急需的心理元素，制作成微课，每周一准时和大家见面。特别是在疫情期间制作《用心中阳光驱散疫情阴霾》《延迟开学期间的时间管理》《直面疫情，和情绪做朋友》《提升亲子免“疫”力》《认识白衣天使》《直面疫情，敬畏生命》等微课，一节节有趣的战“疫”心理健康课成了学生们的阳光加油站，生动的微课、有趣的视频、精彩的绘本，时刻为大家普及心理健康生涯启蒙知识，拓展视野宽度，拉近梦的距离。

（五）开展综合实践，横向融合

学校以“六力”社团为载体，开展丰富多彩的心理健康活动。目前开设学生社团40余种，每周定期开展活动，如：沙盘游戏解密、轻泥塑减压、快乐曼陀罗、神秘魔方、中国结制作、艺术剪纸、英语戏剧、艺术体操、跆拳道、击剑、足篮球队等。并积极将微电影融入心理健康教育，在教师带领下孩子们用乐于接受、易于接受、喜闻乐见、贴近生活的方式自编自导自演短剧，提升了全员参与的热情。通过心理短剧和微电影的拍摄辐射全员，让学生由浅入深、循序渐进地在娱乐中受教育，提升学生心理素养，打造健康阳光校园。将生涯启蒙教育与各个心理社团活动纵深融合，在实践中帮助学生认识自我，了解自我，热爱自我，并寻找适合自身发展的学习方式。

（六）凝聚家校合力，携手同行

家庭教育对于孩子成长起着至关重要的作用，家长是孩子的第一任老师，只有家校同行，携手合力才能促进孩子的成长与发展。因此，我每个学期都会开展多次心理健康家校活动，通过“家长课堂”“亲子运动会”“家委会团体辅导”“知心姐姐”的培训，帮助家长了解孩子成长特点、规律，传授生涯启蒙教育的科学方法，将生涯启蒙教育大众化、普及化、长期化。

在此基础上，成功组织举办“温暖你我、阳光同行”“小手拉大手，传递正能量”“护航青春，筑梦未来”为主题的特色心育节。中低年级学生制作主题手抄报、高年级学生用征文写出自己的心里话。学校积极开展“爸爸妈妈我想对你们说”“共寄心愿卡”“全校传递正能量”等主题活动。同时，组织趣味亲子运动会，培养学生的团队意识，促进家庭和谐。帮助学生和家长一起在实践中了解彼此，拉近彼此的心，帮助学生和家长寻找适合自身发展的教育。

**四、课程育人价值**

经过全方位的摸索与实践，“六力筑梦，生涯启蒙”心理健康教育特色逐渐凸显，并极大程度上促进了学校办学特色的发展。如今，学校被评为天津市心理健康特色学校，童心筑梦心理健康工作室成员教师队伍不断壮大。由点到面，从青年教师向全体教师辐射，从单一的心理健康生涯启蒙课程向所有课程渗透，逐步实现“生涯+”教育。让阳光洒满孩子心田，朝着全面发展积极努力。孩子们向上、向善，将自己的理想、憧憬与学校的学习相结合，初步具有处理自己、他人问题的必备能力和品质，学校充溢了正能量。

“问渠那得清如许，为有源头活水来。”通过多年的实践与研究，我逐渐认识到我最应该做的事情，就是拨云见日，让学生显山露水，真正成为主角。“提供适合每个学生发展的教育”首先要帮助孩子了解自己，只有不断认识自我、完善自我，才能成为更好的自己，才能寻找到适合自己发展的教育方式，才能更好将自己植根于适合的沃土之中，枝繁叶茂，硕果累累。

**天津师范大学南开附属小学**

# 在小学英语作业设计中实现减负提效

文 / 杨佳文

## 一、课程育人思考

新时代教育更偏重于素质教育和加强学生的思维训练。作业作为教学活动的延伸，对于学生理解和巩固知识有不可替代的作用。小学英语作业普遍内容形式单一，难以激发学生兴趣和培养学生终身学习力。“双减”背景下，教师在有效作业的设计方面要多思考、多创新。尤其注意以下几个方面：一是强调学科核心素养的综合培养；二是强调作业趣味性，能够让学生主动实践，乐于思考的作业能调动学生的学习兴趣，同时也能培养学生的思维和创新意识；三是兼顾全体学生，设置分层作业，满足学优生的求知欲，减轻中等生学习压力，保证学困生扎实基础。

## 二、课程育人方略

在作业设计的过程中，教师要提高作业质量，在培养学生综合文化素养的同时，要注重培养学生的独立思考和实践能力，在引导学生积累英语表达的同时激发他们对英语学科的学习兴趣，使他们获得终身学习的能力。

## 三、课程育人经验

伴随着“双减”政策的落地，学生在校时间延长，作业时长减少了，对作业质量的要求就更高了，对教育工作者也提出了更高要求，教师须深入思考如何提高课堂效率，鼓励学生自主探究问题，创新作业模式和形式，减轻学生负担，转变教育评价方式，实现提效减负等。

（一）强调学科核心素养的综合培养

英语学科的核心素养包括：语言能力、思维品质、文化意识和学习能力4个维度。

1.提高学生语言能力

必须通过大量语言实践和练习来提高学生语言能力，作业设计要考虑学生心理特点和生活实际，创设特定情境，增强语言输出环境的真实感，在实践中获得语言体验。如主题作业、对话创编、采访调研、课本剧表演、改编课文或英语歌谣等形式。

主题作业是从单元整体角度设计作业，围绕单元话题，以单元支持点或瓶颈问题为中心，设计符合小学生特点的话题为主题，设计相关情境对话或手抄报内容。对话表演和课本剧表演是比较传统的作业内容，教师可创新作业形式和评价形式，采用录像展示，学生自评互评形式，让学生以导演视角，主动完成作业，达到巩固运用的效果。

调查讨论和采访报告若仅以口头表达形式完成，则学生完成率不高。可根据小学生性格特点制作有趣的采访卡或让其自行制作反馈卡，则能提高此类语言训练作业的完成率。

如在五年级精通英语教材中，学生学习“*I'm cleaning my room*”单元后可以设计让学生完成“家人晚8点在做什么”调查问卷。将句子填写完整，既能让学生展现不同家庭生活氛围，又能调动学生开展口语交际的兴趣。

2.培养学生思维品质

学生的思考辨析能力会体现在成绩上，传统作业中的单项选择、阅读理解、补全对话此类考试题型考查的都是学生的思维品质。在作业设计中选题要体现重点，有针对性地对本课重难点设计题型，不仅利于学生的巩固，也利于学生自我归纳、把握重点。小学阶段需重视基础知识和能力训练，创新书面作业形式将吸引学生，主动强化记忆。

例如，人教精通英语六年级上册第四和第五单元书面作业设计如下：写一写与之相对应的序数词：one、two、three、four、five、eight、nine、twelve。设计意图：巩固序数词的用法。一般序数词是由基数词加th组成。上面所给的是特殊变换情况，需要学生特殊记忆。

3.培养学生文化意识

英语学科是能了解西方文化的窗口。在全球化日益加深的今天。我们不仅要培养学生爱国精神和民族自豪感，还要让学生接受不同文化之间的差异。

人教精通英语五、六年级教材中每个单元后的fun facts为学生扩展文化知识提供了引导，由于课堂时间有限，教师可引导学生制作思维导图，归纳文章内容，鼓励学生收集更多相关知识。在预习单中布置引导问题，让学生主动探索相关知识，并尽量锻炼用英语表达。

在作业设计中融入实时热点，让学生关注时事，关注社会，有自己的思辨，表达自身观点，理解包容差异。树立国际视野，涵养国家情怀，坚定文化自信，培养学生的深情怀、大格局。

4.培养学生终身学习的能力

英语作业的设计要以人为本为学生终身学习提供引导。预习单可以让学生的学习变被动为主动。在设计预习作业时要有目的性和针对性。确保所设计的预习作业能切实为课堂教学服务。根据以往教学经验，将易错词句放在开端，将课堂知识的介绍放在专题训练前。

例如：形态动词should的否定形式是shouldn't。情态动词后面加动词原形。No smoking=You / We shouldn't smoke。练习：No spitting=It means you____ spit___ the ground.预习作业还要兼顾趣味性与挑战性，对于学生今后自学总结有建设性指导，能够激发学生主动归纳的积极性。

（二）增强作业趣味性

兴趣和新鲜感是学生完成作业任务的动力，只有和学生生活爱好相关的话题才能激发学生兴趣。将完成作业变成有趣的事情，学生既能在其中彰显个性、体会收获，又能展现自己的学习成果，作业就不会成为学生的负担。

1.锻炼学生综合能力的实践作业

做手工是小学阶段学生最感兴趣的事，在动物主题单元，家庭成员单元和职业单元作业设计时，我们可以给学生布置头饰制作任务。比如：制作elephant（大象）头饰和monkey（猴子）头饰，让孩子们用“I' m ___. I have ___. Look at your ___”和学生合作对话，表述自己的形象特征。此项作业不仅能加深学生对单词的印象，也能整体复习身体部位和形容词、颜色词等内容。

在制作头饰过程中，一切设计、绘画、粘贴的动手过程都是专注力的培养，智力的开发过程。动手能力是非常重要的基本技能。科技进步带来的便捷生活易让许多人忽视孩子对世界的探索和感悟都是由手工制作开始的，实际操作的过程会激发孩子更多的思考和创新，对于学生的全面发展起到重要作用。因此，在作业设计中，建议教师多注意作业的实践性和实用性，多让孩子动手动脑，用心学习生活技能，积累生活知识。

2.发挥学生主体作用的创编型作业

每位学生对于教材内容的理解都是独特的，低年级的学生可以根据所学主题单元的单词改编课本的chant（歌谣）。如一年级快乐英语第二册第三单元Drinks的chant部分，可让学生按原文结构改编饮品或食物的歌谣。“Would you like some A? Yes，please，please.Would you like some B? Yes，please，please. Would you like some C? Oh，no，thanks. What would you like? Xxx，Please.”

简单又富有节奏性的chant，朗朗上口，易于学生记忆长难句。学生能轻松完成任务，获得创作成就感，利于学生增强学习英语的兴趣。对于已经有了一定知识储备的中高年级学生来说，可以更大发挥学生创造力。如做英语手抄报、用英文制作日记简报、收集生活中出现的英文或者用信件格式与教师用邮箱交流感想，让学生在生活运用中掌握英语。也可鼓励学生用自己喜爱且擅长的方式，如音乐、运动、舞蹈、说唱的风格来呈现所学，教师会发现学生的创造力将被打开，此种教育方式也符合我们培养创新型人才的需求。

（三）尊重学生个性化发展的层次化作业

学生的学习能力是不同的，好的学生需要扎实基础，拓展思维，引导深入探索，而学困生则需调动学习积极性，偏重于基础知识的巩固和积累。

一般对话课文学习后可设置三类作业。第一类是基础词句的巩固作业，帮助学生抓好一课内的重点。第二类是实际运用部分，将所学单词、词组、固定搭配、语法等知识点，回归语言环境，提高学生语言表达和应用能力。第三类是拓展自选部分，由教师提供与单元主题相关的绘本阅读、阅读理解、文化资料袋、创编小平台、调查采访、亲子合作任务等，为学生提供创作空间和拓展平台。第一二类作业是大部分学生必做项，第三类作业是学生自选作业。由教师专设评价鉴赏平台，展示优秀学生作品，供所有学生借鉴学习。教师对于第三类作品的评价方式，以趣味性点评和鼓励性建议为主，让学生完成每次的作业后都有切实的收获。

## 四、课程育人价值

一直以来，教师普遍更关注课堂的教学设计，对作业设计深入思考较少。传统小学英语作业大致可归为“一读二背三抄写”，机械乏味的作业很难激发学生的兴趣，也会抑制学生创新思维的培养和个性发展。所以教师要提高作业质量，尤其注重培养学生的独立思考和实践能力，在引导学生积累英语表达的同时激发他们对英语学科的学习兴趣，使他们获得终身学习的能力，作业设计中要注意层次性，使全体学生都有信心克服困难，积极完成英语作业，巩固提升所学知识，真正帮助学生减轻学业负担，提高学习效率。

天津市南开区跃升里小学

# 第三章 育体塑魂——砥砺学生阳光健康的体魄

以促进学生身心发展为中心，高度重视学生体育与健康发展需求，坚持“健康第一”的理念，加强阳光体育运动，促进学生积极参与体育运动、养成健康生活方式、成就学生强壮的体魄、健康的心态以及面对挫折与挑战的从容，健全人格品质。请记住：让每一朵花儿都在阳光下绽放！

啦啦操教学对中学生自信心的影响研究

以武育人

——论武术在中学体育与健康教学中的德育价值

花样跳绳体育拓展课程的开发应用

新媒体背景下中小学校园足球文化建设研究

贯彻“双减”政策　实施“五育并举”　推进阳光体育大课间团辅活动的实施

核心素养下的小学体育高效课堂的构建研究

“绳”采飞扬　筑梦起航

——小学花样跳绳教学实践探索

高效开展普通小学课余游泳队训练

传承武术精神与文化　提高学生健康体质

——武术跨学科融合教学　承武术品德促健康行为

积极心理学干预提升学生自我认知的实效性初探

——以《寻找超人TA》为例

# 啦啦操教学对中学生自信心的影响研究

文 / 杨晋锋

## 一、课程育人思考

### （一）背景依据

教育方针规定为：“教育必须为社会主义现代化建设服务、为人民服务，必须与生产劳动和社会实践相结合，培养德智体美劳全面发展的社会主义建设者和接班人。”旨在充分整合校内外资源，推进学校主阵地与社会大课堂有机衔接，为中小学生提供更加优质的平台，全面提高学生综合素养，使学生逐步达到身体与心理健康的和谐统一，从而获得良好的身体素质。

### （二）学生现实情况分析

初中阶段的学生，大脑的兴奋过程占优势并易扩散，精力旺盛，朝气蓬勃，充满生命的活力，活泼好动、兴奋性强，在校内外喜欢参加各种体育活动和游戏，愿望强烈，但是动作的准确性还有待提高。随着学生身体骨骼、肌肉和中枢神经系统的发育成熟，他们的运动协调能力会得到进一步的改善。

## 二、课程育人方略

自信心是指人们在特定背景中是否自信，有能力去操作行为的期望，这种期望包含着对自身行为结果以及自我能力的推测和判断。近年来，中学生的心理健康问题越来越受学校、教师及家长的关注，特别是在中学生自信心问题上都给予更多的关注，也成为中学生心理健康评价中的重要方面。体育教育中学生健康成长方面的作用更是不可低估。

## 三、课程育人经验

### （一）参与啦啦操社团课的动机分析

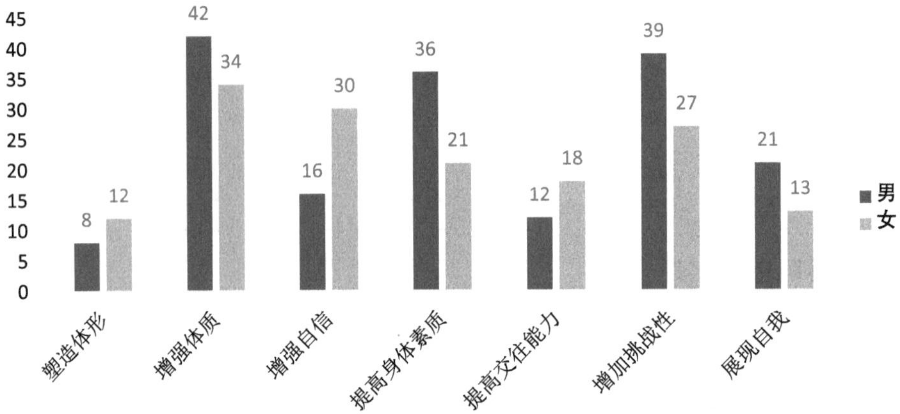


**参与啦啦操社团课的动机统计图**

从上图可知：增强体质方面有42人，39人是为了增加挑战性，因为会学习一些难度动作，例如：翻腾、托举等。作为男生来说面对高难度的动作时是喜欢积极挑战的。塑造形体、增加人际交往能力以及展现自我动机选择的女学生较少，其中塑造形体仅有12人，通过啦啦操课增加人际交往能力选择人数为18人，在啦啦操社团上展现自我动机的人数仅有13人。根据上述内容可以得出，男生学习的动机是增强体质、增加挑战性以及提高自身的身体素质三个方面，而女生则是为了增强体质、增加自信心以及在啦啦操课中展现自我三个方面。

（二）学生对开设啦啦操社团课程的调查分析

**表1 学生对开设啦啦操社团课课程的调查统计表 N=100**

| | | 非常希望 | 比较希望 | 一般 | 不希望 |
|---|---|---|---|---|---|
| 男 | 人数 | 32 | 19 | 2 | 9 |
| | 百分比 | 51.6% | 30.6% | 9.6% | 14.5% |
| 女 | 人数 | 8 | 12 | 4 | 14 |
| | 百分比 | 21.51 | 31.6% | 10.5% | 36.8% |
| 总计 | 人数 | 40 | 31 | 6 | 23 |
| | 百分比 | 40% | 31% | 6% | 23% |

表1可知：啦啦操课相比较其他社团课来说，具有一定的危险性，难度系数较高，而男生相对女生而言是喜欢具有挑战性的课程，喜欢向难度较高的课程进行尝试，而女生对于有挑战性、难度较高的事物起初是有排斥心理的。从自信心的角度来讲，男生的自信心水平是高于女生自信心。

（三）啦啦操课后学生总体感觉情况分析

**表2 啦啦操社团课后学生总体感觉情况统计表 N=100**

| | 单位 | 非常好 | 比较好 | 一般性 | 比较差 | 非常差 |
|---|---|---|---|---|---|---|
| 男 | 人数 | 22 | 20 | 14 | 11 | 5 |
| | 百分比 | 35.5% | 32.3% | 22.5% | 17.7% | 8.1% |
| 女 | 人数 | 16 | 8 | 12 | 2 | 0 |
| | 百分比 | 42.1% | 21.1% | 31.6% | 5.2% | 0% |
| 总计 | 人数 | 38 | 28 | 26 | 13 | 5 |
| | 百分比 | 38% | 28% | 26% | 13% | 5% |

表2可知，男生有22人，所占比例35.5%，女生有16人，所占总体比例的42.1%的学生，课后总体感觉会非常好，从身体素质、自信心、身体协调性等多个方面都有所提高。认为课后总体感觉比较好，男生占32.3%，女生占21.1%。感觉课后在各个

方面没有过多感觉的男生占22.5%，女生占31.6%。还有少部分学生认为课后总体感觉比较差或非常差，分别占总体比例的13%、5%。在调查的学生中认为上完体操课程总体感觉“非常好”和“比较好”的人数偏多，啦啦操不仅可以提高身体素质，增强体质以及增加自信心等方面也有一定作用。

（四）啦啦操对学生自信心水平提高的帮助分析

表3 啦啦操社团课对学生自信心水平提高统计表 N=100

| | 单位 | 非常有帮助 | 比较有帮助 | 一般 | 没有帮助 |
|---|---|---|---|---|---|
| 男 | 人数 | 26 | 17 | 14 | 15 |
| | 百分比 | 41.9% | 27.4% | 22.6% | 24.2% |
| 女 | 人数 | 20 | 9 | 4 | 5 |
| | 百分比 | 52.6% | 23.7% | 10.5% | 13.2% |
| 总计 | 人数 | 46 | 26 | 18 | 20 |
| | 百分比 | 46% | 26% | 18% | 20% |

从表3可知：对提高自信心水平有非常大的帮助人数较多，占总体比例的46%，认为比较有帮助的占总体比例的26%，提高自信心水平帮助一般的人数有18%，占总体比例的18%，还有20%的人认为啦啦操社团课对提升自信心水平没有帮助。因此，啦啦操社团课有助于提高学生的自信心水平，对学生自信心的培养有一定的帮助。通过练习啦啦操中的难度动作，学生在完成动作过程中从失败到成功，使学生体验成功的喜悦，间接性的提高学生的自信心水平。

（五）啦啦操课后对学生自信心水平影响的比较分析

表4 啦啦操课后对学生自信心水平影响统计表

| 性别 | | 10～15分 | 16～25分 | 26～35分 | 36～40分 |
|---|---|---|---|---|---|
| 男 | 前测 | 16 | 20 | 16 | 10 |
| | 后测 | 7 | 25 | 18 | 12 |
| | 增降值 | −9 | +5 | +2 | +2 |
| 女 | 前测 | 15 | 18 | 5 | 2 |
| | 后测 | 6 | 18 | 12 | 2 |
| | 增降值 | −9 | 0 | +7 | 0 |

从表4可知，自信心水平分值在10～15分之间的男生占总比25.8%，女生占总比39.5%；自信心水平分值在16～25分之间占比32.2%，女生占比47.4%。自信心水平在26～35分之间占比25.8%，女生占比13.2%，自信心水平在36～40分之间的男生占比16.1%，女生占比5.2%。后测发现，自信心水平在10～15分之间的男生减少了9人，女生减少了9人。自信心平在16～25分之间的男生增加了5人，女生没有变化。自信心水平分值在26～35分之间的男生增加了2人，女生增加了7人。自信心水平分值在36～40分的男生增加了2人，女生没有增加。说明不同性别的学生在学习啦啦操后自信心水平均有所提高，其中男生较女生相比变化更为明显。

（六）啦啦操课后对不同年级学生自信水平影响的比较分析

**表5 啦啦操课后对不同年级学生自信心水平影响统计表**

| 性别 | | 10～15分 | 16～25分 | 26～35分 | 36～40分 |
|---|---|---|---|---|---|
| 初一 | 前测 | 9 | 11 | 9 | 4 |
| | 后测 | 5 | 12 | 11 | 5 |
| | 增降值 | −4 | +1 | +2 | +1 |
| 初二 | 前测 | 11 | 10 | 8 | 4 |
| | 后测 | 4 | 15 | 10 | 4 |
| | 增降值 | −7 | +5 | +2 | 0 |
| 高一 | 前测 | 11 | 17 | 4 | 2 |
| | 后测 | 4 | 13 | 9 | 6 |
| | 增降值 | −7 | −4 | +5 | +4 |

从表5可知：不同年级的学生自信心均产生不同程度的影响。其中在调查的初一、初二以及高一三个年级时，学生自信心水平变化较为明显的是高一的学生。高一的自信水平变化要高于初一、初二，初二学生自信心程度变化要高于初一。自信心变化程度明显高低顺序是高一>初二>初一。

（七）啦啦操课对学生自信心前、后测影响的比较分析

**表6　啦啦操课后对学生自信心前、后测影响统计表**

| | 缺乏自信 | 自信度平常 | 自信者 | 超级自信者 |
|---|---|---|---|---|
| 前测 | 31 | 38 | 21 | 12 |
| 后测 | 13 | 43 | 30 | 14 |
| 增降值 | −18 | +5 | +9 | +2 |

从表6可知：缺乏自信心的人数减少到13人，占总体比例的13%，自信心程度平常的人数增加到43人，占总体比例43%，自信心良好的人数增加30人，占总体比例的30%，过于自信心的人数也随之也有增加，人数达到14人，占总体比例的14%。综上所述，通过啦啦操社团课的学习会提高部分学生的自信心水平，对于缺乏自信心的学生自信程度也有所提高，但过于自信的比例也有所增加，对于这部分的学生需要给予及时的提醒，避免造成学生产生自负心理。

## 四、课程育人价值

### （一）教育教学效果

男生参与啦啦操课学习的主要动机是增强体质、增加挑战性以及提高自身的身体素质三个方面，而女生认为参与啦啦操课学习的主要动机是增强体质、增加自信心以及在啦啦操课中展现自我三个方面。男生相对女生而言是喜欢具有挑战性的课程，喜欢尝试难度较高的动作，而女生对于有挑战性、难度较高的事物起初是有排斥心理的。从自信心的角度来讲，男生的自信心水平要高于女生自信心水平。不同性别的学生参加完啦啦操社团课后自信心水平均有所提高，男生较女生相比自信心水平变化更为明显。啦啦操社团课对不同性别的学生自信心均产生不同程度的影响，自信心变化程度明显高低顺序是高一>初二>初一。

### （二）感悟与反思

啦啦操社团课学习对学生自信心水平的提高有积极的作用，会对学生自信心水平有一定的影响，男女学生在自信心水平上均有较大幅度的提高和改善。因此，啦啦操课程可以作为一种有效实施和改善学生自信心水平的课程，并且可以通过

啦啦操教学促进学生心理的健康发展。在啦啦操学习中教师应对学生学习的动机进行正确引导，开展啦啦操项目的知识普及，使学生们了解啦啦操课的真正意义，从而树立正确的动机观念。合理安排教学内容，针对不同性别，在教学内容设计上做出相应调整，避免产生学生恐惧和排斥心理，从而增强学生参与的积极性。针对啦啦操课对学生自信心产生的影响，需要定期对学生进行调查，通过学生的反馈及时在教学内容、课堂组织以及方法手段等方面做出更新与调整，使学生参加完啦啦操课学习后，在提高学生自信心水平方面有显著性效果。

**天津师范大学南开附属中学**

# 以武育人

## ——论武术在中学体育与健康教学中的德育价值

文 / 孟振兴

### 一、课程育人思考

（一）背景依据

武术作为中国传统的文化瑰宝，在中华民族的历史上代代传承。中学体育教材也把中国武术编入其中，并在新课标中重点强调，这体现了武术在基础性教育中占有越来越重要的地位。武术不仅仅是一项体育运动项目，更是民族精神和文化传统的重要载体。在学校教育中，中学是弘扬中国传统武术文化的重要阶段，因为武术与青春的活力有某种契合。武术同样有德育的功能，在武术训练中传承传统尚武、担当和坚守正义的精神。

（二）课程目标

武术中含有德育的功能，在传统的武术文化中，已经形成独有特色的武德体系。本文以中学武术教学中的德育渗透为研究对象，探索在中学武术教育教学中的德育价值。

### 二、课程育人方略

在学校武术教学中渗透品德教育，帮助学生树立正确的世界观、人生观、价值观，形成良好的礼仪规范，锤炼坚忍的意志品质，增强民族自信。

## 三、课程育人经验

### （一）武术与武德

武术起源于原始社会，人们迫于生存的需要，在日常生活对野兽的攻击和对抗中，逐渐产生并形成了格斗技能，这就是武术最早的雏形。随着社会的发展和进步，武术也逐渐形成不同的体系，而文明赋予了武术新的含义和价值，这就是武德。古代武德是以仁义礼智信勇敬为内涵，现代武德则融入了新时代社会核心价值，武德成为从事武术运动的人所要遵循的社会准则。

### （二）武术与德育

武术教学本身具有德育功能，《武德守则》规定：弘扬中国武术，其可以健体强身，文武兼修；爱国爱岗，通过勤学苦练；可以使人神清气爽，尊师重道，仁爱，大方得体，遵纪守法，团结他人，有公德心，有创新精神，保家卫国，言行合一。这些中国武术所具有的德育内涵，与立德树人的德育要求密切联系。所以在中学武术教育教学中依托武术的德育功能，结合武术技巧和理论知识，探索在中学武术教育教学中弘扬正能量，培养合格的社会主义建设者。

### （三）武术教学与核心素养

1.树立正确的世界观、人生观、价值观

培养青少年正确的世界观、人生观、价值观是育人的根本任务，在中学武术教学中，通过引领学生在学习武术的同时，感受武术背后的民族传统文化和积极向上的精神追求，不仅可以帮助学生形成正确的价值取向，还可以帮助中学生养成乐观开朗的性格，乐于探索新事物的精神。在武德的熏陶下形成自律自强，扶弱济贫，超越自我的品格，为学生奠定健康成长的基础。

2.养成优雅从容的礼仪规范

我国自古以来都是礼仪之邦，五千年的历史积淀了丰富的优秀传统文化，形成了和谐规范的礼仪准则。在中学武术教学中，教师灵活运用武术传统文化的规范，如学习拳术时针对动作进行攻防讲解，讲解动作中蕴含的礼仪精神，引领学生树立良好的礼仪规范，尊敬师长，爱护学生，平等待人。在武术礼仪中，上下课时对教师进行抱拳礼的行为，也是礼仪的体现，在古代两人相见之礼，双手一拳一掌在胸前环抱，以此来表示敬意，左掌右拳相和五湖四海皆朋友，抱拳礼以一种舒服的姿势和角度来避免了一些不必要的冲突和尴尬。新时代的中学生更要认真学习武术基本礼仪在日常生活中的运用，做到学有所获、学有所用，做一个彬彬有礼的时代青年。

3.磨炼学生坚韧的意志品质

从古至今，在人生路上取得巨大成就的人，都有着坚韧不拔、勇往直前、克服困难的优良品质。习练武术是一件体力精力和耐力的运动，讲究在三九天克服严寒，在三伏天克服酷暑，在武术教学中推崇这种勤学苦练，坚持不懈的武德精神，可以让中学生在繁重的课业和升学压力下，形成越挫越勇、不畏艰难的特性。中学生要汲取武术武德中的营养，以乐观积极的心态应对未知的困难与挫折，坚定理想信念，永不言弃，只有拥有越挫越勇不服输的精神，才能实现人生的远大理想。

4.培养坚定的民族自豪感

中华优秀传统文化的传承和发展是增强民族自豪感的重要途径，武术作为中华传统优秀文化的载体之一，能把民族品格、民族精神充分体现出来，例如：荆轲刺秦王、岳飞抗击金军、霍元甲弘扬国威，都体现了强烈的爱国情怀，体现了民族自豪感。所以在中学武术教育教学中，能够让学生深切感受到生生不息的中华民族的自豪感，体会自强不息的民族精神。学习武术的一招一式，这对于当代的中学生来说，不仅仅在于健体防身，更在于增强自我的家国情怀，增强民族自豪感。

5.培养学生的爱国情怀

中国武术的长河中，记录着许多保家卫国的英勇事迹，作为一名中学体育教师，可以运用这些经典的故事和感人的事迹，或者通过参观武术博物馆，观看武术电影等，来熏陶学生，唤醒学生保家卫国的意识，担当维护国家主权的责任，深刻体悟有大国才有小家的理念，让学生知道学武术不仅可以强身健体，还可让学生理解武术可以保家卫国，强化自身对武术的深度认知，以此来培养学生的爱国主义精神。

## 四、课程育人价值

### （一）育人价值

中学武术教学中含有丰富的德育价值，在日常武术教学中，结合武术的各种动作讲解、典故讲述、武术的礼仪精神养成等，进行深度教学，能帮助中学生树立正确的三观，培养中学生的民族自豪感、提升爱国主义情怀、锤炼坚韧不拔的意志品质，促进学生的全面发展和核心素养的提升。

### （二）专业成长

广大在基层一线的体育与健康教学工作者，在中学武术教学中，要不断丰富自身知识储备和武术技能，促进自身专业水准的提升，只有这样才能更好地挖掘武术的丰富内涵，给学生传授武术的德育价值。体育教师更要以身作则，培养学生良好的礼仪规范，保持学生乐观向上的心态，形成学生在吃苦耐劳等方面的意志品质，助力学生成为国家栋梁之材。

天津市崇化中学

# 花样跳绳体育拓展课程的开发应用

文 / 季传明

## 一、课程育人思考

《义务教育体育与健康课程标准》确定了以健康第一为指导思想，以“终身体育”为培养主线，以“快乐体育”贯穿教学全过程的改革思路，被不断运用到中小学体育与健康教学中，一些娱乐性较强的民族传统体育项目也在体育与健康教学中推广应用。将花样跳绳运用在体育与健康教学中，可以丰富课程资源，培养学生的学习主动性、创造性，提高学生的能力，也可以使特有的民间体育文化能得到很好的发展和传承。

为了让学生爱上体育，感受体育带来的快乐，根据学校的实际情况人均活动面积严重不足的情况下，因地制宜开展花样跳绳类项目作为体育课、大课间活动的突破口具有极好的锻炼与教育价值。

## 二、课程育人方略

以趣激学，乐享运动，通过简单易学、丰富多彩的花绳教学，让学生在轻松愉悦的环境中，学会运动、享受运动、终身运动。

## 三、课程育人经验

### （一）以趣激学：传统体育文化为感染

花式跳绳是传统跳绳运动基础上的创编创造，没有传统跳绳运动做基础，就好比让一个不会走的学生去练习跑，只能收到事倍功半的效果，也会增加学生的学习负担。在低学段，主要训练学生传统跳绳的连续性。尤其是男生手脚不协调，有的男生基本一分钟只能跳几个，根本就没有连续性，这样的学生学习花式跳绳很难达到目标。所以，教师要了解学情，打好基础，一步一个脚印，在大多数学生能够熟练进行跳绳的基础上再引导创新。

### （二）乐享运动：创新花式跳绳策略

1. 教师示范，学生模仿

在花式跳绳的初级阶段，教师要做好示范讲解，只有将学生的思维打开，学生才能在后续的学习中自主创造。教师可以选择几个基本的花式跳绳动作，边示范边讲解，然后让学生去模仿。教师也可以让花式跳绳有基础的学生做示范。当然，这个阶段的示范讲解都是一人一绳单人跳的花样，让学生在模仿中学习单人花样的跳法，更好地培养身体的协调性、手脚的配合性，为后续双人跳、多人跳打好基础。

2. 自主创编，反复训练

学生了解了一定的单人花样跳绳的方法，教师就可以引导学生自主创编花样，可以是单人跳花样，也可以是双人或三人跳花样。学生的学习基础存在差异性，教师可以让学生自愿组成学习小组。基础较弱的学生可以向有潜力的学生学习模仿，教师要善于发现有潜力的学生，要将有创意的花样向学生展示，及时表扬。通过一人一绳、两人一绳、两人两绳等方式反复训练，使学生都能在原有基础上掌握一定的花样跳绳运动。在此基础上，教师可以网上搜集更多的跳绳样式，让学生结合自己的基础，选择喜欢的样式反复训练，更好地培养身体协调性。

3. 合作探究，创编作品

为了在花样跳绳中培养学生的合作能力，不断提高学生花样跳绳的技能，在单人跳和双人跳的基础上，教师要引导学生合作探究，发挥集体的力量，创编花样跳绳的作品。这是花式跳绳的最高阶段,花样难度大,参与人员多,讲求大绳和小绳、生和生的配合。经过不断训练,达到配合默契,准确度高的目标后再进行创新。

（三）创生课程：常态化课程实施机制

花样跳绳校本化课程的实施过程中,为了得到长久的发展,在总体上取得更好的成绩,必须进行总结归纳,要求在校本课程资源体系上,达到高度的健全,否则很难在未来的教育上,得到持续性的提升。经过大量的讨论与分析,认为在总结规划校本课程资源体系的形成过程中,可从以下几个方面出发:第一,通过分析教学实践中的成功、失败经验,形成体育与健康学科课堂教学有效策略的模式,补充和完善体育与健康课堂教学并形成校本教学的素材。七年级单人速跳、花式小跳绳和正反、绕花、带人跳;八年级:双人小绳(同向、反向、换手),大绳套小绳等。九年级:在此上层基础上,增添"8"字绳、双摇小绳、车轮跳等。通过实施上述的教学方法以后,能够在花样跳绳教学的过程中,不断的得到较多的数据、信息,将教学工作的体系,按照科学的模式来完成,最大限度地满足学生的需求,符合学生的心愿,达到师生交流的提升。第二,在校本课程资源体系的形成过程中,应该在社会上、网络上、家庭上都开展调查研究,当代学生面对的环境和过往不同,自身所展现的特点也具有较强的差异性,教师需要按照学生的身心发展模式,让校本课程资源体系更加健全,更好地应对教学中的问题,加强教学任务的可靠性、可行性。第三,在长期的教学工作中,需要定期组织学生参加比赛,让他们的锻炼成果获得一定的认可。

## 四、课程育人价值

（一）丰富体育与健康课程内容，增强学生学习兴趣

花式跳绳就是在传统跳绳基础上融入许多创新元素,增强了跳绳运动的趣味性,健身效果也会更加明显,不仅能丰富体育与健康课程内容,也必将大大增加学生对体育与健康课程的学习兴趣,使课堂上形成一种"教师乐教、学生乐学"的良好氛围.

（二）推进体育素质教学，激活学生创新思维

素质教育的基本要求就是要培养学生的创新精神和实践能力,体育与健康课程就是一门实践性很强的课程,对培养学生的实践能力具有很大的优势。在中小

学体育与健康课堂教学中开展花样跳绳，就是让学生充分发挥学习主体作用，在跳绳实践中激发兴趣，激活创新思维，在学习中不断再创造，从而不断拓展花样跳绳的运动方式，也使课堂成为生生、师生积极互动、平等民主的舞台。

**天津市南开田家炳中学**

# 新媒体背景下中小学校园足球文化建设研究

文／郑书斌

## 一、课程育人思考

（一）背景依据

为深入贯彻落实习近平总书记关于发展好青少年校园足球的重要指示精神，着力推进新时代校园足球工作高质量发展，全国青少年校园足球工作领导小组发布了《2022年全国青少年校园足球工作要点》，其中指出要做好校园足球的普及与推广。校园足球文化建设对于校园足球发展具有深远意义，所以要大力发展校园足球文化来助力校园足球的发展。

网络信息技术的飞速发展催生了新的信息传播媒介“新媒体”，学生对于新媒体的传播接受度高、兴趣性强，因而新媒体的高速发展下，教育教学也要不断进行创新实践，以更丰富的载体拓展校园足球文化的育人时空。

（二）课程目标

1.发挥新媒体传播性广、时效性强的优势，将新媒体融入到中小学校园足球文化的建设中，以此来促进校园足球文化的发展，进一步促进校园足球的崛起。

2.将校园足球文化与课程育人理念相结合，丰富学生足球文化知识和培养健全的人格。

## 二、课程育人方略

以新媒体为载体来构建校园足球文化体系建设，将校园足球文化蕴含的人文知识、价值观念、思想精神融入到课程育人理念中，塑造学生积极进取的人生态度和勇敢顽强的意志品质。

## 三、课程育人经验

### （一）加快新旧媒体结合，推动校园足球文化的传承与创新

新媒体的不断发展为中小学校园足球文化的推广提供了广阔的发展空间。各个学校运用新媒体已经成为一种潮流和趋势，中小学校园足球文化的推广要积极地利用新媒体的优势，结合新媒体的特点来全面推广校园足球文化。相较于传统的海报、板报、宣传栏、标语，校园足球文化网站、校园足球文化公众平台、官方微博这些全新的传播形式与学生的互动交流更强，对学生更加具有吸引力，更利于加强了学生对于校园足球文化的认知和了解。在课程实施中，可定期开展“我爱世界杯”“大话足球起源与发展”“走进足球五大联赛”等网上知识竞赛，或者利用直播的形式开展足球相关的专题讲座，吸引更多的学生参与到足球活动中来。

在充分利用新媒体的同时也不能忽视传统媒体方式，通过新旧媒体的结合打造出线上与线下全面的推广体系。要充分利用新媒体，来做好校内足球期刊、足球文化宣传栏、足球广播以及校园足球文化网站、校园足球文化公众平台、官方微博等全媒体的融合与渗透。线上与线下相结合的模式加深了校园足球文化的传播的范围和效率，为校园足球文化注入新的活力。

### （二）培养新媒体骨干队伍，营造良好的校园足球文化氛围

在新媒体时代信息传播的渠道不再依赖于传统的校报、校园广播、板报、校园电视台等形式，对于校园足球文化的传播，新媒体的出现极大拓宽了校园足球文化的传播渠道。但是相较于传统媒体，新媒体的种类繁多而且在日常的运营中需要一定的技术支持。为了满足校园文化传播中对新媒体的需求，学校可以培养新媒体骨干队伍，对其进行技术的培训，让负责新媒体的人员为学校与学生之间的正常交流互动保驾护航。在日常运营中要积极运用新媒体不断丰富校园足球文化内容，

加强与学生之间的互动，了解学生对校园足球文化最本质的需求和问题，营造出积极向上的校园足球文化氛围。在具体实施中，搭建全方位的新媒体网络平台和专门负责的新媒体师生团队，通过学校网站、微信公众号、学校官方微博等形式定期发布与足球相关的信息和宣传视频，激发学生学习兴趣。

（三）创新课程设计，将新媒体技术融入到教学

新媒体具有传统媒体不具备的优势，传播形式多样而且内容新颖独特，能够在一定程度满足当代中小学生的审美需求。因而在日常的足球文化课堂之上要敢于打破传统的授课模式，不断地改革课程设计，根据学生的接受水平和实际需要将新媒体技术融入日常的课堂之中，不断的提高教学效率。当前借助新媒体技术创造出新型的授课模式，打破传统课程的时空限制，让中小学生能够随时随地学习校园足球文化。课程实施中，一方面老师可以利用运动APP发布足球练习的视频和动作要求，学生将练习的视频上传到APP进行作业打卡，老师在后台根据学生的练习情况进行等级评价；另一方面，配合学校专门运动公众号发布足球相关的文章。通过视频+文字的形式，让学生对足球有更深入的了解，进而提升学生的体育文化素养。

将新媒体技术融入到足球教学，不仅加强了师生之间的互动交流而且丰富了教学的内容和形式，而且对于足球文化的发展具有深远的意义。

（四）完善规章制度，强化新媒体环境下校园足球文化的监管

在新媒体时代，每个人可以通过新媒体的渠道发表自己的言论，虽然提高了人们对于社会生活的参与度，但是在新媒体环境下网络攻击、匿名造谣的事情时有发生。为了更好的提升学生网络素养、营造风清气正网络空间，课程设计中加入相关制度的制定，开展专题讲座，加强舆论引导，规范学生的网络行为，号召学生弘扬主旋律，传播正能量。

## 四、课程育人价值

传统的中小学校园足球文化传播主要以静态的文字为主，在内容上缺乏创新性，新媒体的出现能够在原来文字内容的基础上适当的增加视频内容，提升了内容的趣味性和吸引力。在中小学校园足球文化建设过程中，通过新媒体学生能够

迅速、便捷地获得足球的相关信息，让更多的学生爱上足球、参与到足球这项运动中来。

新媒体具有开放性、互动性、虚拟性、实时性的特征，而且新媒体的形式多样，可以通过多种渠道来传播校园足球文化，满足了不同学生对于足球文化的需求，提高了学生参与校园足球文化建设的积极性。将不同形式的新媒体应用到中小学校园足球文化的构建中，不仅提高了工作效率，而且提升了传播效果。以新媒体为纽带，传播足球文化，充分发掘足球文化的育人价值，让学生了解足球文化和足球精神，塑造学生敢于拼搏、勇敢顽强的意志品质。

**天津市五十中学**

# 贯彻“双减”政策　实施“五育并举”推进阳光体育大课间团辅活动的实施

文/李　玲

## 一、课程育人思考

2018年9月，习近平总书记在全国教育大会上提出，要培养德智体美劳全面发展的社会主义建设者和接班人。2021年7月24日，中共中央办公厅、国务院办公厅印发《关于进一步减轻义务教育阶段学生作业负担和校外培训负担的意见》。落实践行“五育并举”教育理念，是当前学校在“双减”政策下的工作使命。学校体育是以体育人的主阵地，高效、科学、系统的体育与健康教学和课外体育活动是促使青少年健康成长的基石。天津南开日新学校紧扣国家对体育工作的要求，全面加强和改进新时代学校体育工作，全面落实国家“双减”政策，立足体育与健康学科教学改革，结合青少年群体与个体特点，精心设计体育与健康课程，抓好学生的体质管理，努力构建德智体美劳全面发展的育人体系。

## 二、课程育人方略

学校围绕新中考体育改革，坚持以体育人，联动促智，发挥效能。体育团辅活动以体育器材为依托，从活动中体验快乐和幸福感，让学生通过体育对身体的体能素质锻炼，带动心智健全，促进智育发展，为五育并举赋能增效。

### 三、课程育人经验

为了贯彻落实素质教育的要求，学校本着促进学生的身体健康成长的理念，以学生为主体，为学生搭建了多种施展和提高自身体育技能的平台。学校着眼于未来社会对人才的需要，始终践行“允公允能，日新月异”的校训，依据学生在各年龄段的身体素质发展特点，结合各个年级班级学生的实际情况，教师制订相应的教学计划，通过一些体育运动技能的学习，组织丰富多彩的体育大课间团辅活动，使学生可以体会到运动与挑战的趣味。

每年新学期开学初期，学校会不断结合实际，以“身心健康同发展”为指导思想，改变单一的体育活动模式，充分发挥学生和教师的主动性和创造性，使校园显现出别样的朝气和生机：在“头上抛接软排球体前击掌”和“篮球运球绕杆”活动中，与球接触的瞬间定格住学生们的花样年华，同样是激情满溢、热情澎湃，汗水见证了学生的成长，印刻了他们在日新的青春时光；在“无敌风火轮”活动中，各组学生齐心协力，全力完成，结束之后，大家还意犹未尽，纷纷讨论交流心得体会。

为了让阳光体育运动深入到学生的校园生活中，教师集思广益，希望给学生带来一些多彩的大课间团体辅导活动。每年第一学期期中阶段，在教师的精心策划下，许多与体育相关的团体心理辅导趣味游戏正式上线，为这个稍有一丝寒意的初冬增添了来自集体的温暖。与体育相关的“团体心理辅导”是在大课间体育团体活动的情境下进行的一种心理辅导形式，在学校中则是以班集体为单位来展开的。在进行体育心理游戏的过程中，每个班集体内部将会产生人际交互作用，促使学生个体在体育团辅活动交往中学会观察、参与运动体验，在认识自我的同时，调整、改善与他人的关系，形成良好的适应性与发展能力。学校组织的体育团体心理辅导活动利用每天体育大课间时间，在教师的悉心组织下，班级体育“团辅”活动有序开展。开展的活动涉及多个趣味游戏，如“心有千千结”“虎克船长”“蜈蚣翻身”等，并辅以优美的音乐活跃气氛，整个班集体全员上阵，教师也可加入其中，促使学生可以在主动参与大课间活动中锻炼身体，共同享受团结、互助的愉悦时光。通过体育团体辅导活动，学生不但学会调整心态、放松身心，而且加强了班集体的凝聚力，给集体生活注入了新的活力。学生们经常说：“南开日新是我们的大家，班集体是我们的小家。”全校师生会一起守护我们共同的“家”，去见证它的美好未来。

第二学期开学初期，各校九年级学生将迎来体育中考的测试。学校按照中考体育新方案，积极调整训练计划，制订适合学生们的有效课程，利用上下午大课间的碎片化时间加强日常训练与辅导。教师将中考体育测试器材以体育游戏方阵的形式摆放：乒乓球颠球行走、排球垫球行走、篮球运球蛇形绕杆、足球运球蛇形绕杆，同时为了调动学生的积极性，还开展同年级不同班级的游戏竞赛，促使学生在竞赛中提高自身运动欲望，培养学生良好体育意识，增加学生们的互动性与参与性，寓教于乐。

团辅活动带给学生的不仅是体育游戏的快乐，更多的是体会到在体育活动中沟通的重要性，感受集体生活所带来的幸福，这种愉悦的学习氛围并未局限于特定的学段中，已经弥漫在全校师生的大家庭中。

看似简单、轻松的大课间体育团辅活动中，却饱含教师们大大用心；轻松、安全的活动氛围，打破了班级与班级之间的陌生感，学生之间迅速熟悉彼此，认真投入到团辅活动中，不但领会到了体育合作的重要性，而且锻炼了解决问题的能力。在进行团辅活动时，学生积极参与其中，不但树立起对体育运动的自信心和目标感，还可以在未来的生活和学习中增强自我应变的能力。学生静心探索自我，彰显个人的一份自信。九年级开展的以中考体育器材为依托的团辅活动效果显著，学校连续三年位居南开区中考体育测试第一名。学校拥有齐备的资源和场地，通过不断精炼与提升课程，能够为学生的全面发展提供更多可能。

## 四、课程育人价值

南开学校的创办人张伯苓先生，曾强调德、智、体并进，把良好的体育运动道德修养看成是健全人格的一部分。学校秉承“允公允能，日新月异”的校训，丰富学生的课余生活，有力地推动学生体育团辅活动，为学生营造舒服的环境氛围，积极鼓励学生参与到愿意参加的团辅活动中，指导他们做团辅活动，为学生能养成良好的体育习惯打下基础，为学生能够形成终身体育意识打下基础。

在运动场上，师生龙腾虎跃、虎虎生威，在团结协作、奋力拼搏、超越自我中，享受属于日新人的体育时光，用激情和活力演绎青春风采，用汗水和耐力展示速度与力量，在运动中追求更高、更快、更强。学校将不断结合实际，培养学生对运动的热爱、培养迎难而上的意志品质，共同挖掘每一位学生的无限潜能！

**天津南开日新学校**

# 核心素养下的小学体育高效课堂的构建研究

文／张寰宇　王　政

## 一、课程育人思考

教育部在新颁布的《义务教育课程方案》中提出，课程教材要发挥培根铸魂、启智增慧的作用，必须坚持马克思主义的指导地位，体现马克思主义中国化最新成果，体现国家和民族基本价值观，体现人类文化知识积累和创新成果。当今世界科技进步日新月异，网络新媒体迅速普及，人们的生活、学习、工作方式不断改变，儿童青少年成长环境深刻变化，人才培养面临新的挑战。在新课程改革的背景下，通过体育与健康课程培养学生的正确价值观、必备品格和关键能力从而落实立德树人的根本任务，更是贯彻德智体美劳全面发展的必然要求。

学校以“三园”文化为导向创设了陶冶学生的“花园”，自主探究的“学园”，个性发展的“乐园”。让学生在体育与健康课堂上习得运动技能，提高运动能力，形成健康的生活方式，养成良好的体育品德。

## 二、课程育人方略

教学效果主要取决于教师和学生从事体育运动的程度。如果师生能确保课堂气氛宁静和谐，设立有效的体育与健康课是轻而易举的事，学生们可以积极参加体育活动。所以教师要学会创新教学方法，才会提高体育课堂教学质量和效益。

## 三、课程育人经验

在核心素养下，教师通过教学内容、教学方法、教学媒介等方面改进和创新从而构建小学体育高效课堂。以下是具体做法与经验总结。

### （一）优化和选择体育与健康教学内容，促进学生共同发展

在小学一年级，男生和女生对体育的兴趣各不相同：男生更喜欢篮球、足球、跨栏等体育比赛，然而，女生一般比较喜欢在室内开展的活动项目，比方说排球、网球等。为确保教学质量得到提高，实现其全面发展，特别是在学生的集体教育方面，应按照实际教学水平开展相对应级别的教学工作。由于体育项目更加多元化、兴趣化，通过培养学生的创新能力，选择的教学内容应为学生带来无限的乐趣和挑战，并促进他们的个体发展。

教师需要仔细、认真挑选和优化一些有利于学生发展的体育训练。在为学生做好协调准备的教育和宣传活动中，教师充分关注学生的个体差异，主动教育喜欢打篮球的学生如何打篮球，这有利于训练他们的协调技巧和团队合作。在学生的团队活动中，让学生明白，胜利不应该是个人的表现，而应该是集体的、共同的努力。对于女生可以采用体操教学协调的方法，在实践中，学生们需要将体操动作记下来，同时还要确保运动保持一致，以促进和谐体操。因此，教师必须利用不同教学层次的教育资源，发展体育项目或选择教材。为协助学生展示他们在体育方面的能力和潜能，从而加强学生的自信心，这样推行的运动计划，才是一项符合学生发展利益的计划。

### （二）多媒体教学，提高体育与健康课堂参与度

以往所开展的体育与健康教学活动里，教师全都是以基础学科为主，对体育与健康学科重视不够，也就不会过多地注意发展学生体育。第一，体育与健康教学模式不够多样化，大多数情况下都是先讲述一些理论，然后开始热身运动，再然后就是学生们自由地进行活动，这并不能激发出学生们的兴趣。第二，学生只能将运动视为“闲暇”或从事其他学科的学习。为培养他们拥有良好的体育精神，教师们使用各种多媒体来应用在教学活动中，同时可以提高他们学习的积极性，进一步扩大其参与体育的范围。比方说：学习如何跑步，一开始会利用多媒体向孩子们播放长

跑、运动员在奥运会上的整个成长记录，在视频里，学生们也就知道运动员是一日复一日的坚苦训练，洒下无数的汗水与眼泪，实现自身梦想的同时，也利用自己超越一般人的意志力，在艰难的道路上取得了成功。这个过程尽管漫长而艰难，但通过自己的努力和实践，以及不断坚持，慢慢朝着教育学生的奋斗目标前进，也就可以培养学生迎难而上、不进则退，勇敢向前，直面挫折，坚韧不拔的精神。同时，提高学生运动的积极性，创造有利的学习环境。运动员获得的经验为学生树立了榜样，帮助他们真正地认知体育运动的重要性。有了教师的鼓励，也就可以帮助他们主动参与体育活动，让学生感受到体育运动的巨大乐趣。

（三）游戏式的专项训练，激发学生学习体育的兴趣

学生无法理解体育锻炼能对他们的身心发展以及健康的身体状况做出实质性的贡献，所以体育课堂中的锻炼效果不能达到理想的状态。因此，需要教师运用游戏方式融入教学活动，通过游戏为学生创造良好的学习环境，在轻松和充满活力的氛围中进行特殊培训。专题教学课主要是通过反复教学，使学生掌握基本的行动技能。在这个过程中，如果教师采用单一的教学方法进行专门培训，就很难激发学生的兴趣，甚至引起他们的反感。这样，体育教师就可以以游戏形式反复训练，为在校学习营造欢乐气氛，也就是重复式的训练。比方说：在训练学生们的短跑技术时，在采用传统教学方法的时候，反反复复地开始比赛，学生们原有的积极性自然也会被降低，导致跑步动力丧失，导致运动训练质量下降。因此，教师们也可以合理利用目前很受大家喜爱的“撕名牌”游戏，因为很多学生都喜欢看“奔跑吧兄弟”“撕名牌”游戏是一种受欢迎的游戏形式，引起了学生的学习兴趣，也因此说，学生们的热情被点燃，让他们很快融入到特殊的跑步训练中。这一过程显然可以帮助学生提高学习的积极性，还可以提高体育与健康教学质量。

（四）构建和谐的师生关系，营造良好的课堂氛围

良好的关系是基础，进一步为学生们提供良好学习环境，帮助加强体育与健康教学效率，教师在教学期间必须正确理解师生关系，两者之间没有明显的差异，实现平等。在教学期间，也要以学生们为主体，创造良好的学习氛围。在师生关系和谐的前提下，也就可以帮助学生充分融入到课堂中。在体育与健康课堂欢乐的气氛中，学生可以更积极、学习更多有关体育的知识和技能，还能不受约束地表达个

人看法，促进和教师的交流。教师结合学生们的实际状况，改变他们的教学方法，不断提高小学体育与健康教学的效率。例如，在一节师生关系融洽的体育与健康课上，教师在课堂上营造欢乐气氛，可以更好地保证教学效果。教学期间，教师可以和学生一起准备课前活动，在操场上开展体育活动，比方说：在慢跑过程中，教师可以适当的给出指导，告诉他们田径运动的具体内容，和他们保持沟通，帮助他们了解更多关于田径运动的方法。这样，学生也就对田径运动有了更加充分的认识，也会更快获得这些技能。

**四、课程育人价值**

结合前文所提到的小学一年级体育与健康教学取得有效效果显然是短时间内无法实现的，这是一项困难的工作。但是经过长时间，充分地了解学生们的喜好，选择合适的教学内容，建立了良好的师生关系，开展恰当的体育与健康教学活动，如此，学生们的积极性得到了提高，他们主动参与到体育中来。教师还要适当的利用不同类型的教学资源实施教学，使学生在学习期间可以真正知道团队合作的重要性，帮助所有学生一同发展，促进学生体育品德的养成。与此同时，体育教师也要和其他教师合作，应以学生本身的需要，注重体育与健康学科核心素养要求，为他们创造一个更适合体育学习的教学环境。

一节高效的体育与健康课堂是从多个维度去改进、整合教学内容与方法从而促进教师的有效教学，学生的积极学习。在教学过程中更要关注个体差异，有效地、有针对性地锻炼学生身体从而提高体育与健康课教学效果，使学生获得运动技能的提升，体验学习与锻炼的乐趣。帮助学生在体育锻炼中健全人格品质，锤炼意志，引导学生树立正确的价值观，促进立德树人功能的实现。

天津市南开区风湖里小学

# “绳”采飞扬　筑梦起航

——小学花样跳绳教学实践探索

文 / 王盈盈

## 一、课程育人思考

### （一）背景依据

近年来，中小学生患近视和肥胖人数在逐年增加，学生健康水平呈下降趋势。为了加强学生体质健康，国家相关部门提出了《关于开展全国亿万学生阳光体育运动的决定》，进一步贯彻落实《中共中央关于加强青少年体育增强青少年体质的意见》精神，在《国家学生体质健康标准》的基础上，中小学全面开展阳光体育运动，吸引学生走向操场，积极参与体育运动。

花样跳绳作为一种新兴的体育运动项目是在融入优秀历史文化元素的传统跳绳基础上，结合音乐、舞蹈等现代化元素，进行不断创新、不断探索而形成的一项集传统性、健身性、娱乐性等特点的体育项目。花样跳绳运动打破了原本枯燥、单一的跳绳形式，调动学生参与体育活动的积极性，培养良好的体育锻炼习惯；同时丰富了校园体育文化，符合当代青少年的身心健康发展规律，有利于呈现一个充满活力、朝气蓬勃的校园体育氛围。

### （二）课程目标

花样跳绳学习速度快、学习效果好，学生在这种节奏感强的运动中更容易获得成就感，感受其乐趣。通过花样跳绳运动提升学生的跳跃、力量、灵敏、协调等身体素质，增强学生的心肺功能，同时培养学生的创造性思维，促进学生之前的交流和合作，塑造学生阳光、团结、自信、坚毅的品质。

## 二、课程育人方略

以花样跳绳作为阳光体育运动开展的入口，通过查阅文献和多年的教学经验总结花样跳绳的概念、分类以及开展的优势，分析提出花样跳绳运动在课程构建和教法方面的经验，通过以赛促练的方式开展花样跳绳活动，为花样跳绳项目的开展提供理论和实践经验，进一步加大花样跳绳在学校的普及和推广力度。

## 三、课程育人经验

### （一）构建花样跳绳教学的总目标和子目标体系

学校的体育教师在开展体育活动前，首先要学习体育与健康教学的总体目标，注重提高学生体育运动的习惯，培养学生终身体育锻炼的意识，再结合阳光体育使学生积极锻炼的要求，认真分析花样跳绳运动的开展优势，从而确定接下来的花样跳绳教学目标，建立本项目的教学目标体系。关于细分的子目标包含教学训练中的品德教育、学生对花样跳绳运动的兴趣以及花样跳绳的动作技能练习等内容。

### （二）明确花样跳绳课程内容

根据学生的年龄阶段特点，按照计数和花样类教学进行划分，具体再进行细分计数类的单摇、双摇、连续摇跳和交互绳单摇跳，花样类的个人、同步、车轮、交互绳、绳网绳阵等内容（具体内容分类见下表）。比如：在花样类绳网绳阵教学过程中，教师要明确教学目标，在小学阶段学生进行体育运动主要是提高学生参与到花样跳绳活动中的积极性，培养学生坚持不懈、不怕困难、在集体活动中团结合作的思想意识。教学内容可以由易到难、由简单到复杂的递进式方式进行教与学，从5人、7人、11人等不断累加人数的方式进行学练，循序渐进地学习更能够使学生不断挑战自我，掌握的技能更加牢固。

| 种类 | 运动项目 | 动作复杂程度 | 主导因素 |
| --- | --- | --- | --- |
| 计数 | 单摇跳 | 单一 | 体能速度 |
| 计数 | 双摇跳 | 单一 | 体能速度 |
| 计数 | 3min单摇跳 | 单一 | 体能耐力 |
| 计数 | 连续三摇跳 | 单一 | 体能力量耐力 |
| 计数 | 交互绳单摇跳 | 单一 | 体能速度 |
| 花样 | 个人花样 | 单一 | 技能速度 |
| 花样 | 同步花样 | 多元 | 技能难美 |
| 花样 | 车轮跳 | 多元 | 技能难美 |
| 花样 | 交互绳 | 多元 | 技能难美 |
| 花样 | 绳网绳阵 | 多元 | 技能难美 |

### （三）关注花样跳绳课程的导入方式

花样跳绳课程的导入方式目的是能够吸引学生的兴趣，学生能够参与进来，导入内容可以包括花样跳绳的文化和发展由来，关于花样跳绳精彩的比赛、表演片段，花样跳绳运动员坚持练习的拼搏和持之以恒的精神等方面。最终使课程更加完善和合理，真正融入阳光体育运动中，从而使学生通过花样跳绳的练习提高身体素质，拥有强健的体魄。

### （四）丰富花样跳绳的教学方法

在花样跳绳教学中，传统的灌输式教学方法单一枯燥，难以不能激发学生学习的热情，作为教师要了解不同阶段学生的心理发展特点，课堂上使用的教学方法要更有效，可以采取示范、互动、启发、归类等教学方法。可以借助多媒体使用微课形式或者上传学校公众号的形式将花样跳绳的完整动作进行展示，学生可以在家或者教室进行提前播放学习，学生带着问题进行学习，会更容易掌握，也能实现将更多的时间留给学生进行练习，做到精讲多练的目的。游戏教学法能够激发学生运动的热情和积极性，使得花样跳绳更加有趣，学生更喜欢练习，符合阳光体育的发展要求。

（五）注重教学评价多元化

教师要更加关注学生的平时表现和出勤，不能只关注学生对技能学习掌握的结果，要以学生的学习过程为主。可以采取教师适时评价、教师口头评价、学生口头自我评价、学习小组组内和组间评价以及学生成长记录评价等方式。

（六）开展花样跳绳系列活动

基于阳光体育背景，学校在花样跳绳开展方面要积极为学生搭建展示的平台，在开学典礼、体育节、六一儿童节、校运动会上开展花样跳绳展示和比赛。开展校级花样跳绳PK赛，教师可以制订班与班、年级与年级的比赛内容，通过这种方式让有节奏、有趣的运动激发学生锻炼的积极性，同时也能增强学生的集体感。

## 四、课程育人价值

基于阳光体育运动背景，花样跳绳相对于其他体育项目而言，在学校开展的优势更加突出，更能实现阳光体育对学生锻炼的目的，花样跳绳运动更能激发学生体育锻炼的热情，欢快的音乐和丰富的内容更能吸引学生参与进来。同时在培养学生终身体育和团队意识、集体意识方面有其他项目无法代替的作用。除此之外，学校开设的花样跳绳社团，组建的花样跳绳校队，增加了学生对花样跳绳的热情，在校园掀起一股跳绳“热潮”。积极开展花样跳绳运动，让花样跳绳运动逐渐成为阳光体育运动的主力军，提高学生的身体素质，锻炼强健的体格。

天津市南开区科技实验小学

# 高效开展普通小学课余游泳队训练

文/肖　丽

## 一、课程育人思考

随着素质教育的深入发展，更好地加强学校特色课程的开发，学校聘用教授游泳课程的教师任教，和游泳场馆建立长期良好合作关系，在有效利用社会体育资源的基础上，开发有特色可持续发展的课余游泳训练队。学校课余训练的正常开展能促进学校群众体育工作的发展，吸引更多的学生加入体育活动中。在体育活动中不仅提高基本运动技能、体能，还提升专项运动技能和知识，培养学生认真的学习态度和顽强拼搏无畏艰苦的体育精神。

## 二、课程育人方略

坚持“健康第一”通过“健身育人”，经过运动队的训练不仅提高学生身体素质和专项运动技能，同时还促进健康行为的形成和体育品德的养成。小学的课余训练不同于运动体校或专业运动队，训练时间较少时长有限，而且还不能影响学业。精选适合高效的训练方法和手段，同时教师、家长、教师协同合力，才会更有效的促进学校课余运动队的良好有序发展。

## 三、课程育人经验

### （一）认真选拔体育苗子

选拔体育苗子是建队的开始，有了好苗子就会事半功倍。根据学生的身体素质、运动能力等方面挑选适合运动项目的队员。选拔游泳苗子不同于其他陆上项目，除了解其基本的身体素质外，更重要的是在水中的表现。由于我国游泳普及面小，游泳训练的人口少，又要在学校有限的范围内选拔适合游泳项目的学生，我们采用寒暑假集中集训，每次集训分两个阶段淘汰。第一阶段看浮力和水性，即在水中的动作、呼吸与憋气，水中滑行情况，游程长短，水中能否玩耍自如等情况，合格者进行第二阶段训练。在第二阶段训练中看动作是否更熟练准确及连续游进的距离，最后的合格者方可成为游泳队的成员。小学运动员的选才与体校和专业队选才有所不同，这是由于学校的性质所决定的。

### （二）在有限的时间里，采用有效的方法，获得最满意的效果

学校运动队的训练时间有限，一周只有2至3次。小学运动队的训练不可能像专业运动队长时间、大运动量、大负荷的训练，要制定适合他们的训练内容，采用多样化有效的练习方法和手段提高训练兴趣，减少学生练习中带来的枯燥和疲劳感。

1.通过游戏方法来激发学生的训练兴趣

在训练中，利用游戏练习，使学生处于一种宽松、活泼和谐的训练氛围中，充分发挥学生的主动性、积极性、兴趣性。例如，在准备活动阶段，用“我是鲨鱼”的游戏代替200米的准备活动，在游戏中不仅达到了热身的目的同时还训练了其他素质，快速游进、变换方向游进、急起急停、耐力等。又如，在训练过程中采用追逐赛游戏，根据学生的情况安排先后顺序，前后间隔一定的距离，前面的人不能让后面的追上，后面的想办法超过，赢的人会惩罚输的人。每个人都想当胜利者在练习中就会自觉地加快速度，游戏中不仅达到了在快速游进中巩固技术动作不变形和提高速度的目的同时还提高了耐力素质。更重要的是学生不但没有感到疲劳反而兴致更高。

2.利用比赛方法，激发学生的训练兴趣

比赛也是一种较好的训练形式，特别能激起学生的胜负欲。训练围绕比赛展

开，要鼓励学生向自己和他人挑战，让他们在训练中练习比赛战术，适应比赛时会出现的状况，每一个训练内容都要有比赛的成分。比如说进行对抗赛、追逐赛等竞赛性质的训练方法。

3.采用计时的训练方法，激发学生的训练兴趣

采用计时的训练方法可以随时掌握学生训练的情况，调整训练内容、训练量及训练强度，同时还可激发学生努力达成目标的兴致。例如，规定在某个训练项目中连续达到数个规定的成绩就可以减少相应的训练数量。为了达成目标学生会主动加快自己速度，在不知不觉中完成训练。

运动训练的方法极其丰富不论采用何种方法和手段，都是想让学生在比较轻松的状态下训练，既让每个学生都有收获，又可以获得最有效的训练成果。

（三）做好心理、思想教育工作

训练是一件很苦的事，学生年龄小，长期训练可能会有退缩情绪。随时观察学生的心理变化了解其心理活动，缓解其精神压力。例如，在训练中，有的学生训练成绩没有达到课前教师规定的成绩，情绪有些低落，观察到学生的变化后马上给予语言上的激励，鼓励他重拾信心，更好地进行后面的训练。在平时和学生多交流从中可获知他们的思想变化，有针对性地加强学生的思想教育，培养他们不怕困难、顽强拼搏的精神。

（四）加强与家长、班主任的联系，获得家长支持和班主任的配合

单有学生自己的积极性是不够的，还要取得家长支持和配合。家长非常关心也最了解自己的孩子，和家长多沟通可以更多地了解学生，更有针对性地开展训练工作。例如，校游泳队有一名二年级的学生，平时很活泼但一到训练时表情就变得很沉重，一言不发，问原因又不和教师说，通过和家长沟通，了解到他训练自由泳时一憋气心跳就会越来越快，所以让他很害怕，经过一番解释，又对他的技术动作给予指导，经过一段时间的调整没有再出现害怕的情况。随着训练时间的加长和训练量的增长，学生在身体和心理会随之发生一些变化，每个人的表现和反应也会有所不同，在训练当中教师可以随时观察，但有的表现和反应教师是观察不到的，只有通过家长的反馈才能了解。

例如，队中有一名三年级的学生平时训练很刻苦，通过一年的训练在市级比赛

中取得前四的好成绩，所以在平时的训练中会比较侧重于他，有一天家长反馈给我的一些信息是晚上经常做梦，半夜惊醒，通过家长说的一些表现，我判断是训练运动量过大再加上学习让孩子负担过重，所以在后续的训练中减少练习次数，提高每趟练习的强度，由质量代替数量。训练中多次询问身体状况，经过一段时间的调整和家长的多次沟通，这名学生情况有了比较明显的好转，没有再出现多梦的状况。这就是和家长经常联系，出现问题能在第一时间得到解决。除了和家长还要经常与班主任沟通，了解学生的学习情况，必要时适当给学生补课，做到不耽误学习，保证训练时间。

（五）不断提高自身专业素质

体育教师是以体育与健康课教学为主要任务。体育与健康课教学是属于大众教育教学，教授学生掌握简单的运动技能培养终身运动的健康理念。但运动训练和体育与健康教学还是有着较大区别，运动训练则是以提高竞技能力为目的的教育过程，所以体育教师的专业水平，会直接影响带队的训练水平和最终运动成绩。因此，要不断提高自身专业素质，学习和掌握最新的科学训练方法和理论知识，以满足运动训练发展的需要。

## 四、课程育人价值

一个普通学校运动队从建队到收获成绩，通过不断的摸索实践调整，才能换来行之有效的方法和经验。在学校就要考虑学校的特点，对运动员的选材不只要考虑身体条件还要考虑学习方面；对运动队的训练方法和手段不只是“拿来主义”生搬硬套，要采用更适于本队学生的训练方法；对运动成绩的获得不只要考虑身体训练，还要关注学生的心理变化，不只要通过自己对学生的观察，还有通过和家长的联系沟通，对学生身心变化做更全面更深化的了解，了解要及时，调整要及时快速修正问题所在；不只要自己关注学生的学习情况，还要和班主任沟通做好学习方面的支持。对自身的专业水平不能只满足于现状，还要与时俱进不断学习，以便更好的适应现代运动发展的需要。

学校课余运动队成绩的获得不只是单纯依靠训练学生来获得，而是要通过多途径多方面的协同合力才能达到理想或预期的效果，才能长期良好的有序发展。

通过师生共同努力队员们不仅在市级中小学游泳比赛中，取得第三名、第四名、第八名等优异成绩，还有一些队员也取得了个人较好成绩。获得成绩是一方面，队员们在训练学习过程中，运动技能得到提高，体魄更强健，思维品质得到锻炼，遇到困难勇敢面对不怕困难积极拼搏，综合素质也得到发展。

**天津市南开区华夏小学**

# 传承武术精神与文化 提高学生健康体质

## ——武术跨学科融合教学 承武术品德促健康行为

文 / 姜 涛 王丽琴 史帅杰

### 一、课程育人思考

#### （一）背景依据

将享受乐趣、增强体质、健全人格、锤炼意志的“四位一体”体育目标与加强体育与健康课程建设，聚焦提升学生核心素养相结合。2021年中共中央办公厅、国务院办公厅印发《关于进一步减轻义务教育阶段学生作业负担和校外培训负担的意见》和教育部关于“五项管理”的工作部署，学生减负且重视学生素质发展。结合中营小学百年勤朴敏健之校训，求真至善之校风，严谨善导之教风，勤学多思之学风，在体教融合下开展特色中华传统武术体育健康课程建设发掘学生潜能，培育时代新人，唤醒、激励、关爱、服务学生和家长，每位学生健康、全面、个性发展。

#### （二）课程目标

通过知识技能、体能素质、情感品格三个维度着力点展现体育与健康课程目标。三个维度从“知”“能”“行”“健”四方面目标进行完善与优化。知识和运动技能的习得，发展和发掘学生身体素质和身体运动能力，健康的身心和健全人格，培养学生团队合作意识、竞争意识、凝聚力，爱国主义和集体主义精神，促进学生个性发展和良好行为习惯。

## 二、课程育人方略

跨学科体教融合，促进学生身心发展。将传统武术基本动作、组合动作、太极、功夫扇等多种元素与多学科融合，体验武术的刚韧与柔美的运动乐趣，培养学生表现力和创造力，培养爱国主义和集体主义精神，形成主动持久参与锻炼行为。注重在武术知识教学过程中不失武德精神文化的培育，增强学生思想健康、身体健康、心智健康，坚毅勇敢，挑战自我。

## 三、课程育人经验

课程打破传统武术的教学模式，将武术基本动作、组合动作、太极、功夫扇等多种元素融入音乐中，动作学习采用武术英雄事迹引导学生内心的爱国主义精神，武德精神、凝聚力等；将动作与歌词记忆结合、动作口诀，建立学生学习的兴趣；将动作分解、完整的让学生更清晰的掌握；将动作与游戏融合到体育运动和教学过程中，武术动作简单化，贴近生活，激发学生自主性学习。

（一）知礼明德——习得武艺要先识礼和明德之正

学习武术礼节之抱拳礼，传播文化精神。通过武术的站姿、抱拳礼、持扇礼，让学生了解武术的礼仪。

（二）乳虎嬉戏——习得武术基本手型和步法筑中刚之气

学习武术基本手型、步法等动作，掌握武术基础常识，筑基少年良好身体形态。了解武术基本手型和步伐，及正确动作的定型，提升武术素养。

（三）雏鹰蓄势——习得太极柔韧和顿挫育刚健之神

学习太极倗、捋、挤、按等动作，感受柔中有刚、静中生慧的心境，体会劳逸相合。体会静和柔中带有动和刚，控制身体平衡性和协调性。

（四）潜龙腾渊——习得武术招式组合形态和气势提刚劲之力

1.学科融合促健康学习

武术套路是简单的动作组合，激发学生动机，其能够掌握武术组合套路技能。第一式：横臂立身、下沉格挡、一冲飞天；第二式：开步立掌、画圆而收、双龙探爪；第三式：平掌横削、弓步斩披、马步架推，学生大声说出动作名称，能够理解武术锻炼的意义，能够与生活结合起来，学会保护自己，帮助他人。动作与音乐学科的结合点燃学生的爱国主义情怀，武术动作与气势宏伟的歌词意境中获得成功喜悦。

通过翻转课堂和预习成果视频；教师讲解示范动作；学生跟口令练习、听动作名称练习、纠正错误动作。学生自主练习，听音乐歌词练习；学生比赛，单人展示，分组展示呈现，同时对动作完成度、表现力进行评价，学生小组之前练习进行评价和改正，减少学生比赛过程中的嫉妒心、狭隘心、失落感。通过情景设置或游戏等练习提高学生兴趣，提高主动表达自己想法。

2.学科融合促课堂教学

师：同学们，喜欢中国武术吗？今天我们一起学习水平二阶段三年级武术创编操——潜龙腾渊。

生：喜欢，好的。

师：短视频分享给同学们，在短视频中你们学到了什么呢？请学生回答。

生：短视频中看到动作由简单变复杂，手与脚的协调配合。

师：好，由简单动作到整体套路。同学们一起看着视频，跟着教师一起做，大声说第一式：横臂立身、下沉格挡、一冲飞天。

师：同学们很认真。第一式动作可以体会在生活中遇到危险时用手臂护住自己脸部，挡住物体护住自己身体；第二式开步立掌、画圆而收、双龙探爪；第三式平掌横削、弓步斩披、马步架推，练习3—5次。同学们进行自主练习，跟音乐练习。

生：好的。第二式：开步立掌、画圆而收、双龙探爪；第三式：平掌横削、弓步斩披、马步架推。

师：同学们，用记歌词来记住动作。第一式：今朝唯我，少年郎；第二式：敢问天地，试锋芒；第三式：披荆斩棘，谁能挡。练习2—3次。

生：今朝唯我——横臂立身、下沉格挡，少年郎——一冲飞天；敢问天地——开步立掌、画圆而收，试锋芒——双龙探爪；披荆斩棘——平掌横削和弓步斩披，谁能挡——马步架推。

师：练习节奏很好，但动作不够标准，弓步后脚蹬直，“削”和“斩”幅度过大，手臂没有制动。分组进行比赛和展示，听音乐说出动作名称。每组都连贯的展示完动作。但要注意“一冲飞天”时手臂斜下举，双手握拳，画圆而收，注意手臂向上画大圆。我们再来一遍。

生：下沉格挡，一冲飞天；开步立掌，画圆而收。

师：有的同学手臂没用力，有的同学五指没有并拢，有的同学动作标准，有的同学弓步架推进到位……我们完整动作进行集体练习与展示。

学生完成动作质量较好，能够大声说出动作名称，达到强身健体和健心的效果。

（五）红日大光——习得红扇英姿飞舞和光芒四射展民族之魂

武术扇从开扇、合扇、亮扇、刺扇等展示人与扇融合的多面性，让学生在慷慨激昂、奋发图强的音乐旋律中体会动作的张弛力度，感受自己是未来国家发展的开发者、创造者。学会用扇方法，练习动作时内心燃起爱国气势，达到锻炼身心效果。

（六）武术课程展示——弘扬中国武术品德

学生体会武术刚韧柔美的运动乐趣，发展学生力量、协调等身体素质，丰富学生内在情感；培养学生爱国主义和集体主义精神，合作意识，促进锻炼习惯养成。

## 四、课程育人价值

从社会层面看，家校融合增强家庭与学校之间的联动性，让孩子能够面对挫折和困难，学会自己解决问题等，能够将运动知识与技能、健康行为、体育品德方面知识和技能应用到生活中，实践到生活中，构建家校融合的幸福体育。

从教学形式看，武术与信息技术、音乐、国防教育融合解决单一的教学方法，从讲解示范和学生枯燥练习展示拓展学科主题游戏、信息翻转课堂、预习成果练习与比赛，学生跟着视频快乐自主练习和愉悦比赛，学生感受快乐体育和幸福体育。

从课程内容整体设计看，各学段学生情况和学生身心状况的不同分视频教学，更好落实“教会、勤练、常赛”的一体化教学模式。

从教学综合性学习评价看，师生评价和反馈要多样性，丰富多彩的体育实践活动能够磨炼学生意志品质，游戏课堂、小组比赛等过程能够约束学生，调节学生情绪，有效实施健康教育，学生形成坚韧不拔的心理品质。

从学生个体差异看，关注学生差异，鼓励学生积极参与锻炼，多些关爱，多些关注，多些耐心，让学生感受体育的快乐和幸福感。

天津市南开区中营小学

# 积极心理学干预提升学生自我认知的实效性初探

## ——以《寻找超人TA》为例

文/龙洋洋

### 一、课程育人思考

#### （一）背景依据

《义务教育体育与健康课程标准》加强了课程内容的整体设计，其中健康教育模块由体育、心理等多门课程共同承担，旨在提升学生的身心健康水平。《生命安全与健康教育进中小学课程教材指南》中心理健康教育部分也指出要重点培育学生的积极心理品质。随着小学中年级学生抽象逻辑思维的逐渐发展和辩证思维的初步发展，学生们的自我认识更加深刻。此阶段的学生对自己的优势、潜能还不是非常了解，有的学生习惯以目前阶段的学习成绩来评价自己，也有许多学生会因为学习、生活中的一些挫折而感到缺乏自信和动力。

#### （二）课程目标

立足积极心理学视角，以培养中国学生发展核心素养健全人格为目的，运用团体活动的方式，引导学生在活动中获得感悟。通过“超人”的意象来引导学生进入角色，使学生从“我”与事的关系角度出发，发掘自己的标志性优势，克服“负面偏差”，形成更加准确和全面的自我认识。

## 二、课程育人方略

本课程运用积极心理学干预方法，帮助学生从既往经历中发掘自身优势品质。获得积极情绪体验，提升学生积极自我认知。

## 三、课程育人经验

### （一）以理论为基础，确定教学方法

本课程旨在引导学生在分享自己成功事件或高光时刻的基础上，获得积极情绪体验，形成积极自我认知，因此借鉴积极心理学中“积极自我介绍”的方法。该方法是积极心理学中一种常用的干预方法，主要通过引导个体通过讲述关于自己表现最佳、自我感觉最良好的故事，向别人介绍自己。本课程的难点之一在于如何可以引导学生积极参与课程并积极表达自己的感受，在投射技术的基础上，将课程的主人公虚拟化，以“超人”为主人公，在课程中逐步从客观看“超人”过渡到自己即为“超人”，借“超人”对自己的感受进行表达并收获体验。基于上述观点，本课程运用“积极自我介绍”干预方法，设计了“寻找超人 TA”活动课程，最终让学生领悟，每位学生都是具有不同超能力的小超人。

### （二）以纲要为指导，设计教学内容

《中小学心理健康教育指导纲要》提出，小学中年级自我意识培养的主要任务是帮助学生了解自我，认识自我。在确定了教学方式之后，继而需要确定教学内容，根据学生的实际情况以及发展心理学的相关理论，本课程主要通过帮助学生从“我”与事的关系中认识自我，即从做事的经验中了解自己。

### （三）以活动为途径，促进学生探索

1.热身活动：迷失的超人

热身活动中用一个富有生命力的小视频，让学生初步感知宇宙万物的勃勃生机，感受到每个生命都拥有成长的内在力量，并借机介绍超人星球的故事背景，构建超人意象。故事中的超人本来是幸福快乐的，但是遭遇到了不明力量的攻击而迷失了自我，由此引出寻找超人 TA 的任务，激发学生进行探索的动力。超人意象设定是一种隐喻，象征着每个学生都是小超人，只是还没有完全发现自身具有的优

势和潜能，留待在下面的活动中学生们慢慢体悟。

2. 主题活动一：超人能量站

该环节将积极心理学提出的24个优势品质比喻为超人们具有的能量，以小组为单位进行24个优势品质拼图活动，以小组互动游戏的形式帮助学生初步了解24个优势心理品质的内容，在认知层面为接下来学生寻找自身优势品质做铺垫。

3. 主题活动二：唤醒超人

唤醒超人活动的第一部分是画出“我的高光时刻”。活动要求每个学生以绘画的形式呈现一个关于自己高光时刻的小故事，故事中的学生表现最棒，自我感觉非常好。活动目的是帮助学生从既往经历中获得积极的自我认识和情绪体验。这部分运用“积极自我介绍”的干预方法。该方法鼓励人们在自我评价和向别人介绍自己时，克服自我认识中的“负面偏差”，从积极角度看待自己，展现自己的优势，获得积极的情绪体验，达到感觉良好、踌躇满志的状态。

在课堂中引入该干预方法最初的设计是让小组学生以“讲故事”的形式在小组内分享自己最引以为傲的一件事。但在课堂实践过程中发现，短时间内让学生把自己的故事讲明白对于学生的语言表达能力要求很高，且小组分享效果也比较依赖于小组成员的倾听习惯。所以，在后续课堂实践中将讲故事的形式改为先绘画学生自己的某一个高光的时刻，然后在小组分享的时候以绘画为基础，再进行个人故事讲解。对于小学中段的学生来说视觉信息的输入加上语言的讲解，会使小组分享效果更好。

唤醒超人活动的第二部分是提炼超能量。学生们对照超人能量站中的24个优势品质，从自己分享的故事中提炼出3个可以和超人能量站相匹配的能量。小组学生也可以基于日常了解互送能量。在此活动中学生通过自我省思及生生互动，从高光事件中探索发掘自身优势品质，获得积极情绪体验，从积极角度更好地认识自己，塑造自己，提升自尊与自信。在这部分活动过程中也运用到了主题活动一“超人能量站”的内容，学生有了一定认知基础后，操作比较顺畅。

4. 主题活动三：超人变身

在此环节中为学生们设置思考任务：自己的超人能量可以在什么场景下如何发挥作用呢？通过引导学生在学习、生活中探索如何进一步发挥优势品质的作用，促进优势品质提升。在学习和生活中，学生们在做自己擅长的事时会体验到流畅感和成就感，这又促使他们发挥自己优势，更有自信心，做事情更有动力，也更容易找到途径达成目标。所以，通过这一部分的活动，让学生将找到的优势品质与实际生活的具体情境建立联结，引导学生在学习生活中有意识地去应用，将课堂上的收获切实转化为课后的行动。

（四）以感悟为核心，提升教学实效

学生在经过一节课的积极探索和互动后，教师引导学生自主发现一直寻找的超人就是学生们自己。学生在活动中体会到每个人都是自己生活中的超人。设计任务单将体会的事项结构化，引导学生在生活中不断深化体验。

## 四、课程育人价值

教学方法有效。运用“积极自我介绍”干预方法结合富有内在力量的超人意象，从超人的迷失、到寻找超人能量、到最后唤醒超人和超人变身，超人意象贯穿整个课程，当学生发现寻找的超人就是自己时，内心已经获得了超人的力量。

教学目标清晰。本节课教学目标紧紧围绕着“认识自我”这个主题设置，从初步了解优势品质的内容到发掘自身优势品质再到学习生活中如何进一步发挥自身优势品质的作用，目标设置得更具体、可操作，具有内在逻辑性，活动内容及活动形式的选择有助于相对应的教学目标的达成，活动各环节之间层层深入。

学生参与度高。在课堂上，学生能够积极参与到活动中去，主动进行自我探索。学生活动和表达时间充足，能够充分交流自己经历和感受，在课上获得的心理体验较为积极真实。

天津市南开区中营小学

# 第四章 益美雅乐——滋养学生蕴艺审美的情趣

艺术是人类精神文明的重要组成部分，是一种极高的人文情怀，它更多关注的是人的精神境界，关注人与自然、人与社会的和谐。以美育人、以美润心，新课程的审美教育关键是要激发、保护和发展学生爱美创美的情趣，培育健康和谐的个性，在审美教育、情操教育、心灵教育中培养学生想象力和创造思维，弘扬真善美，塑造美好心灵。

# 以茶润心，以美育人
# 以社团活动为途径弘扬中华传统文化

文 / 郑明星

## 一、课程育人思考

在新课程改革浪潮下，教育的目的是要提升学生的核心素养。以培养"全面发展的人"为核心，在文化基础方面培养学生的人文底蕴，包括人文积淀、人文情怀和审美情趣，而传统文化是人文底蕴重要的载体，学生心中强大的"文化自信"来自对中华传统文化的传承和发展。中国古老的茶文化自五千年前流传至今，深厚的文化底蕴，悠久的历史发展，深刻地影响着中国及全世界。

茶文化是中华文化的瑰宝，茶文化走进"教育"，让学生识茶、品茶、懂茶、爱茶。在校园中引入茶文化课程，学生在实践活动中，在悠悠的茶香之中，学习传统文化礼仪，领悟传统美德，进而将其转化为学生的审美追求。

## 二、课程育人方略

新时期教育背景下，结合现代中学生的特点，将茶文化课程与人文学科、自然学科相融合，全面构建课程的育人价值，以茶润心，以美育人，培养学生的人文底蕴，弘扬真善美，关注人与自然、人与社会的和谐，塑造美好心灵，达到美育育人的目的。

## 三、课程育人经验

### （一）茶与文化

茶是一种饮品，更是一种文化；品茶是传统与时尚相结合的生活方式，更是一种追求恬静、淡雅与健康的生活态度。一杯淡茶，其貌不扬，却承载着厚重而悠远的中国文化。在茶文化中蕴含着丰富的儒家、道家、佛家等哲学思想。结合现代中学生的特点，将茶文化课程与语文、地理、历史、思政、美学、心理健康等多学科相融合，提高学生的核心素养。以“传播茶知识，沉淀茶文化，弘扬茶精神”为理念开创茶文化体验室，开设《中国茶文化》特色课程。在课程中带领学生学习茶道，将孝、悌、礼、敬等传统文化融入茶课程中，渗透课程中的育人功能，达到润物细无声的效果。

### （二）茶与学科

1.茶文化与语文学科相融合

“茶为国饮，诗为文粹”，茶与诗的结合，历史绵长而浪漫。课程运用诗词鉴赏的方法，介绍茶诗词的兴起，学生欣赏茶诗与茶文，体会作者寄寓茶的不同思绪。其实茶与诗，都是特定的社会时代精神的产物，两者有着紧密的联系。文人可以通过茶来研究诗，同时也可以通过诗词来了解茶，品味蕴含在诗中茶文化的浓浓情意。

在课程中介绍“茶圣”陆羽，其自幼在佛门长大，一生之中不追求官爵，淡泊名利，全心致力于研究茶事。陆羽常常穿着草鞋，走遍大江南北，不畏艰难困苦，采摘各种茶叶，品鉴茶水，通过一生不懈地努力，终于完成了茶学巨著《茶经》，为后人积攒了丰富的经验。学生从中领悟到中国古代茶人的高贵品质，即勇于吃苦，勇于探索的创新精神。

2.茶与地理学科相融合

俗话说“好山好水出好茶”，茶树的生长、分布，茶叶质量的高低都与地理环境密不可分。中国拥有得天独厚的自然条件，才会产出如此多的好茶，如西湖龙井、洞庭碧螺春、信阳毛尖、云南滇红、安溪铁观音、武夷山的正山小种、安徽祁门红茶等。放眼望去祖国的大好河山，让学生主动寻找中国的茶地图，学生通过品茗不同的茶，领悟不同的茶性，培养学生关注人与自然、人与社会的和谐发展。

3.茶与心理学科相融合

茶艺室具有“心灵茶室”的功能，装饰配以香茗、茶诗、茶画、茶器、音乐和插花，营造一种轻松、和谐、清净之美。可以走入心灵茶室，感受一盏茶的慢时光，细细体会茶的香、甜、美。品茗之中娓娓道来，所有烦恼均在此得到了释放。在激烈的竞争、快节奏生活方式的环境下，学生需要一种慢的方式来释放内心的压力，心灵茶室是最佳的选择。

学生进入茶室，在识茶、鉴茶、泡茶、品茶、敬茶过程中，学会了安静与专注，静心静神，陶冶情操，养护心灵。鼓励学生以茶为伴，欣赏茶的淡雅与清新，品味茶的一切美好。当学生不断用茶修养自己的心情，自然而然就会远离各种喧嚣和烦恼，远离各种不健康的诱惑，达到我们特色课程美育育人的目的。

4.茶文化与历史学科相融合

历史的车轮不断向前行进，从上古时期的神农尝百草到几千年前古人开创的“茶马古道”，中国的制茶和饮茶有着深厚的文化底蕴。“茶马古道”作为一条连接内地与西藏的古代交通枢纽，历经唐、宋、元、明、清各个朝代。其既巩固了西南边疆，也维护了国家的统一，为中国乃至世界的历史增添了浓墨重彩的一笔。从茶的发展历史视角也反映出中国文化的发展历史，学生学习茶文化，在中国历史发展的长河中领会历代茶人的智慧，学习茶人高尚的精神，感受中华孝、悌、礼、敬的传统文化。

5.茶文化与思政学科相融合

茶文化中蕴含着儒、道、佛三家的理念。儒家思想提倡“以茶可雅志，饮茶可自省、可审己”；道家思想提倡“天人合一”；佛家思想提倡“以茶助禅，明心见性”。由此可见，茶文化蕴含着丰富的哲学思想。中华文化讲求内在心灵的修养，即所谓心性修养之学，是由我及于物及于人的一种道德实践之学。心性之学就是要修养一个纯净的生命品质，而茶最能象征这种品质。茶是中华文化的一张名片。爱、和谐、善意代表着中国的人文素养，茶艺讲究人茶合一，一方面是用茶道来正人品；一方面用人道去正茶艺，正确深刻领会茶艺和茶道精神，对学生追求正确的价值观起到非常重要的作用。

6.茶文化与美学相融合

学生在茶艺的实践课程中，可尽情享受品茶的美好，茶有茶香、茶味、茶韵，学生闻到茶香，感受茶温，不断享受茶的温度变化。品茗杯底里透露出来的别样的茶香味，在慢慢飘逸的过程中，散发出灵动的香气，使学生的身心变得平静、舒缓，又变得有韵律，品茶的所有美好尽在这一过程中体现。

茶的滋味从苦涩，到甘甜，再到生津，要想真切体会这一系列不同的感受，学生要用心、用真情去享受。喝茶过程中的各种细微变化，就像听一首交响乐一样，有抑扬顿挫，有高低起伏，张弛有度，所以静静地喝一杯茶时，感受到的既是苦味、又是香味，更是不同的滋味，品茗的既是茶，又是饮茶人自己。

## 四、课程育人价值

### （一）文化交流

在本课程实践活动中，师生均收获颇丰。学校与泰国易三仓学校联合举办的孔子课堂“中华文化夏令营”中，教师开设讲座“茶——中国文化的名片”，且与泰国师生共同展示茶艺表演，达到了意想不到的育人效果。2021年由天津市教育委员会组织的“汉语桥”线上“中国新年——春节的习俗”冬令营项目文化体验课程中，精品课《中国茶文化》的推广，进一步助推中华优秀传统文化的传播和发展。

### （二）守正创新

未来属于年轻人，我们应该给年轻人留下更多美好、高雅的东西。茶文化的发展伴随着中国悠久的历史文化的发展，其博大而精深。学校对于课程的研发一直在继续，不断丰富茶文化活动课程内容，使茶文化在校园活动中得到传承，在传承中发展，在发展中创新，将其转化为学生的精神追求，以茶来润心，以美育人，提升学生的核心素养。

**天津市崇化中学**

# 品诗赏词　明理怡情

## ——中学特色校本课程《古诗词诵唱》教学探索

文／苑志培

### 一、课程育人思考

#### （一）背景依据

为适应新时代新要求，发展核心素养，落实“立德树人”根本任务以及建设特色学校打造特色课程、满足学生个性化发展的需求，结合我校校情、学情及办学理念，依据“人本主义”“建构主义”教育理论和国家课程设置与教学的相关要求，我校特开设了特色校本课程《古诗词诵唱》，并把该课程的开发与实施作为天津市基础教育科研规划课题进行论证与研究。

#### （二）课程目标

通过诵读、诵唱古诗词等各种表现方式，感受诗情表现诗意，在获得诵读、诵唱知识技能的基础上，感受中国古典诗词独有的音律美、意境美、情感美，领略中国诗词文化的精髓与魅力，体悟其中蕴含的丰富而深刻的人生哲理，全面提升审美素养。

### 二、课程育人方略

以中国古典诗词为载体打造“诗意课堂”，将古诗词所蕴含的智慧、风骨、操守及人生态度,化为学生人生信念的永恒资源和宝贵的精神财富与精神追求。

## 三、课程育人经验

### (一)课程开发与研究过程

课程的开发与建设是一个艰辛而曲折的过程。在课程教学内容方面,依据“人本主义”“建构主义”及国家关于课程设置与教学的相关要求作为理论基础。在教学形式上,从单调的诗词朗读到启发学生将诗歌、文学、音乐、历史、戏剧、表演、诵读、诵唱等艺术表现形式融为一体,综合表达诗情诗意,这是授课教师不断实践、不断探索、殚精竭虑的收获。经过反复地实践、不断推敲改进,如今,“诗意课堂”的教学理念愈加清晰而明确。在这里“诗意”中的“诗”所具有的内涵不再是普通意义上的文学之“诗”,而是“像诗一样美好的境界”;教学资源不再是简单的诗词集合,而是由经典的内容和美的形式交融、给人以心灵慰藉、能为生命提供养分的艺术美的体验;学习的过程也不是知识的解剖,而是美的内化和生成过程,是欣赏和感悟美的思想情感、美的内涵情趣的过程。课堂上,学生们可以饱含深情地诵读;也可以生动而优美的诵唱;还可以根据诗意创编小品;有一个人的独角戏,也有小组合作表现;还可以穿上古典服饰穿越千年抒发诗人的肺腑情怀。学生在感悟诗情表现诗意的过程中,不仅获得诵读、诵唱的技能技巧,更极大地丰富了自身的人文积淀、人文情怀和审美情趣。

为了营造教学氛围、创设教学情境,学校特斥资修建了古朴典雅的“古诗词诵唱专用教室”,添置了多媒体、乐器、传统服饰等教学设施,使学生能够在古朴典雅的环境中,身临其境地感受传统文化的神韵,引导学生在诗情诗意中努力完善自我,做到“人”“诗”合一,达到了课堂教学的理想境界和教学效果。

### (二)课程实施与经验收获

随着课程的不断建设,学习资源的不断更新,教学形式的丰富多样,这门课也逐渐得到了学生的认可和喜爱。课程实施结合了学校“小组合作、逐层递进”的教学模式,课堂上形成生生互动、师生互动的良好形态,营造了和谐、互动、探究、创新的学习情境和氛围,充分体现了教师为主导学生为主体素质教育的教学思想。

在学习过程中,学生在“诗意课堂”上对诗情诗意的完美展现,也激发了学生的积极主动精神，不少性格内向的学生通过《古诗词诵唱》课的学习，性情得到了一定的改善，处事待人热情大方，更加喜欢与人沟通交流，在潜移默化中完善了性格、陶冶了性情，使身心更加健康。曾有多家媒体记者在观摩了《古诗词诵唱》课堂的教学后，对部分学生进行了采访。有的学生说："每一次穿上典雅飘逸的古代服装、坐在古香古色的专用教室，深情演绎那些经典诗作时，就好像是穿越了时空在与先贤进行心灵的交流，思想上得到了一次次的荡涤和升华。"有的学生说："长期的古诗词课程学习使我们深刻感受到了什么是满怀诗情、满眼诗意、满口诗香的美好境界。"学生出于对古诗词诵唱的兴趣，经过几遍优美流畅的诵唱就可以把一首古诗词作品背诵下来，这对语文、历史、思政等学科的学习也起到了一定的推进作用。

此外，艺术审美的潜移默化作用，不仅丰富了学生的人文素养及审美情趣，同时极富哲理、智慧的诗词佳句，也能够引发学生对生活的深刻思考。在疫情那个特殊时期，当看到部队战士、白衣天使奋不顾身勇往直前奋战在疫情一线时，他们懂得了感恩和奉献。线上教学时，学生也争先踊跃地用豪迈而有力的诗词佳句，表达了铿锵有力的爱国心声和报国誓言：如清代吴趼人《痛史》中诗句"天下兴亡，匹夫有责"；林则徐《赴戍登程口占示家人》中的"苟利国家生死以，岂因祸福避趋之"；苏轼《杭州召还乞郡状》中的"报国之心，死而后已"……学生们深深感受到个人安危与国家的命运的紧密结合。诗词跨越了时空，与我们产生心灵的共鸣，给我们战胜困难的力量、心灵的慰藉，这就是中华民族传统文化底蕴和文化自信的力量。以此为案例撰写的《优化课程资源以诗抗疫守护师生心理健康》作为品德教育优秀典型案例获得了嘉奖。这些充分体现了中华"诗教"传统的源远流长，及当代育人价值与作用的延续和发展。

### （三）发现问题及发展方向

通过对《古诗词诵唱》课程开发与实施的经验总结，我们发现课程开发的过程就是课程实践与深入的过程，如何落实不同内容的教学设计，如何使每一首诗词作品、每一节课对每一位学生的身心发展产生实质性的作用，这是我们课题研究的新高度新目标。

在教学设计方面，应致力于更加合理化细腻化规划课程目标，以便达成更高的教学目标，更好地完成教学任务。在教学实施方面，要拓展教学内容，不断完善课程体系，使教学目标更加明确精准，过程更趋于合理，形式愈加丰富，“诗意课堂”的教学理念得以彰显。

## 四、课程育人价值

### （一）学生层面

在师生互动、生生互动氛围浓烈的诗意课堂上，学生们在诗词歌赋的海洋里徜徉，相互之间观摩学习，大胆地去体验和表现诗词情感内涵，极大地加强了对中国传统文化的兴趣，形成了民族归属感和自豪感，提升了眼界、胸怀、志气、品格修养。课程独特的审美教育目标、课程的育人价值和共通性育人要求均有效达成。此外，学生在解读诗词意境内涵时，想象补充和领悟的过程也培养了学生的想象力以及创造性思维能力，对智力发展具有一定的促进作用。

### （二）教师层面

参与课程建设的所有教师，在课程开发与实践以及成果推广过程中，不断地学习，教学相长，深谙了教师人格魅力、教学艺术对课程实施的影响力和重要性。教师更自觉向学生展示美的形象、美的行为、美的情感、美的人格，更主动地按照美的规律塑造人类灵魂，努力向“双师”创新型教师发展。

**天津市五十中学**

# 有章服之美谓之华，有礼仪之大故称夏

## ——汉服的纸模制作及英语表达

文 / 李　欣

### 一、课程育人思考

#### （一）背景依据

如今，汉服成为不少年轻人喜欢的服饰，穿汉服出街甚至成为时尚风潮，“汉服热”的兴起也引发了许多外国人对汉服文化的关注。由于疫情期间在家进行网课学习，活动的空间很有限，使学生缺乏动手能力和相应的动手环境，但是他们仍然有动手的欲望。本课学习的重点就是为他们创设动手的环境，并且更好地传播中国传统文化。用英语该如何介绍汉服呢？掌握汉服立体纸模的制作，是我们进行着装设计和服装设计的基础。通过掌握汉服立体纸模的制作，进一步掌握服装结构的科学性和设计的基本技巧。通过动手制作汉服立体纸模，提高动手能力和自身素养，感受国家文化魅力。与此同时，通过学习汉服在英文中如何表达，目标就是让学生乐于了解其他国家的文化传统，感受不同国家的文化魅力，体味其中反映的政治、经济和科学技术的发展水平，从而了解社会物质文明和精神文明进步的程度。七年级学生在第一学期的英语课中，Module 10 Spring festival 学习了很多中国传统节日文化，可以在这节融合课上获得传统服装文化——汉服的熏陶，又可以达到英语目标语言输出的目的，更加锻炼了动手能力。

学生情况分析：学生较活跃，对于教师所布置的任务都能积极完成，这个阶段孩子已有一定英语基础，学习起来也比较轻松，但还不能较好地掌握学习策略。因此，我们要激活学生已有知识，让学生获得提高，同时设计贴近学生生活的汉服纸模制作活动，激发学生学习兴趣。

（二）课程目标

1.了解汉服的基本概况，如汉服历史、汉服影响、汉服形制等。掌握汉服最基本的款式——深衣的结构、色彩设计以及整体搭配知识及汉服在英文中的表达。在汉服纸模制作的劳动过程中，学会其英语的语言表达。

2.学习纸模服装制作的基本方法，通过合作，用所供材料设计一身美观又得体的“汉服”。

3.认知汉服丰富的文化内涵，增强民族自豪感、凝聚力和爱国心，提高学习国学的热情，弘扬中华传统文化。与此同时，掌握英语汉服文化表达，向国际友人介绍中国传统服装文化，向外输出我国传统文化精华，增强民族自信心。欣赏服饰作品，体验服装款式、色彩的艺术美，激发和提高学生在生活中发现美、欣赏美、创造美的热情和能力。

## 二、课程育人方略

基于本课特点及本节课的学习目标，将“汉服纸模制作以及英文表达”作为本课的探究主题，通过欣赏汉服引入本课主题，之后通过由简到难的问题，帮助学生感知和建构学习，最后引导孩子通过学习汉服悠久的文化历史，了解其他国家的文化习俗，感知文化差异，并运用和检测所学知识。在本课中，以培养阅读技能为基础，学习语言知识，渗透中西方文化，提高学习能力，让学生感知不同国家的文化异同，实现将英语运用于生活实际的设想。

## 三、课程育人经验

（一）教学设计理念

本节课以欣赏中国传统服装——汉服为线索，以设计与制作汉服为主要内容。引导学生关注中国传统文化，从汉服文化着手，了解汉服悠久的历史和丰富的文化内涵，了解汉服的形制及色彩搭配，关注汉服。通过学习欣赏提高学生审美水平，同时，激发和提高学生在生活中发现美、欣赏美、创造美的热情和能力。本课同时还穿插了汉服在英语当中如何表达的环节，旨在培养学生们语言和情感的表达能力。

（二）教学重点

1.认知汉服丰富的文化内涵和汉服英文表达。

2.认识和掌握纸模服装设计的基本方法。

（三）教学难点

“汉服”的设计和制作。

（四）教学方法

欣赏法、讨论交流法、演示法、评价法。

（五）教学工具和材料

1.基本工具

剪刀、尺子、水彩笔、胶棒，铅笔、直尺、量角器等。

2.主要材料

彩纸3张、剪刀、双面胶或胶水。

（六）教学实施

| 教学环节 | 教师行为 | 学生行为 | 达标意图 |
| --- | --- | --- | --- |
| 课题导入 | 图片导入，引入课题。问题：我们知道日本的传统服饰是和服、韩国的传统服饰是韩服、越南的传统服饰是奥黛。你们知道它们都受哪个国家的服饰影响吗？对，它们都在中国传统服饰汉服的基础上改良的。真实服装和纸模服装图片对比，教师给纸模服装下定义并解释定义 | 学生回答，聆听，加深印象 | 1.学生观察、下定义方式认识纸模服装<br>2.初步了解汉服的特点<br>3.激发学生对汉服的学习兴趣 |

续表

| 教学环节 | 教师行为 | 学生行为 | 达标意图 |
| --- | --- | --- | --- |
| 发展阶段 | 教师讲授新知，展示图片并讲解分析<br>1.汉服的概况<br>形制分："上衣下裳"制、"深衣制""襦裙"制。了解汉服在英文中如何表达以及在中国部分传统节日时穿着汉服的文化习惯在英文中的表达。汉服泛指汉人的服饰，也是一种中国朝代服饰以及相对于中国少数民族服饰的汉人服饰的概念。展示一些优秀的纸模服装作品。<br>用英语表达时，我们可以直接称之为hanfu，也可以称之为Traditional Chinese costume或Han Chinese costume. Hanfu is the traditional clothing of the Han people who lived in China before the Qing Dynasty. 汉服是清朝以前生活在中国的汉人的传统服装。The Han Chinese clothing has a long history in terms of the clothing worn. 汉服在服装界有着久远的历史。展示结构示意图，介绍各部分的名称，怎样粘缝。播放制作纸模的视频。在学生看完制作视频后，强调设计和制作中的三个注意事项：省道，实虚线的剪、折、贴的方法<br>2.教师讲解纸模服装的定义及制作步骤，并作演示。汉服属于中国传统服装，一起了解一下中国传统服饰。Yi（衣）: Any opencross-collar garment, and worn by both sexes.Pao（袍）: Any closed full-bodygarment, worn only by men in Hanfu.Ru（襦）: Open cross-collar shirt.Shan（衫）: Open cross-collar shirt or jacket that is worn over the Yi.Qun（裙）or Chang（裳）: Skirt for women and men.Ku（裤）: Trousers or pants.汉服的基本结构分为上装（upper garment）、下装（lower garment）、衽（lapel）、裾（hem）、袖（sleeve）、带（sash）等部分除此之外，各类传统汉服用英语该如何表达呢？襦裙：Ru skirt；曲裾：Curving-front robe；袄裙：Coat skirt；褙子：Sleeved over-dress；半臂：Half-arm shawl<br>3.简单介绍创意制作，并展示学生作品，渗透环保理念说明<br>4.现在请学生们做小小的设计师，把自己心目中理想的汉服制作出来，相信每个学生都能把自己喜欢的服装颜色和款式设计出来。进行交流讨论设计（播放音乐活跃气氛、激发兴趣，教师观看辅导，适时点拨）<br>5.教师对每位学生的作品进行点评、总结并布置分层任务：制作视频中的纸模服装；根据课后设计图制作纸模服装；创意设计、制作，如为我校的运动员设计纸模服装 | 学生认真听讲，对比观察所出示的图片。学生欣赏作品激发浓厚兴趣<br>学生观察并思考设计服装的步骤。认真观察图例，听教师的讲解<br>认真观看，注意每一步骤和带着疑问听教师讲解注意事项<br>学生进行分组实践练习，学生们进行交流合作<br>1.学生自评：阐述自己汉服纸模的设计理念，设计灵感，点睛之处<br>2.学生互评：选择其他学生的优秀作品，阐述欣赏其他学生的作品，并说明最打动你和最令你欣赏的地方，选择自己感兴趣的并且能够完成的作品挑战，激发动手创作的欲望 | 1.培养学生的审美，并激发学习的兴趣<br>2.通过汉服概况，学生认知汉文化的博大精深。增强民族自豪感、凝聚力和爱国心，提高学习国学的热情，弘扬中华传统文化。<br>3.培养学生大胆创新的设计能力和小组合作能力<br>4.锻炼学生的观察能力、专注力<br>5.培养学生发现问题的能力，激发学生展开想象的创造力<br>6.留不同梯度的挑战任务，体现分层教学 |

（七）教学成效

让每位学生选一幅有代表性的作品参加展评，并讲解创作构想。学生们对各组选送的参展作品进行评议，并说出自己的观点。学生的才能在这时得以表现，心中无比自信，同时加强了学生间相互交流、相互学习的意识。

汉服文化伴随中华四千多年文明，它与人们的生活息息相关，它与人类前进的步伐紧紧相随。汉服文化及其他汉文化和所有古文明一样，在中华文明的历史进程中构筑了多彩的中华文化底蕴。汉服文化无不充满着美的魅力，值得我们去欣赏它、研究它。学习汉服文化，增强民族自豪感、凝聚力和爱国心，提高学习国学的热情，弘扬中华传统文化。

留心生活中的汉服，观察汉服的美，并分析它蕴含的文化理念。运用所学知识在家人购买和定做汉服时，尝试为他们提供参考意见。

## 四、课程育人价值

在这节教学活动中，我安排每个学生充分地进行动手操作，要求学生自带材料（制作材料、服装资料、剪刀、铅笔、彩笔等），学生积极主动地参与制作，每个学生作品都有自己的特点，有的学生剪、折能力较强，有的学生善于粘贴，有的学生善于色彩搭配，每个学生都凭借自身的优势充分地参与这节实践活动中，让学生在动手、合作的过程中研究学习中国汉服文化。在评价时学生大胆地说出自己的构思，展示自己多彩的服装设计作品，充分体现了主题思想。

天津市南开区科技实验中学

# 双勾筑基，阅读铸魂

——一条坚实的书法教育之路

文 / 张向利

## 一、课程育人思考

书法是中华民族的文化瑰宝。近几年来，随着人们学习书法的热情越来越高，各地书法培训如雨后春笋。但目前学校的书法教育现状却不容乐观：部分地区学校并未开设书法课程；部分学校的书法学习仅限于鉴赏，由美术教师兼任，形同虚设。而开设书法课的学校虽有专业的书法教师，却不免急功近利。在教材选用上也存在问题，不用古帖而使用简单的书法教程，又无法摆脱田字格的束缚，已经与真正的书法越来越远。因此，开一门真正意义上的书法课非常必要，又迫在眉睫。

选用古帖，使用毛边纸或生宣，通过书法练习培养书写者的定力、耐力、观察力，让学生亲近汉字，喜欢中国书法，让校园有真正的墨香。同时让学生阅读经典，了解传统文化，亲近圣贤。书写者借助书法与经典，活出最好的状态，才是书法学习的真正意义。

## 二、课程育人方略

以方折圆转为切入点，教授基本笔法，在汉字中练习笔画，以双勾法练就火眼金睛，构筑坚实基础。临古帖，与古为徒，重视调心与阅读，亲近经典，让学生在感受书法魅力的同时，学习儒家温柔敦厚的为人处世之法。

### 三、课程育人经验

学习书法我们要效法古人，古人是如何学习书法的呢?

首先，正心诚意。颜真卿向草圣张旭求取笔法，罢去醴泉尉的官职，一路向东赶到洛阳历时两月余，不可谓心不诚。他在《述张长史笔法十二意》中自叙“予罢秩醴泉，特诣东洛，访金吾长史张公旭，请师笔法”。项穆《书法雅言·心相》一文中提到“欲正其书者，先正其笔，欲正其笔者，先正其心”。正所谓“正心、诚意、格物、致知”，须先诚其心，而后求学。在浮躁的现代社会，学习书法之前更需先正心：不以参赛获奖为最终目的，摆脱浮躁远离急功近利，只作为修身养性的途径，感受书法的美好。

其次，具体的方法也与今人有别。古人书法学习的传承是以双勾摹帖教学作为基础的，所使用的摹本，是双勾复制的。法书摹勒上石，沿其笔画的两侧外沿以细线钩出，称之为双勾。此法源于唐代，当时是由于没有印刷技术，后来这种摹写成为人们学习书法的一种方法。在现代，双勾法也是专业人士教授徒弟时使用的方法，坚持练习可以敏锐地捕捉各个书体的特征，达到“尽精微”的效果，同时也能在日后的临摹和创作中起到“破死、破呆”的效果。

（一）课程的具体实施

1.课前准备

选帖：中小学生学书法，首推颜楷。颜真卿的真书雄秀端庄，用笔浑厚强劲，多力筋骨，具有盛唐的气象。颜体众多碑帖之中，《颜勤礼碑》呼声最高，已是教育界共识，在此不再不赘述。字帖的版本选用未经修改的高清放大版原帖。放大版字帖可以更清楚地看到笔画的细节，方便精准临习。

工具材料选择：纸张选用毛边纸，叠成适合的大小，初学不宜写小字，所以叠成12 ~ 13厘米大小为宜。选用经济实惠的毛边纸，也方便日后改用宣纸进行创作。毛笔选用兼毫。

书写姿势：要求学生站姿悬肘。正确的书写姿势，能让书写的字舒展大气，也能让书写者轻松舒畅，坚持正确的姿势，对练好书法基本功非常重要，应鼓励学生坚持。

课时安排：每周一节大课。

2.教学过程

基本概念讲解：授人以鱼不如授人以渔，教授书法应当教基本笔法，为日后深入学习打下基础，讲授时摆脱枯燥的书法理论，用学生能听懂的语言进行笔法讲解，即用最直白的话道出书法学习之魂。中锋行笔：首先了解中锋行笔，拿毛笔在学生手心演示，让他们体会中锋和侧锋的力度的不同，想写出入木三分的感觉，要记住中锋行笔。提按转折：其次从方圆讲起，方圆两种外形很容易辨认，它们对应的运笔方法是转和折，以骑自行车为例子。观察笔画的粗细，其对应的笔法为提按。方圆转折，轻提重按是笔法的核心，掌握了它也就掌握了书法的秘诀。

如何看帖：学会看帖是书法学习的第一步，看帖要真的看见，而不是走马观花地看，什么是真的看见呢？观察笔画的外形，引导学生说出粗细、长短、曲直、断连，抓住笔画核心特征。想要写出颜体的味道，首先要抓住颜体的特征，这是双勾法的关键所在，也是书写入味的方法。

在字中练笔画：单练笔画并无意义，每一横都不相同，一本字帖中，找不到两个完全相同的笔画，正像天下没有完全相同的两片树叶。同样，创作中一篇作品也不应当有两个一模一样的笔画。若脱离汉字练笔画，写出来的笔画就是僵死的。所以舍弃单独笔画的练习。

教学实施步骤：第一周从横入手，找一个清晰的“一”字，先双勾出轮廓，学生说出它的方圆、粗细、曲直、断连变化，教师讲解演示笔路和运笔方法。学生看到粗细方圆的外形描述运笔方法。要求：双勾一列写一列。把每一个字都当成一个作品认真书写。

第二周写“二”“三”字，巩固笔法，破除固定思维，看见每一个横情态都不相同。第三周写“十”字巩固横的写法学习竖的写法。第四周讲撇划，写“千”字，第五周学捺画，可以写“人”字。第六周可以写写组合笔画，此时很多简单的字都可以书写。难点是钩划和点划的学习，安排在最后。

第一学期了解基本笔法，熟悉笔性，学习横竖撇捺钩的写法，并练习书写简单的字。第二学期学习点画的写法，了解字组关系，写一组一组简单的字，最后可以尝试简单的对联,第三学期选碑阴较清晰的部分进行通临。

鉴赏以临帖为根基,以点带面,向外扩展,构建书法体系。在练习的基础之上进行书法鉴赏,学生能掌握颜体的特征之后,以《颜勤礼碑》为根基,扩展了解颜真卿各个时期的代表作及主要书体特征、用笔特点。继而了解“颜欧柳赵”楷书四大家的代表作品和书体特征。选取颜真卿和柳公权的同一个字比较分析,让学生辨析何为“颜筋柳骨”。

作业设置与讲评:作业内容为当周所讲汉字,双勾一列加临写三列,每天1~2页,外加当天的临帖或看帖感悟。告诉学生不以写好为目的,而以写对为追求。学生们的书写暂时还不够精确,但有非常细致的观察能力,把学生作业摆开,开启互评模式。这一环节教师的点评以鼓励为主,发现每个孩子不同的个性。

作业讲评也是调心的时刻,教师需关注到学生的情绪,及时解决心结,既要看见的别人的优点,又要肯定自己,优势互补,开阔大气的、写得精细的都可以,承认每个人性格的不同,反映在字上没有对错,只要抓住字的特征,粗细方圆写对,重视日常的练习,只比昨日之我即可。

阅读:字如其人,学写字当先学做人。文字不能脱离文章,书法的背后是人的情感和思想。写字展现的应该是伟岸的人格,是“处其厚,不居其华”的谦谦君子风度。我们可以从王羲之的书法中看出他做人的洒脱,从颜真卿的字体中看出他为人的忠厚刚正、质朴敦厚。学颜体,要先学它的开阔气度。

因此,学书法必须阅读经典。《唐诗三百首》《论语》《古文观止》等都是不错的选择。讲授完基本笔法后,在讲评作业之前,先带领学生读几则《论语》,开始以疏通文义为主,在讲授时联系生活加强感悟。之后每节课前先诵读,一段时间后,学生借助工具书每周三五则,谈感悟说收获。直到学生可以领略到人物说话时的神态语气。

双勾打基础,辅以阅读,看似很慢,实则很快。老子曰:少则得,多则获。简单的笔法练习可以让孩子稳下来,慢下来,在一笔一画中享受汉字的美好,享受书写的乐趣。书写融入生活,也让孩子远离浮躁,改变了心性。

## 四、课程育人价值

作业的讲评中，给予学生更多的鼓励，不管是颤抖的笔触，还是忽大忽小的字体，只要不是程式化的书写，往写对的方向去走，就值得表扬。发现每个学生字体背后的个性特征，摁的粗重的学生可能性格豪放，敢爱敢恨；写得细小的学生可能细致温和，飘逸洒脱。每个人都能通过书写更好地认识自己，修正自己。另外书法学习能坚持下来，调心很重要。不急不躁，稳步向前，颜真卿晚年才达到的高度，学生不可能在短时间内达到，书法的学习是按年计算的，甚至是一辈子的事情，应该引导学生在一撇一捺中感悟生命的节奏，最终找到自己。

天津市翔宇弘德学校

# 守正创新　教学相长

## ——语文综合性学习推动下的“戏曲进校园”校本课程实践

文／苏　丽

### 一、课程育人思考

#### （一）背景依据

1.时代背景

教育系统全面贯彻党的教育方针，落实“立德树人”根本任务，结合新形势新要求，尤其是在近年各类主题教育进课程、“五育并举”“减负提效”“义务教育新方案新课标”等系列文件精神的指导下，充分发挥课程育人功能，彰显培根铸魂的课程价值，提升学生的核心素养。

中华优秀传统文化教育的根本目的也在于立德树人，近年来社会大力强化全环境立德树人，推进中华优秀传统文化创造性转化、创新性发展，校园作为主阵地，发挥着绝对重要的作用。中宣部等四部委联合下发的《关于戏曲进校园的实施意见》提出：“2020年，戏曲进校园实现常态化、机制化、普及化，基本实现全覆盖。”

2.学校背景

天津市翔宇弘德学校秉承康岫岩校长倡导的“生命高素养教育”办学思想，全面落实党和国家的教育方针。学校以培育具有国际视野和家国情怀的优秀人才为突出特色，尊重学生的生命发展规律，发掘学生的个体发展潜能，提升学生的人生发展价值。

3.课程背景

语文学科是工具性与人文性的统一，具有丰富的育人价值，《义务教育语文课程标准》提出："语文课程对继承和弘扬中华民族优秀文化传统和革命传统，增强民族文化认同感，增强民族凝聚力和创造力，具有不可替代的优势。"课程标准还提出了"综合性学习"的要求，突出学生在课堂内外、在学习过程中的自主性，教师在各环节中要引导学生积极参与探索研究、分工合作，促进学生语文素养全面协调发展。校本课程带有学校鲜明烙印，教导处王丽明主任带领语文组教师率先在七年级开展校本课程开发，组内6名教师经过多次研讨，确立了"戏曲进校园"系列课程的基本模型。

中国戏曲文化源远流长，从多个层次和侧面映照出中华文化的神韵风采，是一座蕴藏丰富的文化宝库。我国中小学课程建设中高度重视这座宝库的发掘，可以说横跨了各个学科与学段：小学美术有"戏曲人物"，初中音乐、美术、历史均有"戏曲撷英"，高中语文传统文化单元也涉及了中国戏曲。中学生学习戏曲文化，可以促使他们在传统文化中找到民族自豪感和文化自信；同时在搜集信息、展示表达、口语交际的过程中锻炼和培养语文综合能力。

（二）课程目标

"戏曲进校园"的校本课程的开发和建设坚守传承和弘扬中华传统文化的初心，通过教师讲授、同伴引领，激发学生对中国传统戏曲艺术的兴趣，通过各类课堂及课余活动增进了解和体验，引领学生树立正确审美、陶冶高尚情操、厚植民族情怀。通过一学期的系列课程，由点到面，坚持面向全体，普及教育，戏曲文化不再是曲高和寡的"阳春白雪"，也能来到普通人的身边，使师生走近戏曲，也使戏曲走近师生。

根据上述基本思路，我们设置了如下课程目标：指导学生搜集材料，初步了解中国传统的戏曲文化；引导学生了解一段戏曲故事，学唱一出戏曲名段；培养学生高雅的艺术情趣和热爱中华传统文化的感情；培养学生搜集信息、互助合作、解决问题的语文综合能力。

## 二、课程育人方略

在“生命高素养教育”办学思想指导下，我校语文组尝试开发戏曲校本课程，通过“一点带点”“以点带面”两个阶段推进，指导学生初步了解中国传统的戏曲文化，引导学生了解一段戏曲故事，学唱一出戏曲名段，同时培养学生搜集信息、互助合作、解决问题的综合语文能力，培养高雅的艺术情趣和热爱中华传统文化的感情。

## 三、课程育人实操

学校的戏曲校本课程分为两个阶段推进：第一阶段“一点带点”，即由一位热爱戏曲文化的语文教师发起，开设活动课，召集有戏曲基础或者同样爱好的学生；第二阶段“以点带面”，各位上戏曲活动课的学生经过较系统学习后在各自班级协助语文教师开展相关综合性学习活动，发挥自己的示范和带动作用。

2021—2022学年度，按照学校课程的整体规划，我校七年级每周五下午有一节活动课，语文组教师李梓楠开设“戏曲大舞台”活动课，有戏曲基础或对戏曲感兴趣的学生可以自愿参加。七年级共有13名学生报名该课程，他们来自四个不同的班，在第一学期期中前利用七次活动课系统学习基本的戏曲常识。语文组在王丽明主任的带领下共同研磨，确立了基本的课程框架和体系。每节课围绕一个主题展开，包括戏曲的历史、戏曲的程式、戏曲的曲种、戏曲的唱词、戏曲的服饰、戏曲的脸谱和戏曲的发展。李梓楠精心备课，带领学生系统学习戏曲知识，期待这些“星星之火”形成燎原之势。

在经历了半个学期的铺垫后，语文组教师开始每周利用一节语文课的时间开展“戏曲大舞台”为主题的综合性学习活动，教学内容调整为对五大戏曲剧种——京剧、越剧、黄梅戏、评剧、豫剧的学习和感知。五次课每次介绍一种剧种，以之前的13名学生为主导，充分发掘学生能力，整合社会资源。在教师的指导下学生合作，提前查找视频资料或者邀请家人、朋友中的票友到校，在课上介绍剧种特点、经典剧目并展示经典唱段。这样每个班都兴起了一阵阵咿咿呀呀的学唱声，燎原之势初见端倪。

经过近一学期的沉淀，苏丽老师在前期工作的基础上、在语文组全体教师的帮助下精心打磨了校本课程展示课“戏曲大舞台”，并代表学校参加了南开区教师发展中心课程室举办的中小学第二届“品质课堂”特色校本课程教学评选活动，获得一等奖。

这堂由七年级40名学生共同参与的校本课程在熟悉的《说唱脸谱》旋律中拉开帷幕，苏丽老师着一身满载中国元素的华服闪亮登场，台前精美的手抄报展示也给课堂增加了一抹亮色。这堂校本课前期经历了充分的准备阶段，学生们通过小组合作的方式共同搜集关于戏曲的知识，共同设计完成了各具特色的手抄报。“京剧国粹，中华瑰宝”“百年豫剧，世代传承”“动听黄梅戏，最美华夏音”“河南有好戏，豫剧最霸气”伴随着响亮的口号声，京剧、越剧、黄梅戏、豫剧四组学生分别登场。

首先由各组出一名学生参加第一个环节“一站到底”——戏曲常识问答赛，一个个戏曲知识脱口而出可见学生们准备之充分。第二个环节是由各组组长做戏曲剧种特点介绍、经典剧目和唱段欣赏，每组介绍都精心准备各具特色，京剧组刘小桐学生演唱的《苏三起解》、越剧组邀请李梓楠老师教演唱的《天上掉下个林妹妹》、黄梅戏组的男女生对唱《夫妻双双把家还》、豫剧组的豫剧名家小香玉的演唱视频《谁说女子不如男》都给现场评委和学生们留下了深刻的印象，学生们在对比中也初步感受了京剧雍容华美、越剧温婉轻柔、黄梅戏淳朴明快、豫剧高亢大气的不同特点。第三个环节是“出谋划策”，学生经过讨论针对“如何振兴戏曲文化”提出了不同的建议——响应国家号召“戏曲进课堂”“戏曲进社区”，戏曲爱好者进行“戏曲新编”并借助自媒体的力量广泛传播，向身边的戏曲达人学习等。学生刘小桐教大家演唱了京剧《锁麟囊》中的三句唱词，在学生像模像样的咿咿呀呀声中这节课画上圆满句号。最后教师对本堂课进行了总结，引导学生对传统文化要有主动传承的意识，要欣赏、要热爱，这是我们每一个中国人的精神命脉，是我们的文化自信之所在。这堂课以学生展示为主，是一学期来我校语文组教师和七年级全体学生努力学习并弘扬中国戏曲文化的结晶。

## 四、课程育人价值

在这个探索的过程中我们惊喜地发现学生对戏曲文化的兴趣和自主学习潜能都超出预期，顺利地完成了既定的课程目标，同时总结出一些宝贵的经验：首先，精心搭建课程框架，实践证明7+5次课的内容安排是可行且合理的，不会给师生带来太多的负担，同时既有宏观的介绍，也有微观的体验；其次，重视密切各方合作，教师、师生、生生、家校之间的合作无处不在。学生为主体，“以点带面”打破陌生；教师为主导，循序渐进激发兴趣。当然还有一些有待改进待完善的方面，比如教案编写的科学性问题、教师自身戏曲素养有限等。另外，因为资金等原因，还有些未及实施的想法，比如带学生参观天津市戏剧博物馆，邀请专业戏曲教师入校园等等，这些遗憾也给了我们今后更多的提升空间。

习近平总书记在给中国戏曲学院师生的信中指出：“希望中国戏曲学院以建校70周年为新起点，全面贯彻党的教育方针，落实立德树人根本任务，引导广大师生坚定文化自信，弘扬优良传统，坚持守正创新，在教学相长中探寻艺术真谛，在服务人民中砥砺从艺初心，为传承中华优秀传统文化、建设社会主义文化强国作出新的更大的贡献”。(《习近平给中国戏曲学院师生的回信》2020年10月23日）这一要求不仅针对戏曲行业的专业人士，也适用于戏曲进校园活动的全体参与者。在实践中我们发现坚持“面向全体”“以美育人、以文化人”就是戏曲进校园的“固本”之道。这个探索与实践的过程是师生共同接受传统文化熏陶洗礼的过程，是“守正创新”的过程，也是一个教学相长的过程。

**天津市翔宇弘德学校**

# 英文绘本对学生审美的熏陶

文 / 刘羽嘉

## 一、课程育人思考

### （一）背景依据

1.绘本教学在小学英语教学中的现状

当前，我国的小学英语教学普遍存在教材内容相对单一、审美水平无法满足孩子需求、缺少真实美的环境、培育美的土壤不足等问题。以天津市小学为例，其一二年级使用的教材重点专注于词汇、句型和品德教育，在音乐节奏方面有一定的美育补充，但对于当下教学中对美育教育的需求仍需要扩充，因此必须拓展一套符合学生年龄特点、能有效提高孩子的审美眼光并丰富孩子审美内涵的课程资源，作为学校教材的有效补充。随着国际图书的交流与发展，大量优秀绘本被引进中国，并作为辅助教学资源。我们选取图画真实精美、富有内涵的优质英语绘本，带给孩子美的体验。因此，英语绘本作为英语课堂教学的拓展和延伸，被越来越多地应用于英语教学中。

2.美育发展及研究现状

美育，又称美感教育。即通过培养认识美、体验美、感受美、欣赏美和创造美的能力，从而使受教育者具有美的理想、美的情操、美的品格和美的素养。1904年王国维把席勒的美育理论引入中国，其后蔡元培提出了“以美育代宗教”的思想并广泛推广，由此开始美育本土化的进程。随着教育的发展和社会的进步，国家越来越重视大中小学和幼儿阶段的美育教育。2014年"改进美育教学"首次被列为教育部年度工作要点。2015年3月2日，教育部在天津召开了"加快推动学校美育工作，全面落实立德树人根本任务"为主题的会议。2018年在全国教育大会上，习近平总书记在讲话中指出："要全面加强和改进学校美育，坚持以美育人、以文化人，提高学生审美和学生素养。"目前，针对英语教学体制，教师在教学实践中，应摒除唯分数论的教学方式，综合衡量英语教学的核心素养和教学标准，让美育充分发挥其价值，让美育之花在英语绘本教学中尽情绽放，学生在学习英语绘本时感受美育的魅力，促使学生塑造自身的审美意识，提高自身的审美情趣，促使学生领会英语学科的内在美。与此同时，教师在课堂上引入英文绘本，让学生在感受美的同时，学习英语阅读的方法，使学生不仅在知识上有所收获，也能在心灵上受到熏陶。

（二）课程目标

绘本是孩子最早接触的读物之一，它可以培养孩子的审美情趣和内涵，丰富和拓展孩子的审美体验，提高孩子的审美水平和眼光。将优质的原版英语绘本引入小学英语课堂，能有效增强孩子的审美意识，满足孩子的审美需求，将小学英语绘本教学与美育结合起来，为美育实施开辟新的路径，为英语绘本教学提供新的思路，再从教学实践中总结提炼出更有价值的经验反思，从而丰富美育理论，促进小学英语教学理论的发展。

## 二、课程育人方略

教师通过发挥绘本独有的特点，在教学中实现美的熏陶，满足学生在学习中对美的需求。

## 三、课程育人经验

（一）在搭配和谐的图文中感受自然美

人类最早的美学经验来自自然，自然美是美学最基础的形式之一，或者说美学是人类在漫长的对自然的审美实践中逐渐形成的。在阅读绘本时，这些绘本中所描绘的自然界中美好的事物，会被孩子吸收到心灵中，培养孩子对美好事物的感知能力,并对孩子的心灵进行熏陶。

美国学者CaroleScot和瑞士比较文学学者Maria Nikolajeva对绘本的界定是：绘本是文字语言和视觉图片的相互关系来实现故事叙述的图书类型,尤其强调图片在故事完整性上的重要作用。由这个界定可以看出图文共生是绘本的设计理念。在孩子的认知过程中视觉先于语言。绘本图片的形象性与直观性符合孩子心理年龄特点与学习特点,为孩子提供视觉上的享受并帮助学生获得直接的审美体验。黑格尔曾提出："美只能在形象中出现。"英语绘本中的图像符号或视觉图像包括鲜明且丰富的色彩元素。比如,经典绘本We Are Going On Bear Hunt的图片呈现了不同季节的风景及海滩、草地、河流、森林和洞穴这些不同的地形。这些色彩丰富的图片就是自然的"美的形象",孩子们在图片中感受自然。

（二）在多样的主题中感受社会美

高情怀高品质的英语绘本通过图像与文字,滋养和展示真、善、美,弘扬美德、友情和亲情,探索生命与成长。让孩子们在阅读中接受美的熏陶,释放内在的想象力与创造力,将自然的美融入故事的情境中并在情感上产生共鸣。情感渲染、潜移默化是美育的基本规律。优秀的英文绘本中,图文结合就是情感和形象的完美融合。满足美育对感性与生动性的条件。北京师范大学王蔷教授提出："阅读教学的三个主要目标是：read for fun；read for information；read language.应让小学生在阅读中感受快乐,并获取信息和学习语言知识。"在美育视角下,绘本作为美育的中介,其故事内容贴近儿童的生活和情感世界,所以孩子在阅读的过程中能够获得快乐和享受。优秀的绘本实现了寓理于情、寓思想于形象,儿童在阅读审美体验中产生审美情感,包含、融入着深刻的认识和伦理道德因素。在这种社会美的渗透中,儿童会达到自我与社会、自我与他人的统一,进而形成一种精神、健康、智慧而完美的人格。

（三）在色彩充盈的图像与韵律优美的语言中感受艺术美

美育的途径有很多种,最直接最重要的途径是艺术教育。"培养对美的感悟力,培养审美的眼光,从艺术入门是一条必由之路。"由线条与色彩构成的图画,由旋律与节奏构成的音乐,或由文字构成的文学形象都被称为艺术。优秀的英语绘本展现了色彩丰富、线条优美的绘画,富有节奏与旋律的语言及由图文共同呈现的文学形象。茅盾曾说:“我们都有过这样的经验:看到某些自然物或人造的艺术品,往往会出现一种情绪上的波动,也许是兴奋愉悦,也许是激昂悲哀,不管是前者还是后者,总之我们被感动了,这样的情感上的波动(对艺术品或自然物)叫作欣赏,也就是我们对看到的事物有了美的感知。”英语绘本是文字和图画的组合,文学和美术的结合,图文共生为孩子营造充满想象力、创造力与童趣的艺术世界。英语绘本的艺术美包括韵律美、图像美与文字形象美。

英语绘本中的图画风格各异,有的细腻而极具艺术张力,有的浓墨重彩。审美感知,即以对形式美感受的眼睛整体把握欣赏对象的光线、形状、色彩等因素,以揭示出事物的情感表象。绘本图片拥有一般艺术作品的线条、色彩、设计与构图等审美属性,能柔和地触发儿童的感知。同时,这些图画能给儿童带来视觉上的冲击,激发他们的想象力和创造力,有利于培养他们的审美眼光,使之得到心灵上的浸润。

英语绘本多使用口语化的拟声词和叠词,并有着适宜的节奏感和统一的句式结构,因此绘本语言多具有一种韵律美。车尼尔雪夫斯基曾提出:“美感是和听觉、视觉不可分离地结合在一起的,离开听觉、视觉是不能设想的。”绘本的语言能够给儿童带来韵律美的体验。如We're Going on a Bear Hunt绘本中,故事人物在穿过草地时发出的Swishy swashy!(窸窸窣窣!)在雪地行进时的Hoooo woooo!(呜呜呼)在山洞行走时的Tiptoe! Tiptoe!(蹑手蹑脚)在蹚过河流时的Splash splosh!(哗哗啦啦)的声音。这些韵律优美、富有节奏感并朗朗上口的文本与色彩丰富的图画产生了奇妙的“碰撞”,体现了听觉与视觉的完美融合,让阅读体验变成了审美体验。

### 四、课程育人价值

在理论基础的指导下,学校英语绘本课程资源的开发主要从教材、教学用具和特色作业三个维度进行。

首先,在教材的挖掘方面,学校教师可以使用分级绘本教学资源,内容为独立小故事+配套光盘+活动手册,使用年级:1—6年级。对绘本教材资源的挖掘由经验丰富的教师和年轻教师共同选出,并将这些书籍放在教室中,学生可以随时借阅。学校的大力支持为我们课程资源研究提供了强大的基础保证。

其次，教具学具的发掘和制作。教具为教师精心制作，主要使用闪卡、词卡和句子条，其中闪卡等教具能为学生带来直观的视觉美享受，并结合一些课堂活动类教具，如头饰、转盘等，根据课程要求选择。每节课使用配套光盘，包括音频和视频，并辅助相应的课件，学生将视觉、听觉和语言相结合，切身感受不同的美。

最后，特色作业的创设。教师应重视开发故事读前和读后活动作业，读前重听，读后重悟。每节英语课前可以让学生做大量的听音跟读练习，让学生从视觉和听觉角度感受绘本的美。学完之后会根据学生情况布置相应的分层课后作业，思考绘本中蕴含的道理和感悟。教师带领学生表演绘本故事，以此培养学生的英语应用能力和创新能力，培养学生语言口头输出能力，将美运用于实践中，以小组或个人形式绘制属于自己的绘本，将吸纳进心灵的美释放出来，实现从感受美到创造美的过程。

**天津市南开区东方小学**

# 在小学英语教学中培养学生的审美能力

文 / 周　宁

## 一、课程育人思考

改革开放以来，我国经济、文化建设均获得飞速发展。在物质、精神文明均快速发展的时代，美育自然成为当今教育的重要内容，日益受到人们的关注和认可。随着新课标的提出，英语的文化内涵与语言魅力逐渐被肯定，审美能力的提升也成为英语教学的重要目标之一。小学生普遍活泼，对新事物、新知识充满好奇，既往刻板、单一的教学模式容易挫败他们对英语学习的兴趣，忽略了英语背后丰富的文化内涵，浪费了英语教学巨大的美育价值，甚至对英语学习产生抵触心理。为深化美育内容，小学英语教学中应坚持融入真、善、美思想，以改变以往应试教育的现状，努力构建美好、和谐的教育环境，让身处其中的学生获得美的精神熏陶，实现全面发展。

## 二、课程育人方略

小学英语教师在充分理解美育意义的基础上，将课堂作为美育的主阵地，选择多种教学手段激发学生的审美情趣，让学生在生动活泼的英语教学氛围中获得美的熏陶，在传递知识的同时，达到以美育人的效果。

## 三、课程育人经验

### （一）感受英语的文化美

英语属于语言类学科，也是英语母语国家的文化象征。小学英语教师可以将英语文化作为审美载体，挖掘其中的美育元素，让学生们在美学和英语文化间建立起纽带，去感受英语文化中不同于中文文化的独特美。作为当前国际的通用语言之一，英语同样也有着非常深厚的文化背景，和中华文化间存在非常大的差异。教师们可以以此为切入点，从中、英语文化之间的差异入手，帮助学生对英语文化特点形成深刻的印象，从多层次、多角度去感受英语文化的魅力。

如汉语中的“狗”除了其本义外，所组成的词语通常带有贬义，如“走狗”“狗仗人势”等，但在英语中，“dog”却是一个中性词，甚至还带有亲昵感，如“lucky dog”即为“幸运儿”；汉语文化中以“龙”作为中华民族的图腾，与优秀、强大、杰出等品质相联系，而在西方文化中，“dragon”则是邪恶的象征，是和上帝作对的人或生物，还表示“凶猛的人”“罪恶势力”等。英语中也含有非常丰富的礼仪文化，如对方问“Would you like a drink?”，而自己不需要时，通常应回答“Thank you, but not yet”即需要先致谢，之后再拒绝，教师可通过这些举例，让学生感受到其中的文化礼仪之美，以进一步拓宽英语视野，实现教学中的审美渗透。

### （二）体会英语的韵律美

朗读是小学英语教学的基本手段，可帮助学生获得对语言韵律的感悟。英语单词多由不同声调的音节构成，不同单词的轻、重音位置往往不同，形成了独特的韵律变化。教师在讲授英语句型时，应根据其语音、语调来指导学生朗读，不同单词的组合往往伴随着不同音节的连接，在朗读时往往会表现出和谐、流畅的韵律美，就像唱歌一样，让学生在获得美的体验的同时，也爱上学习英语。如“I hope to see you again.”（我希望能再见到你），节奏为“轻重轻重轻轻重”，在朗读时就带有一种音律感。教师应告知学生朗读时发音轻重的规律，朗读需发重音的单词时尽可能放慢语速，让学生能捕捉到其中的关键信息，朗读到需轻读的音节时，可稍微加快速度，以突出句子的节奏感。小学教材中入选了不少英语歌曲，其中包含了常用语法、句型、交际用语等，通过跟着音乐哼唱的方式，不仅可以提高学生的专注力、记忆力，规范语音语调，让学生在这种轻松的方式下更好地掌握英语知识，也能陶冶学生的审美情趣，达到寓教于乐的效果。英语单词中有不少音节相近的词汇，教师也可以对学生进行英语诗词、绕口令等方面的训练，以减少这些相近音节词汇带来的混淆问题，并让学生通过朗读音调的变换体会到英语的读音之美。

（三）提高英语的书写美

不同于汉语的“方块字”，英语单词由26个字母通过不同的规律、形式组合而成，同样也非常注重书写的美观性。这就需要教师在带领学生学会正确拼写单词的基础上，感受到字母的形象美。教学中，教师往往需要在黑板上通过板书来反映每一课的教学重难点，向学生展现自己的教学思路。除了担负有传递知识的作用外，板书的形体美，也会对学生的书写习惯和学习兴趣造成较大影响。对于小学生来说，更习惯于对直观形象的学习，对于直观、生动的事物也会有更好的记忆效果，这就需要教师在板书设计上花费较多心思。如最开始学习26个字母时，由于并不是日常接触的汉字，教师可以根据字母形状去找日常生活中与之相近的事物，如“A”如海上的灯塔、“M”如连绵起伏的山丘等，以这些直观的形象帮助学生记忆，在书写时也能因这些丰富的联想而感受到书写的乐趣；讲授关于“交通工具”的内容时，可将板书设计成火车造型，每一节车厢中含有一种交通工具的单词，激发起学生记忆这类单词的积极性。此外，教师在书写板书时，也应注意字迹的规范秀气，给学生带来赏心悦目之感，在润物细无声中养成良好的书写习惯。

（四）凸显英语的艺术美

艺术手段是审美教育的重要组成部分，通过可感知的艺术美培养学生美的情操。小学英语教学中，可借助音乐、绘画、手工等方式，对学生进行审美教育。多数孩子们都喜爱唱歌，教师可结合歌词，带领学生边唱边跳，如唱“head、shoulders、knees and toes”时，教师可以带着学生们边唱边触摸其中提到的身体部位，不仅可在欢乐的气氛中提高学生对审美的感受能力，还能让学生对这些表示身体部位的单词形成深刻的印象，掌握课堂内容。学习颜色单词时，教师可在教室内挂上五颜六色的气球及色彩鲜艳的装饰物，用相应颜色的粉笔在黑板上书写单词，并让学生在教室中寻找各种颜色。待学生基本熟悉颜色单词后，鼓励他们用课本中提到的颜色，自己创作出拥有艳丽色彩的图案。边学边动手创作，也是非常有效的教学方法。

学习家庭成员时，教师可让学生制作代表爸爸、妈妈、姐姐、妹妹等人物的指偶套在指头上，互相玩一玩、猜一猜。除了上述方式外，戏剧表演也是一种有效的教学方式。教师可以借助多媒体课件展示与课文内容相关的画面，再让学生模仿课件中的语音、语调，选取自己喜欢的角色，并在多媒体创造的情景中组织对话，以这种方式来实践英语教学活动和美育活动。

## 四、课程育人价值

通过融入美育教学，改变了以往固化、单一的英语教学模式。教师在深入了解和掌握美育教学内涵和实质的基础上，改变自身教学思维，不断挖掘英语教学中蕴含的审美元素，充分利用美学教育方法组织多种课堂教学活动，不仅调动了学生英语学习的积极性，也让教学模式变得更加开放，并从中积累了丰富的美育教学经验。学生在英语教学中，发现了英语文化中的各种“美”，提高了自身的审美能力和鉴赏能力，也加深了对英语知识中展现的美育理念的理解和感悟，进而愿意主动去接触英语，提高自己的英语应用能力。由此可见，美育在小学英语课堂中的渗透，有助于创新教师的教学理念，改变原本的英语教学固化模式，激发学生对英语学习的兴趣，培养他们的审美能力，有着良好的育人价值。

天津市南开区跃升里小学

# 以音为育 向美而成

## ——小学音乐欣赏课的教学策略探究

文 / 陈一维

### 一、课程育人思考

（一）背景依据

1.新形势的教育要求

在新时代背景要求下，《关于全面加强和改进新时代学校美育工作的意见》提出了“弘扬中华美育精神，以美育人、以美化人、以美培元，把美育纳入各级各类学校人才培养全过程，贯穿学校教育各学段”的要求。在音乐欣赏课程的理念下，教师要引导学生学会如何“聆听”的方法。因此，音乐欣赏课程要从怎样欣赏，怎样聆听，怎样实现音乐美育价值等方面进行教学研究。

2.学生现实情况分析

传统的小学音乐欣赏课模式较为单一，以枯燥、单调的听、唱为基本手段，不利于学生想象力与创造能力的培养，更不利于学生的音乐素养均衡发展。长此以往，学生处于被动的听觉参与，失去学习兴趣，限制审美想象。因此教师要根据教学内容和学生年龄特点，创造性地设计教学过程和结构。

3.学校教育教学理念或者班级建设

音乐欣赏教学是作为学校落实美育目的的重要途径之一。教育目标是培养学生健康的审美体验和欣赏能力，在为学生安排教学任务的基础上掌握必要的音乐知识和欣赏方法，促进学生全面发展。在这项任务中，艰巨复杂又漫长；学校教育者应更好地为学生在教育中提供社会生活的准备。教学最关键的是要拥有学习能力，在实际音乐教学中，教师应对学生的音乐学习能力以及音乐核心素养有一定的提升。

（二）课程目标

音乐教师在教学设计上，以评价和学习目标作为标准和依据，辨别学生对预期学习成果的履行进度。每节音乐课前设定相应的评估标准，反馈与了解学生的学情后，进一步合理安排自身的教学计划，选择合适的评估形式。逆向教学目标既是教学音乐设计的基础，也是教学音乐设计的本质，明确具体的教学目标，回顾整个教学过程较为重要。

音乐欣赏教学反思和改变也是设计的重要组成部分之一。优秀的教学设计有一个稳定、持续的改进过程，这就要求教师在完成授课后对学生的评价进行科学地衡量，针对课堂设计进行调整和修改，进一步适应教学行为。在音乐欣赏教学中，抓住每一个环节渗透，使学生可以深化音乐欣赏的重要性。

## 二、课程育人方略

在小学音乐教学中，音乐鉴赏是一个非常重要的环节。“沉浸式欣赏”可以有效地提高学生对音乐的鉴赏力，并能充分发挥他们的音乐创作潜能。一般而言，沉浸式的音乐鉴赏可以分为两大类：直接式和情景式，这两种音乐鉴赏方式会对学生的音乐学习能力以及音乐核心素养有一定的提升。

## 三、课程育人经验

（一）小学音乐欣赏教学策略

1.通过直接式聆听音乐

第一，从“自然”到“结构”聆听

在音乐欣赏中，重要环节之一就是能够培养出学生的“音乐耳朵”。通过沉浸式与音乐作品直接相遇，从自然性的感知出发，教师引导学生面向作品本身，将自己“悬置”起来。例如，在学习《采蘑菇的小姑娘》这首歌曲后，教师可以在课堂中提问：“你认为小姑娘是一个什么样的人？”学生回答：“她是一个吃苦耐劳、勤劳能干的人。”教师在鼓励学生的基础上继续说道：“通过小姑娘采蘑菇的行为，幸福靠什么来创造？”有的学生说：“靠我们的双手创造。”教师继续引导着：“是啊，小姑娘不仅用双手采摘了蘑菇，而且还把它当作幸福的生活并和伙伴们一起分享，相信你们一定对幸福有全新的体会了。”最后提问道：“幸福靠什么来创造？”学生回答：“靠自己的双手去努力！”教师最后总结希望大家都能在音乐中感受到靠自己的双手来创造劳动、爱分享的幸福！课下可以让学生自己动手用实际行动感悟劳动的意义。学习不仅仅是让学生体会知识，重要的是成为一个德智体美劳全面发展的人。借助音乐作品，体验情感价值，弘扬德育精神。

第二，从“整体”到“部分”聆听

在聆听音乐中，教师可以先“整体”上为出发点，初步感知音乐的旋律节奏、把握速度、领略风格等，之后再引导学生进行局部聆听。相对于全曲来说，局部性、分段性聆听更加细致而深刻。例如，在欣赏钢琴曲《牧童短笛》时，教师引导学生聆听整首乐曲。大多数人认为这是一首活泼、欢快的乐曲，同时感受到乐曲有浓郁的中国风格。在此基础上，教师引导学生进行部分聆听，感受不同段落音乐特点。在学生看来，第一段旋律比较轻快、活泼，像牧童天真的笛声；第二段配上跳跃的节奏，就像民间舞蹈大赛，刻画出牧童在田野追逐玩耍；第三段是在第一段基础上进行加花变奏，比第一段更为热烈。通过这样的聆听方式，学生会对音乐作品有着更深刻的认知。

2.通过沉浸式情景欣赏音乐

第一，沉思：内修审美

“沉浸式情景”是指学生在音乐的旋律线条、节奏速度、内容主题的渲染下，调动自己身体多种感官。如节奏律动、音画结合、语言表达等，使抽象音乐具体化、形象化。在音乐欣赏中，学生要学会沉思，积极探索生活经验，以便能够充分唤醒、激活大脑，主动进行联想。例如，在学习《火车波尔卡》时，教师从欣赏音乐、体验快乐的角度出发，从而带领学生去聆听音乐。首先，在课堂开始前，教师引导学生们进行身体律动，分成小组扮演火车司机和车厢乘客，吸引学生的注意力和兴趣。在感受音乐氛围后，再聆听乐曲，并让学生根据音乐自己画出高低起伏旋律线条。之后，教师可以根据学生实际情况，分组进行游戏环节。通过开火车的方式，为火车配上相应的节奏。给予学生自由发挥的空间，通过火车历史发展过程，让学生想象一下未来的火车会是怎样？最后小组合作互评，进行奖励。在这个过程中，学生能够尽情享受音乐，更好地理解作品的内涵，培养良好的欣赏能力。

第二，展示：外释情感

在沉浸式欣赏音乐过程中，教师还能引导学生通过画画来感知音乐情感情绪。绘画是一种视觉音响，一种内心情感的扩容器，教师也能够有效“感触”到学生的音乐内心世界。通过音乐与绘画结合的形式，进一步提高视觉效果与听觉享受的氛围；勾勒的线条跟随音乐起伏跌宕，牢牢抓住了学生的注意力。让音乐欣赏变成看得见、能交流的符号，抽象表现组合之美。例如，在欣赏法国作曲家圣桑《天鹅》时，教师引导学生感受乐曲风格后，可根据作品内容、节奏、旋律等元素，加上自己的想象力表现出来。之后，随着钢琴平静的琶音伴奏，学生仿佛置身于静谧的湖畔，画出了跌宕起伏的湖水。当大提琴舒展优美的旋律时，学生刻画出天鹅高贵优雅的姿态，形成鲜明的直观感受，丰富了想象力和创造力。

第三，律动：融合生命

在音乐欣赏的同时，教师也要对学生进行节奏律动、表演等进行指导。与绘画的表现相比，这是一种全方位的沉浸式的音乐体验。在此过程中，学生在演唱的同时加入动作，利用自身的节奏，有效地掌握乐曲的强弱、轻重等。例如，在欣赏《玩具兵进行曲》时，要求学生们在动中听，有效律动贯穿全曲，结合图形与动作，体现音乐。第一部分，教师引导学生聆听音乐，创作简单的肢体律动，跟着节拍踏步行走；第二部分，有些学生听到变化，用手画旋律线和图形，并用动作表现；第三部分，学生们开始鼓掌拍腿。在欣赏音乐过程中，学生们通过自身的表演，展开了自己的人生。学生在身体的节奏中，全身心地投入到音乐之中，与自身生活融为一体。

## 四、课程育人价值

在小学音乐欣赏课中，以上聆听方式各有侧重，又互相渗透。在教学过程中有利于激活教学气氛的作用，提高学生的兴趣，也有助于学生对音乐作品的认知。作为一名音乐教师，应有意识地引导学生去聆听音乐，借助音乐作品，培养良好的音乐欣赏力与情感体验。此外，还应从民族文化自信、地方文化特色等方面考量，适当增加作品欣赏，全面提高学生的音乐审美能力。

**天津市南开区中心小学**

# 传承与发展：STEAM视野下小学美术剪纸课堂

文／张鹏艳

## 一、课程育人思考

STEAM代表科学（Science），技术（Technology），工程（Engineering），艺术（Arts），数学（Mathematics）。STEAM教育是集科学、技术、工程、艺术、数学多学科融合的综合教育。但STEAM教学理念不单是对这五门学科的课程叠加，而是强调要在“融合”两个字上下功夫，它是基于解决问题的跨学科教育，让学科之间的知识融会贯通，学生动手参与，进而享受探索学习的过程。

有着千年文化积淀的剪纸艺术，凝聚着广大劳动人民的智慧，传递着中华儿女对美好生活的向往与追求，蕴含着特有的吉祥寓意，具有强烈的民族特色，是对“艺术源于生活又高于生活”的高度概括。它的传承应该是一种“活态传承”，其中最有效的传承途径，当属美术教育，学校则是传承传统艺术进行美术教育的主要阵地。

## 二、课程育人方略

在剪纸课堂中，结合STEAM教学理念将剪纸以两种形式跨学科融合，进行创新发展的实践研究，这对培养学生的实践能力、艺术素养和创新精神有着积极意义，更对弘扬传统文化及强化爱国主义教育起着不可或缺的作用。

## 三、课程育人经验

在小学美术剪纸课堂中，将剪纸教学的跨学科融合分为两种形式，一种是剪纸与单独学科融合的具体化学科融合；另一种是剪纸与多学科融合的整体化学科融合。

（一）具体化学科融合的实践研究

剪纸与单独学科之间的融合，包括剪纸与数学学科的融合、剪纸与信息技术学科的融合、剪纸与科学学科的融合。

1.剪纸与数学学科的融合

“对称的美”是小学美术四年级下册的教学内容，这个学段的学生已经对美术建立了基本的认知，掌握了轴对称图形的基本特征，形成了一定的空间观念，这就要求教师需要依托学情，合理地设置教学内容，所以教学时将“中心对称”剪纸的理解与掌握设计成了本课的侧重点。

在示范过程中，主要针对“三角折剪”的技法进行讲解示范，为了能更好地激发学生的学习兴趣，将此环节与数学知识相结合，巧妙地运用三角尺辅助教学，帮学生快速解决“三角折剪”的折法难点。整堂课学生学习兴趣高涨，在理解并学会“三角折剪”剪纸的同时，也对数学知识加以复习利用，使学生的综合能力得到提升。

2.剪纸与信息技术学科的融合

“对折剪纸”一课，是二年级美术上册的一节剪纸课，这也是学生们在小学教育中第一次接触剪纸艺术，低年级段的学生，年龄小、好奇心重，对剪纸充满浓厚的学习兴趣，再加以优秀剪纸图片的欣赏，学生对这种画一半、剪一半却能得到对称效果的剪纸课更感兴趣了，也对以后的剪纸教学、传承剪纸文化奠定了良好的基础。在课堂教学中，运用多媒体播放剪纸相关制作视频来辅助教学，让学生逐步加深对“对称”的理解，进而引导学生联想生活中形式多样的对称性，整个教学过程，在培养学生自主探究能力的同时，也使学生体验了设计和动手制作的乐趣。

3.剪纸与科学学科的融合

剪纸题材的内容丰富多样，其中不乏蕴含着中国独有吉祥寓意的动植物身影，学生在科学课中学习的科学常识、自然现象等知识，能够使剪纸作品更具真实感，更加生动形象。以二年级上册“蜻蜓飞飞”一课为例，学生通过科学课所学知识，掌握了蜻蜓的生活环境、体态特征等，再结合学习过的对折剪纸知识，学生们都能成功地剪出一只只生动的蜻蜓形象，接着再鼓励学生结合以往所学的点、线、面的知识，为蜻蜓设计属于自己的花纹，最后组织班级展览活动，促进学生间的经验分享与交流。

（二）整体化学科融合的实践研究

其实STEAM教育不是只局限于科学、技术、工程、艺术、数学这五个科目，也可以在美术课堂教学中将语文、音乐等学科进行整体融合。在剪纸课前，先明确剪纸与各学科间相关的知识点，设计相应的教学环节，让学生动手收集相关的剪纸教学资料。在课中，将资料进行梳理总结，以天津当地的习俗为引线，向学生展示地方特色剪纸。在落实各学科相应的教学环节时，要注重与剪纸文化的联系，例如：可以让学生讲述剪纸历史典故，与语文学科相融合；与数学学科相结合则可以帮助学生构思如何剪出特定的图形等。

在讲授五年级上册“元宵节里挂彩灯”一课时，首先运用多媒体播放与本堂课相关的视频内容，将学生喜闻乐见的艺术形式融入到本节课的导入环节，这不仅为学生充分了解元宵节这一传统节日奠定基础，也调动起了学生的学习兴趣。在新授环节，将与挂彩灯这一传统习俗相关的历史典故带入此环节，以动态的视觉形象，帮助学生更好地理解元宵节里挂彩灯的原因及寓意。在示范制作环节，以二年级“对折剪纸”和“纸片插接”两课相结合，完成彩灯制作。整堂课在与信息技术、语文、数学融合教学的同时，也帮助学生将对折剪纸和纸片插接的技法进行复习，更是在对折剪纸的基础上进行延伸、新用，让学生在理解中创新，在动手操作中探究的同时，了解中国博大精深的传统文化。

## 四、课程育人价值

在多元文化融合背景下的今天，剪纸艺术更多的是站在失衡天平的劣势端，被大多数人忽视，那么在小学美术课堂教学中，有效传承剪纸文化的重要性，意义深远。在这种多学科融合背景下的剪纸课堂中，学生呈现的剪纸作品，能综合运用剪纸、数学、科学、美术等知识进行融合，整个剪纸过程，学生在动手参与、思考、创作，这是学生享受探索学习的过程，在学习中国传统剪纸文化的同时，也让剪纸文化在学习与实践中继续弘扬发展。

其实，要想实现学科间的融合，要努力的地方还很多。学校与教师的传统观念要转变，教学模式要创新，科学地理解STEAM教育，注意学科间知识点的联系等。在今后的教学中，教师应加强对STEAM教学理念的深入学习，将它合理地纳入适当的教学环节中，根据学生的认知差异改进教学方法和教学策略，使学生更好地体验到美术的魅力。

天津市南开区中营小学

# 让学生在语文研究性学习中尽显风采

文/张丽娟

## 一、课程育人思考

### （一）背景依据

开展研究性学习是实施素质教育，培养学生创新精神和实践能力，从而提升学生核心素养的需要。2022年教育部颁布的《义务教育课程方案和课程标准（2022年版）》，将“跨学科学习”作为“拓展型学习任务群”之一列入语文课程。本任务群旨在更广阔的领域中引导学生学语文、用语文。纵观目前教育现状，教师有时候忽视学生的个体差异，这在某种程度上限制了他们的个性发展和创新潜能的开发，让学生参与研究性学习其意义是毋庸置疑的。

### （二）课程目标

结合语文课标，有目的地建立语文学习与学生生活之间的内在联系，让学生将语文在研究性学习中学以致用，实现语文学科能力的提升，从而达到培养学生核心素养，弘扬真善美，塑造美好心灵的目的。

## 二、课程育人方略

将研究性学习方式引入语文教学，引导学生在语文实践活动中，联结课堂内外、学校内外拓宽语文学习，让学生在语文综合性学习中发现问题、分析问题、解决问题的过程中提高语言文字运用能力，提高学生综合素养。

## 三、课程育人经验

有效开展研究性学习，要重视教师的引导作用，教师由知识的传授者转变为课程的组织者、情感的支持者、学习的参与者、信息的资源者。教师在研究性学习中应做到：到位而不越位，参谋而不代谋，指导而不指令。我从以下几方面阐述在语文研究性学习的各个不同阶段进行的指导工作。

### （一）动员阶段

在这个阶段教师的主导作用体现比较明显。首先教师必须对学生进行动员、宣传进行研究性学习的必要性和重要性，以启发和提高学生投入的积极性和主动性。这种宣传除了在理论上阐述外，我还结合一些生动典型的课例。例如，结合《小小的船》一课，我引导学生诵读感受语言美的同时想象意境美。引导学生从不同角度展开对话畅谈研究内容，此时，东方明珠、长城、流星、外星人等闪现在他们眼前。这种设计不仅培养学生语感，也激发学生研究性学习的兴趣。

### （二）选题阶段

在学生都有了认识和积极性后，就可以进入实质阶段。研究性学习能否进行下去，关键在于课题的选取是否恰当。研究性学习的课题应来自学生生活中所感兴趣的问题，或者尽管离学生的生活实际较远，但学生有强烈兴趣，并且有条件可能展开研究的问题。

根据以上选题原则，学生们进行第一轮选题。我发现，学生的选题尽管十分丰富，但也存在问题。我让他们根据自己的课题写出可行性分析。如结合五年级下册三单元《汉字的演变》，学生们想研究中国汉字的发展历程，中国五千年文化的演变，通过分析、筛选，他们发现自己提出的课题过大过空。有的学生的课题就彰显出了可行性。如结合四年级下册第三单元人与自然这一主题，《自然之道》是反映人与自然关系的课文；《蝙蝠和雷达》介绍了仿生学在现代科技中的应用，这些课文孩子们很感兴趣。再结合有些人环境保护意识还不够强，出现很多环境污染问题。因此，有的学生决定开展“保护自然、遵循自然规律”这一研究。有了第一轮的经验，学生们开始务实起来，经过全班学生的一致通过，决定就从“大自然的启示”出发进行研究。学生们自由结组，选出组长，开始研究工作。

（三）开题阶段

在课题选定之后，我让学生们就所研究的内容做计划。这体现研究性学习是一种动态的教学方式，体现师生互动的特点。经过一段时间的准备，以每组学生为中心的开题会如期举行。具体做法是：由每组选出一名学生将自己组的实施计划向全班学生说明，全班学生针对这组学生的计划提出问题，目的是让这组学生做好各方面的准备，以利于下一步的研究工作。结合语文三年级下册《国宝大熊猫》这一习作，学生们想以此进行研究，有的学生提出要用问卷调查的方法获得一些数据。有的学生就问道："如果人家不理睬你怎么办，你们又该如何获得材料？"这个问题他们一开始没有想到，经过提问，他们认真思考、完善计划，避免以后研究工作中不必要的麻烦，未雨绸缪。

（四）调查研究阶段

这一阶段是整个研究性学习最关键也是最困难的阶段。在该过程中，教师的跟踪指导尤为重要。研究小组的配合分工状况，对于资料的查询、实地的调查、实验的进行、处理信息资料、提出观点的证实或证伪等需要跟踪指导。研究性学习是实践性很强的学习，其中充满乐趣也极富挑战性。我引导学生亲自去做，体会到该"如何做"，结合四年级上册《颐和园》一课，孩子们走进颐和园，这种真正的体验活动是进行研究性学习的一个很重要的宗旨。学生真正做到走了出去，以社会为课堂，开始另一种崭新的学习。学生在搜集材料时我加以指导，从而学会筛选有用信息。

（五）成果展示阶段

在指导研究性学习时我发现，学生通过研究性学习获取了大量感性材料，作为教师要帮助他们从大量的感性材料中选择有价值的资料，并加以整理、分析。在课上我引导学生从"提出问题—分析问题—解决问题"几方面写一写，使学生在研究和解决问题的过程中，培养解决问题的能力或创新意识。同时，我让学生们课下阅读了相关结题小论文，让学生们有更深入的认识。如结合二年级上册《水是什么》，有一个小组研究的是水环境污染，那文章又该怎么写呢？学生们认真研究，初步确定了从水的昨天、今天和明天三个方面去写，并认真落实完成。

总结性文章完成后，就是成果展示阶段。作为指导教师，我的做法是当参谋，由学生们具体实施。于是，在大家集思广益下，决定引用多媒体增强成果展示的生动性。经过一段时间的准备，我又发现了问题，如在第一部分水的昨天中，内容很多，但是有些东西是重复的。展望明天还是没有深入下去，停留在表层的展望。我及时提出建议，鼓励他们积极解决。学生又一起想办法，认真分析情况，制定新的计划：第一部分从历史价值部分进行阐述——水让大自然充满生机。为避免重复，由一个小组单独完成，并且结合资料，做到图文并茂，生动有趣。第二部分，是从水对现代人的生活、经济文化带来的影响，重点从人们由于人为原因污染了水环境谈。第三部分谈水的明天。这一次的成果展示更加形象、具体。

**四、课程育人价值**

实践证明，在语文课程中开展研究性学习，教师起到了主导作用，学生真正参与其中，体会到了学习的乐趣，掌握了科学研究的方法，真正发挥了主体作用，体现了他们的积极性和创造性，提升学生的思维和审美能力，真正成为了学习的主人，促进学生积累语言经验，提升语言文字运用能力。在语文课程中开展研究性学习，从一个更开放、更多元的角度丰富了语文学习底蕴。研究性学习还原了学生真实的语文学习场景，在项目驱动上还原了学生真实的学习方式，在功能定位上还原了学生真实的学习底蕴。重新构筑并强化了学生与真实世界的联结，使语文学习真正成为服务生活，勾连世界，面向未来的基本工具与重要途径。学生的积极性得到保护，创造性得以发挥，知识和技能得以提高，学生的潜能不可低估。“海阔凭鱼跃，天高任鸟飞。”让我们发挥自身主导作用，不断努力，为学生开拓一片海，撑起一片天，让他们在研究性学习中尽显风采、尽展极致。

**天津市南开区中心小学**

# 第五章 惟实励新——锻造学生大国工匠的精神

学校在新课程劳动内容的创设上，要充分结合生产劳动、生活劳动与服务性劳动，加强对学生劳动意识与能力的培养，加强对学生劳动价值观的培养，强化其在劳动中的协作意识与责任感，引领学生树立正确的劳动观念、科学的劳动思维、与时代相适应的劳动能力及必要的劳动品质，从而促进认知学习与社会性成长结合，以劳动创造美好生活。

立足化学校本课程　提升学生核心素养

“双减”政策下的作业优化设计

劳动教育在小学数学课程中的渗透与应用

劳动教育为主题的研学实践课程开发与实施

落实劳动新课标，为“双减”做加法

——以“冬日里的月季花”一课为例

多维触角提升劳动能力　协同合作传承匠心精神

——以“走进风筝魏”项目化活动为例

教改视角下“工匠精神”的培养

一米阳光种植园

——基于种植课程对学生进行劳动教育新路径

以实践性作业提升英语应用能力

劳动教育为载体融“工匠精神”于综合实践活动课程的路径初探

创意与物化并重，探究与实践结合

——利用网络平台开展“Arduino创意制作”综合实践活动

# 立足化学校本课程　提升学生核心素养

文 / 陈伟刚

## 一、课程育人思考

核心素养是学生在接受相应学段的教育过程中逐步形成的适应个人终身发展和社会发展需要的必备品格和关键能力。化学学科具有比较突出的实践功能，因此在化学学习过程中，引领学生紧密联系生产和生活实际，运用化学知识，让学生体会到化学真正的价值，同时强化学生掌握将知识融入社会，为生活服务的核心素养。

## 二、课程育人方略

化学校本课程以培养学生的实验技能和创新能力为目标，培养学生的创新精神和实践能力，发展学生的个性特长，成为促进学生全面发展，培养自主学习意识，加强学生综合能力的第二课堂。

## 三、课程育人经验

### （一）化学校本课程内容的选择

1.生活化的课程内容

化学校本课程立足于学生的发展，与教材密切相关，体现科学性、趣味性、实用性。教师在现实生活中挖掘材料，尤其关注一些引起社会反响的热点事件，如三聚氰胺毒奶粉、硫黄熏银耳等，达到激发学生参与热情的目的。对于高一新生，学生只具备一些基础的元素符号和简单化学反应知识，教师结合教材设计简单的实验探究活动。如根据人教版化学必修1第一单元第一节胶体的相关知识，组织学生进行“认识胶体”的探究实验，完成氢氧化铁胶体的制备、丁达尔效应、电泳、聚沉四个小实验。结合氧化还原知识进行“铝板刻字”的实验。从趣味性入手，设计“厨房中的化学”系列实验，“自制豆腐”“面筋的提取”“自制蛋黄酱”使学生在“玩”中掌握了一定的生活技能。

2.科研型课程内容

高二、高三的学生，化学知识结构体系已初步建立并具有一定的实验能力，教师可采用问卷方式让学生列举出自己感兴趣的、与化学有关的活动内容。组织学生根据自身的知识储备、实验室的实际条件、实验操作的复杂程度、安全性、可行性来筛选出合适的活动内容。在选题过程中指导学生不断优化选题内容，以防学生所选内容实施难度太大而造成活动的虎头蛇尾。如学生对近年来日益严重的环境污染问题高度关注，选择环境污染问题作为研究内容，而环境污染概念过于笼统，包括水体、大气、土壤污染等，涉及的污染物检测指标种类繁多，对于高中生来说实施起来比较困难。因此指导教师帮助学生利用所学的氧化还原反应知识和滴定实验优化选题内容，指导学生查阅资料，最终确定以高锰酸钾氧化水体中还原性有机物的方法，测定海河中有机物总含量指标，即COD指标的探究内容。在选题过程中学生通过搜集、整理资料，设计实验方案等环节了解了科学探究的方法，培养了理性思维和科学态度。

（二）化学校本课程的实施

1.自主探究

在实施过程中教师要不断激励学生去观察、质疑、思考、交流，密切关注每个小组的活动情况，及时为学生提供有效的指导。如有的学生在制备氢氧化铁胶体的过程中出现浑浊现象，教师应不失时机地引导学生分析产生浑浊的原因。学生亲身经历探究过程，相对于传统课堂概念教学而言，对于胶体的性质有了更加直观的感性认识，体验到更多的学习乐趣。在自制豆腐实验的成品展示环节中，学生们发现不同小组制得的豆腐软硬程度差异较大，教师应该适时地指导学生用化学实验中控制变量的思想来分析其原因。各个实验小组通过相互对比实验使用的原料发现大家使用的豆浆浓度相同，通过探究发现各组添加的沉淀剂硫酸钙的量有所不同，造成了豆腐的硬度上的差异。据此学生们又设计了实验探究硫酸钙用量对豆腐硬度的影响，发现提高硫酸钙的比例可以提高豆腐硬度，但会影响豆腐的口感。学生们通过实验活动发现问题、大胆假设、科学求证，自主地形成了探究事物的科学方法。

2.求异创新

在海河水体有机污染的调查研究中，学生从感兴趣的社会问题入手，确定探究目的，分工合作。组织能力强的学生负责联系印染厂、天津市环保局，进行社会调查；电脑技术好、文字功底强的学生负责通过网络、图书馆查找资料，整理出水体有机污染物的来源及其危害；动手能力强的学生负责利用高锰酸盐钾法，对海河水进行化学需氧量的实验测定；语言表达能力强的学生负责将各个小组的研究成果制作成宣传单，在学校和社区进行绿色环保理念的宣传活动。对于实验测定小组来说，第一次独立设计实验探究方案时，感觉困难重重。此时，教师引导学生从中和滴定实验中归纳出实验方案的设计要素（实验原理、仪器、药品、实验步骤、数据处理等）。在设计实验的过程中学生们相互交流，有的学生根据实验对比的思想，提出采集水样的地点应设置在排污口上游下游固定地点，并进行连续四周实验以进行比较；还有的学生提出考虑到水样的酸碱性，采集容器应使用塑料容器。在实验中学生们发现从不同地点取来的水样在加入相同体积高锰酸钾溶液后，溶液呈不同颜色，通过分析得出两种水样中还原性有机物的含量不同。学生根据实验结果绘制图表，结合对水样采集地点周边环境的调查，得出有机污染物主要来源于生活垃圾和污水的结论。

在研究水体有机污染的实践中，学生在面对“异常”现象时敢于提出自己的见解，提升了学生证据推理能力，使学生对身边的化学现象由感性上升到理性的思考，并学会运用化学思维方法关注社会生活；通过绿色环保理念的宣传活动，学生们学会了正确处理人与自然的关系，关注环境保护，善用化学资源，增强社会责任感。

### （三）化学校本课程的评价

校本课程的评价应摒弃传统教学中过于注重学生学习结果的评价，而更加关注学生的学习过程，注重学生在活动过程中的推理能力、实验探究能力、创新意识是否得到提升，是否形成了认识事物的科学方法。因此采用教师评价、学生自我评价和学生互评相结合的方式。

教师评价可以从出勤、学生活动参与、实验成果、语言表达和论文撰写等方面进行，以促进学生的全面发展 。评价不仅要关注过程性，还要注意学生的个体差异，体现以人为本的思想。学生可以从在活动中培养了什么能力、获得了哪些知识、学会了什么技能等方面开展自我评价。通过自我评价，学生培养了自我意识，正确地认识自己在校本课程中的学习状态，实现核心素养中自主发展能力的培养。学生间的相互评价，不仅可以帮助学生相互学习，还可以培养学生判别是非和语言表达的能力，提高学生思考和分析问题的能力。

## 四、课程育人价值

### （一）突出实践性

化学校本课程打破了传统课堂教学模式，学生在校本课程学习过程中产生疑问，进而主动查找资料，深入学习思考，并将学习成果重新应用于实践。课程内容的选择贴近生活，从学生的兴趣出发，摆脱了枯燥的概念、理论知识的讲授，使学生在实验探究中潜移默化地使用课本知识和实验技能进行探索实践。实验探究活动不仅能使学生了解探究事物的科学方法步骤，同时培养学生的创新精神、实践能力和理性思维，发展学生的个性特长。

### （二）强调互动性

校本课程使教师由知识的传授者、灌输者转变为学生主动建构的参与者、指导者、促进者，教师与学生相互平等，共同努力实现活动目标。在活动实施过程中，教师积极捕捉活动中的各种“意外”，及时回应，引导学生主动思考、合作交流。教学不再是教师的单向控制输出，而是师生互动、共享体验的过程。化学校本课程为学生提供了更多的动手动脑机会，使学生成为学习的真正主人。通过校本课程的学习，学生体验了科学工作者进行科学探究的历程，掌握了科学研究的方法，这为他们终身学习和自我发展奠定了坚实的基础。

天津市崇化中学

# "双减"政策下的作业优化设计

文 / 马艳芳

## 一、课程育人思考

### （一）背景依据

1.新形势的教育要求

2021年7月，中共中央办公厅、国务院办公厅发布了《关于进一步减轻义务教育阶段学生作业负担和校外培训负担的意见》。这份文件明确提出了"双减"政策的核心目标之一，即"进一步减轻义务教育阶段学生作业负担"。对于中小学教育来说，这无疑是一场具有深远意义的变革。

2.学生现实情况分析

众所周知，学生在面对作业时常常面临时间压力、多重任务、自我管理困难等现实情况。作业的截止日期、评分标准以及对好成绩的期望可能给他们带来压力和焦虑。

3.学校教育教学理念或者班级建设

有些学校存在传统的填鸭式记忆和重复性的练习，很难使学生将所学知识与实际生活问题解决联系起来。

### （二）课程目标

教育的目标是培养全面发展的公民，通过个体化的教学和关怀，培养每个学生的潜能和发展。作为教师，我们应致力于培养学生具备道德品质、社会责任感和全面发展的能力。

## 二、课程育人方略

作业改革是学校教育高质量发展的关键因素之一。英语作业作为英语教学的延伸，既要遵循高质量设计的五大原则，也要与单元整体教学的定位相呼应，从学生的角度出发，通过丰富的教学方式来实现学生对知识的深度理解和思维培养。

## 三、课程育人经验

### （一）作业的定义

教育专家哈里斯·库珀将作业定义为“学校教师分配的任务，在非指导时间内完成”。学生应该有机会在课堂上开始做家庭作业，以便教师可以在学生离开之前检查他们的理解情况并为他们提供帮助。

### （二）不同年龄段的作业特点及意义

作业的要求应该因年级而有所不同。在最早的年级阶段，作业应该促进积极的态度、习惯和性格特征的发展，允许适当的家长参与，并加强对课堂上所教授的简单技能。在小学高年级阶段，作业应该在提高技能和成绩方面发挥更直接的作用。到了六年级以后，作业应该有助于提高标准化考试成绩。

作业的意义是深远且长期的，同时应该对学生学习体验的多个方面有所益处。在进行的“喜欢什么类型的英语作业”调查采访中，学生们明确表示喜欢有趣和多样化的作业，而不喜欢千篇一律和机械抄写的作业。一些低质量的作业可能导致孩子们对该科目的学习产生抵触情绪，失去创新和尝试的欲望。

### （三）设计小学英语作业的原则

为了提高作业的效果，我们在设计作业的过程中应该遵循高质量作业的五个特征，即目的、效率、所有权、能力和审美情趣。目的意味着所有的作业都应该有意义。学生应该清楚地知道他们应该做什么以及如何做。只有这样，作业才能向教师提供有关学生理解情况的真实反馈，从而达到强化概念的目的。效率是有效作业的第二个标志。太简单的作业可能导致无聊，太难的作业则会引起沮丧。因此，结构合理、难度适中的作业会增强学生的产出。有效作业的第三个标志是所有权，即在做作业的过程中为学生提供选择的机会。当学生可以以出色的工作为荣时，他们会对自己的作业更有归属感。能力是有效作业的第四个标志，即学生感到有能力完成家庭作业。在设计作业的过程中，我们选择分层作业，为个别学生提供适当难度的任务。审美吸引力是第五个标志，也就是作业的外观对学生而言也很重要。例如，作业上的信息不应过多，要留有足够的空间写答案，并可以使用图形或剪贴画来增加作业的趣味性。

（四）作业的应用与实践

基于以上的作业设计理念，并结合课程标准的要求，我们提倡进行单元作业设计。在整个单元的考虑下，我们分配作业目标、作业题目和作业类型，以下以四年级“Would you like to take a trip”为例，总单元目标如下：

1. 基于“Would you like to take a trip”主题，通过制定出游计划、观赏动物、谈论动物及食物区别等情境，使学生能熟练表达出游计划、常见动物的名称、外貌和特点。

2. 能够通过仔细观察动物，发现动物的多样性，培养对大自然的兴趣和热爱。

3. 在阅读绘本过程中，了解动物的思想和感情，激发对动物的热爱和保护意识，并获得“赠人玫瑰，手有余香”的启示。

以下是按课时划分的教学目标：

| 课时 1 | 课时 2 | 课时 3 | 课时 4 | 课时 5 | 课时 6 |
|---|---|---|---|---|---|
| Talk about holiday plar | Talk about zoo arimals and their appearance and ability | Talk about more arimals and describe them in detail | Talk about farm arimals and clarify the differences zoo from animals | Animals and their food | Why the kangaroo has a pouch |
| 通过假期作为情景导入，学生可以简单运用询问和表达旅行计划的目标语言，Where shall we go? We want togo to..;Would you like to...? How about...? 掌握常见假期娱乐地点，如zoo，farm，并了解theme park, funfair, library, museum等词汇表达 | 在第一个旅游景点——动物园郊游的情境中，学生可以学会询问不熟悉的动物和事物，如What's this in English? What's that in English? It's a/an... 知晓动物园内的动物，如giraffe, camel, monkey, bear, panda，并对其外貌和具备的能力进行英文描述，如It is short, fat, strong, small, big, pretty, ugly, nice, etc, It can... | 巩固对不熟悉的动物和事物的询问，What's this in English? What's that in English? 并扩充动物的词汇，如tiger, cat, dog等；展开对话，如对喜爱的动物简单地描述，如cute, lovely, smart, clever... is so... It has a long... They are very... have... is dancing...can... | 在第二个旅游景点——农场郊游的情境中，学生可以询问不熟悉的动物，如What are these/those in English? They're...；知晓农场内的动物，如a horse, a cow, a sheep, a goat, horses, cows, sheep, goats 并结合之前学过的语言，用生动形象的感叹句进行描述 | 通过观看微视频、阅读，学生了解动物的食物，并根据它们所吃的食物进行分类，如meat，meat and plants, plants，从而增加对大自然的兴趣和好奇心 | 通过绘本故事的帮助，学生将巩固、复习并扩展相关动物的词汇和描述。通过速读、精读、推理、深度阅读等步骤，学生了解故事大意，理解故事情节，并进行分析、整合信息，进而感受动物同人类一样平等，也有思想、感情，激发热动物保护动物的意识 |

根据以上的单元分课时作业目标，设计的作业如下：

第一课时：一星作业设计——创建关于主题的思维导图。该部分的设计意图总结学生在假期中经常做的活动；对不同层次水平的学生进行词汇方面的拓宽。

二星作业——运用Where shall we go? I want to go to ... Would you like to ...? How about... 句型与学生一起制定假期计划。该部分的设计意图是运用功能语句互相询问假期的安排和计划、提出建议、说想法；同时引入并树立计划的概念。

第二课时：一星作业设计——两人一组，演绎课本剧。该部分的设计意图是引导学生运用生动形象的语气尝试角色朗读短文对话，进一步加深对文本的理解，准确把握故事角色的情感。

二星作业设计——思考、搜集在动物园中常见的动物，并设计一副“My Dream Zoo”海报并对海报上的动物进行简单描述。

第三课时：一星作业设计——调查问卷。该部分的设计意图是对喜欢的动物进行简单的描述，从而加强口语交际应用。

二星作业设计——两人一组，根据上节课的“My Dream Zoo”海报补全对话，参考的内容有Lesson 32/33课，作业纸中的参考词汇和参考句型。该部分的设计意图是巩固核心句型的运用，培养学生知识迁移使用的能力。

三星作业设计——根据创编的对话，两人一组演绎出来。该部分的设计意图是进一步巩固核心句型；通过“演一演”，让学生有展示的平台，从而获得成就感，提升对主题和英文的兴趣。

第四课时：一星作业设计——将所学动物词汇按照farm、zoo进行分类。

二星作业设计——有感情地朗读短文对话。该部分的设计意图是运用生动形象的语气，加强学生对核心句型在听说方面的理解。

三星作业设计——续写对话“A _____ (Farm/Zoo) Trip”。该部分的设计意图是加强学生对目标语言及词汇的巩固和灵活运用的能力。

第五课时：一星作业——根据前五课的动物单词，补全句子：They are ______. They eat ________. They are very/so _________.该部分设计意图是学生能通过图片，巩固核心词汇，并夯实核心句型。

二星作业设计——利用核心句式They live in... They are... They eat... They have... They can...设计动物猜谜。该部分设计意图是进一步巩固学生对核心词汇及句型的整合和运用，并有效产出What are those/these in English。

三星作业设计——根据上节课 a dialogue about "A ______( Farm/Zoo ) Trip" 改写成"My Plan for a ______( Farm/Zoo ) Trip"。该部分的设计意图是帮助学生进一步巩固本单元的核心句型和词汇，也是对之前语言点的整合和延伸，发展学生的语言组织力。

第六课时：一星作业——有感情地朗读故事。该部分的设计意图是引导学生运用生动形象的语气，通过重音、停顿等，准确把握故事角色的情感。

二星作业——小组表演课文剧。该部分的设计意图是学生进一步巩固句型：I can't/can...I'm/I'm not...I don't haven/I have...

三星作业——根据故事，写一篇小短文关于"Who is kind to you? Are you kind to people? What do you do for her/him?"该部分的设计意图是学生深入挖掘文章的内涵，意识到"赠人玫瑰手有余香"，学会感恩并表达出来。

此外，及时的作业反馈也非常重要。根据学生的完成情况，教师可以在课堂上引导学生进行讨论，使学生学会自我反思。这样，作业不再仅仅是分配给学生的例行公事，而可以使学生获得更多的参与感，从而提高学生对作业的兴趣。

## 四、课程育人价值

作为一名一线教师，我们应该努力提升教学水平，不仅把好课堂的第一关，还要借助"双减"政策的"东风"来提高作业的效果。让学生拥有更广阔的想象空间和更多的自主权利，发挥个体差异，使每个学生的学习能力、知识水平和个性得到充分的发展。

天津市南开区美达菲学校

# 劳动教育在小学数学课程中的渗透与应用

文 / 费琪文

## 一、课程育人思考

### （一）背景依据

《关于全面加强新时代大中小学劳动教育的意见》，明确了新时代培养社会主义建设者和接班人对加强劳动教育的新要求。2020年7月，教育部组织研究制定了《大中小学劳动教育指导纲要》。小学教育作为基础教育的初级阶段，劳动教育融入小学培养过程对新时代小学生树立正确的劳动精神与劳动价值观、生成健康积极的劳动习惯、劳动素养、劳动能力发挥着重要作用。笔者所教授的班级学生主要来自城市户口家庭，生活水平较为优渥，学生缺乏劳动实践机会，劳动意识和习惯还未建立。

### （二）目标

在数学教学中逐层递进、由浅入深地渗透劳动的观念、习惯、能力、价值等，促进小学生的劳动素养与数学素养的生成。

## 二、课程育人方略

数学学科与劳动教育具有天然的亲缘性，通过数学文化、数学活动、数学艺术、数学智慧等方面与劳动教育的渗透，探索在融合课程中培养学生的劳动精神、劳动习惯、劳动素养与劳动思维。

## 三、课程育人经验

### （一）教学情境还原真实劳动过程，启发劳动意识

在一年级教材“古人计数”一课中，在教授数学知识的同时，还需要引导学生理解数学思想和数学史的发展历程以及体会“古人计数”的课程内涵背后蕴含的劳动精神。教学情境向学生展示上古时代古人们为了生存而开展的一系列狩猎、种植、搭建等劳动活动，通过1—2个导入问题引出计数在这些活动中的意义和价值。教师可以通过情景模拟再现的方法借助投影和道具邀请几位学生扮演古人，对自己生产的物品以及狩猎的猎物计数。在生产生活的初始阶段，狩猎的数量十分稀少，古人们借助手指就可以完成计数，学生模仿古人用手指对教师准备的道具数数。这时教师加入更多的生产工具或是动物、植物模型，并进一步向学生提问，当古人的工具不断改进，狩猎技术、种植技术越来越精湛，他们随之生产出更多的物品、收获更多猎物的时候，继续用手指还可行吗？当学生尝试数到10后，发现手指不够用了。教师可以由此引导学生通过教具中的其他物品完成10以上的数数，例如：借助石头、树枝、树叶、结绳等，让学生们体会到古人经历的计数发展过程，不仅了解10的后面是11，也向学生生动还原了十进制诞生的起源，不是某一时刻的灵感发明，而是在人类的劳动过程中通过自己的思考、实践与反复尝试产生的，“数（shù）”的生成来源于生产实践中的劳动“数（shǔ）”而实现。在这堂课的设计中，把握立足于知识且跳出知识的范畴，将课堂延伸至文化的传承与劳动意识的传递。

教学不能单纯停留在11—20的计数结果，而是通过古人计数情境的还原，使学生深入理解自然数的产生与发展历程。从“实物计数”到“手指计数”“石头计数”“结绳计数”演变为“符号计数”的过程，渗透着人类文明发展向前的每一步都离不开劳动，人类的智慧从劳动中诞生。

### （二）数学活动培育综合劳动素养，养成劳动习惯

在低年级数学学习阶段“整理房间”这一单元，引导学生通过观察、比较、沟通、行动来理解分类的含义和特征，初步体会分类对人类生活的作用。课程导入先展示两个小朋友的房间图，引导学生说出房间里的问题，确立分类整理的必要性。其

次，通过观察和比较，学生对分类标准获得间接的经验，鼓励学生在家先尝试整理自己的房间、书包等。在课堂上教师继续深化分类的若干情境，根据教室内的陈设区域，将班级分组，对教室内的图书角、黑板区、生活区进行分类整理，在学生们行动前，教师给出问题，学生边做边思考，思考分类对生活的意义和作用，分类和归纳的关系等问题。待学生们做好之后请每个小组成员发表对问题的思考，教师将数学教育和劳动教育有机地结合起来，告诫学生们养成劳动习惯的重要意义，而分类习惯的养成有助于为每个人的生活提供便利，使每个人的生活更加有条理。

### （三）数学生活渗透艺术之美，陶冶劳动精神

在“欣赏图形”这一课中教师带领学生观察身边学生衣服上的图案、学校地砖的图案、窗帘上的图案，引导学生通过观察、体会，找到这些图案中的基本图形，鼓励学生们继续思考这些基本图形在哪些地方还出现过，体会到数学是源于生活的。接下来向学生展示我国各民族传统服饰上的精美图案，阐释民族文化是在人民长期的劳动生产中不断摸索、修正、创造出来的，例如：刺绣、蜡染等，鼓励学生从这些民族服饰中找出所学的基本图形，按照小组为单位，带领学生体验简单的蜡染技术过程，“沾蜡—画蜡—染色—托蜡”这一劳动过程让孩子们欣赏少数民族传统艺术文化中的数学图形之美，同时引导思考为什么少数民族能创造出这种技术？这种技术与少数民族所在地区的自然环境是否有联系？通过亲身体验劳动与艺术的结合，让学生们理解美的含义，美既在数学的自然世界中，也在人类的劳动过程之中，数学不仅是理性的学科，而且是充满艺术感的科学，它与人民的生活息息相关。

### （四）数学智慧联系日常生活，启迪劳动思维

在数学书四年级上册的“数学广角——优化”这一主题中，教师带领学生初步理解运筹学中如何解决实际生活问题。上课前让学生们观察家庭生活中需要做优化决策的行动，对比自己和家长的决策哪个更为合理，鼓励学生积极观察并记录下来，在课堂上将观察结果表达出来，短时间的交流讨论后，引导学生如何从众多行动方案中选择遵循的标准和最优的决策。接下来教师将生活中的2—3个劳动过程呈现给大家，例如：沏茶、烙饼、做家务等，将这些生活中遇到的劳动环节具体展开，询问学生这些家务劳动他们会做哪些，这些家务活动通常需要哪些步骤，鼓励学生将完整的劳动过程阐释出来。随后教师循着学生阐述的这些工作步骤，逐步渗透

数学的思维和方法，向学生呈现运用数学的思考方式方法后，可以指导人们选择最为优良、最有效率的行动方案，节省时间，提高效率。以此扩展到生活中的各个方面，从学习、到家庭中的劳动等都离不开数学思维的渗透。健康的劳动思维是开展任何活动的基础，而数学智慧是保证所开展的一切活动保持理性，以节约、高效的状态让生活更加美好。

**四、课程育人价值**

从结绳计数开始，数学就与人类的劳动过程建立了不解之缘，数学本身就是人类劳动实践的成果，从本质上劳动与数学具有无法割舍的亲缘性。人类的文化史始终伴随着劳动的过程，劳动是人们与自然、与这个世界建立联系的载体。数学最初的生成同样是帮助人们对自然、环境建立认知，思考并处理与周围事物的载体，通过人类有意识的自我实践从而发现自我、理解自我、改造自我，不断尝试探索形成独立完整人格的过程。在小学数学课程中融入劳动教育，不仅能够加深新时代小学生劳动精神与劳动价值观的形成，还可以帮助小学生建立劳动与自己生活之间的联系，增加自己对劳动生活的思考，体会劳动与数学对日常生活的价值意义。小学生好奇心强，喜欢探索，热衷亲身实践，而劳动教育恰恰符合了小学生心智和身体方面成长的诉求，将劳动教育与数学教育有机融合，有利于促进小学生德育、智育、体育、美育等全面素养的发展，从而为未来完整人格的养成奠定坚实的基础。

**天津南开日新学校**

# 劳动教育为主题的研学实践课程开发与实施

文/田 艳 赵 爽

## 一、课程育人思考

习近平总书记在2018年全国教育大会上指出“培养德智体美劳全面发展的社会主义建设者和接班人”，强调了劳动教育是党的教育方针重要内容。2020年3月，中共中央、国务院印发《关于全面加强新时代大中小学劳动教育的意见》，强调劳动教育是中国特色社会主义制度的重要内容，要把劳动教育纳入人才培养全过程，贯通大中小学各学段，贯穿家庭、学校、社会各方面。要充分利用社会各方面资源，为劳动教育提供必要保障。显然，劳动教育已成为教学内容的重要组成部分，开拓劳动教育实践场所，保证劳动教育积极开展是当前迫不及待的任务。

在以上教育政策背景下，基于中国教育学会教育科研规划课题“基于‘立德树人’目标的课堂教学与研学旅行、知行课程建设与实践研究”，结合学校劳动教育特色及“十四五”立项课题“在劳动教育中浸润中华优秀传统文化的探索研究”构建以劳动教育为主题的研学实践课程。学校劳动教育拥有六十年的历史，形成了特色，构建了学校、家庭、社会“三位一体”的劳动教育活动平台。本课程通过整合我国深厚、多元的文化，历史资源，丰富教育平台与教育场景，开发以劳动教育为主题的研学实践课程，确立课程的内容与实施策略，让学生在研学实践中获得劳动体验，养成劳动习惯，掌握劳动技能。同时，在研学实践课程中渗透中华优秀传统文化，弘扬劳动精神，培养学生坚强的意志品质及勇于承担社会责任的意识，勤俭、奋斗、创新、奉献的劳动精神。

学校成立由“一把校长—分管校长—分管主任—课题实验教师”组成的课题实验研究团队。课题组成员认真研读课题实施方案，制定计划，确立目标，内容及实施方案，将综合实践课程和学校劳动教育特色有机融合，整体架构以劳动教育为主题的研学实践课程。让学生在精心设计的研学实践课程中开阔眼界，进行劳动技能的训练，感受劳动的魅力，从而发展学生核心素养，培养德智体美劳全面发展的社会主义建设者和接班人。

## 二、课程育人方略

### （一）以国家课程为载体，挖掘劳动教育元素

以国家课程为主渠道，发掘国家课程中各科教材的劳动教育元素。不同科目的国家课程中蕴含了诸多劳动教育元素，如劳动人物形象、劳模精神、工匠精神等劳动价值观。因此，针对国家课程中的劳动教育要素进行完整、细致的挖掘，将国家课程中潜藏的劳动教育价值提炼出来，达成“关联结构地挖掘、逐层聚类地提炼”，为学生提供研学实践的知识体系。

### （二）以信息技术为载体，构建研学实践共享平台

创建古诗美文赏析，分享平台。通过研学实践课程，完善我校劳动教育学习资源。利用校园网络平台，将信息技术与劳动教育相结合，设计专门板块为学生提供含有劳动教育元素的诗歌、典故。通过诵读，分析古诗、美文，了解中国人民历来重视劳动教育，并把劳动作为美德；同时鼓励学生通过网络搜索查找更多古诗、美文，鼓励同学间分享，感受中国人民聪明善良、勤劳质朴的优秀品质。

创建微课成果展示、分享平台。通过研学实践课程，完善我校劳动教育教学条件资源。制作劳动技能微课，制作定格动画，激发学生兴趣，拓宽学生学习的空间和时间，同时鼓励学生在课下尝试制作微课，定期展示学生成果，与兄弟学校及国外合作校分享，让更多的学生享受到劳动教育资源，让世界了解中国，感受中国人的智慧与勤劳。

### （三）以活动课程为载体，强化学生研学实践体验

通过研学实践课程，满足学生个性需求。开发各类劳动技术小组，努力实现“人人都合格，个个有特长”。开展以探索为主的制作与实践活动，通过学生自己动手动脑实践，制作出不同主题的仿真作品。制作内容涉及多种学科和领域，使学生在多重领域的实践研究中，培养创新精神和实践能力。

对应小学的低、中、高段开发基础课程、拓展课程、研究课程三类研学实践课程。这三类课程并不是孤单的个体，而是在每类课程中实现课程内部统整的基础上，辅之以各类课程外部的进阶，从而架构起整个系统化的研学实践课程。基础课程包括：生活自理、个性展示、劳动意识等。拓展课程包括：家务技能、校岗锻炼、创意制作等。研究课程包括：科技研究和社会体验。如家务技能是结合小学生生活中遇到的一些生活问题，设计的生活劳动常识的内容，提高学生解决日常生活问题的能力。校岗锻炼则是结合学校的实际，通过担任学校某种岗位进行锻炼。

丰富研学实践活动，并在活动中增加体现中华传统文化的活动。如走进歌剧院欣赏民族戏剧、民族音乐，学习演奏古典乐器等，培养学生健康的审美情趣；磨炼国画、书法、篆刻等技艺，使学生掌握技能，培养个性特长的同时愉悦身心，培养学生坚强的意志品质，提高学生核心素养。

借助精品化学生社团的活动引领，营造积极向上的劳动文化。研学实践需要以实践性、活动性与体验性的方式帮助学生真正达成“做中学”的真正目的。学校集中学生的精力，使之在获得丰富观感经验的基础上，触发间接经验的内化。在定期举办校园劳动节的基础上，以培养“劳动少年”为核心思想，借助展示和培养学生才智特长，打造一批“知行一体”的学生团队组织。

### （四）开发家校社资源基地，建立多方联动机制

充分利用校友、家长学校这一教育资源，指导家长将劳动教育，优秀传统文化教育延伸到家庭。同时带领学生走进家长工作场所进行职业体验，引领学生从兴趣走向志趣，从中选择形成职业志向，从而打开启蒙的大门。制订与校外基地联合开展活动的计划，依据主题特色，实现联动。例如，以“学雷锋日”为主题，社区、学校、图书馆、派出所、污水处理厂、地铁站等单位在人员配给、场所提供、活动设计、信息呈现等方面实现联动。充分挖掘“非遗”传统手工艺文化场馆基地，如中国结、

手鞠球、杨柳青年画、风筝魏、泥人张、柳条编织等，让学生走进“非遗”场馆，了解并体会传统手工艺人的坚守与担当。同时，进行大中小一体化纵向贯通、校内外和校际间的横向连接。如药香文化进校园活动，请“非遗”传承人走进校园，让学生感受药香文化，增长学生劳动技能，传承中国传统文化。

## 三、课程育人经验

### （一）研学实践课程化

将研学实践纳入课程计划，作为体现地方与校本特色的拓展课程，创新教学方式，优化教学行为，形成促进学生全面发展的开放体验式融合教育生态。借力“互联网+教育”的形式，加强信息技术与劳动教育的深度融合，与研学实践课程有效融合，学生通过信息技术手段开阔眼界，发展技能，提升核心素养。开发适合学生年龄特征和身心发展规律的研学实践基地，紧密对接学科课程知识，研学实践主题，有针对性地开展劳动、历史、科技、人文、体验等多种类型的研学实践。

### （二）研学实践活动预案精细化

活动前要集体讨论，细化内容，明确分工及责任，制定详细方案，让参与活动的学生和家长知晓。在开发研学实践基地时，充分了解实践基地的资质与信誉，选择其中有资质，信誉好的基地，签订协议，规避活动风险，防患于未然，促进研学实践活动持续开展。重视安全管理，严格履行报备手续，任何组织的研学活动必须经主管部门批准，并根据每次活动的内容制订应急预案、安全管理制度和安全手册等。制订研学实践手册，为学生提供资料，为学生更好地进行研学实践提供方向指导，做好课内知识深化与课外知识的拓展。

### （三）研学实践课程多样化

将校内教育与校外教育相融合，开展以课堂学科教学与课外的社会实践体验相融合的综合性育人活动，将劳动教育转化为思想政治教育手段。

创新活动形式，采取“请进来，走出去”等形式，将校内教育与校外教育有效衔接，请“药香文化”非遗传承人走进学校，同时让学生走出校园，走进劳动基地，走进环境基地，走进非遗场馆等，突破固有的学习和生活方式。在与日常生活不同的实践情景中，丰富知识，拓宽视野，增强与自然、与文化的亲近感。

引导学生主动参与研学实践活动，通过亲身实践和体验，掌握综合运用学科知识的方法，并将其运用到解决现实问题中来，提升自身综合素质，发展核心素养。

在以劳动教育为主题的研学实践课程中，渗透中华传统文化教育，让学生初步掌握象征中华传统文化的民族戏剧、国画、书法、传统手工艺等，培养学生社会责任感以及担当意识，培养具有中国情怀又具有国际视野的一代新人。

**四、课程育人价值**

学校通过校内校外研学实践，使学生接受劳动教育的现场体验、获得角色扮演与动手实践的机会，从而树立正确的劳动观，养成良好的劳动习惯，锻炼劳动技能、具备劳动素养。学校通过丰富多彩的研学实践活动，培养学生勤俭、奋斗、创新、奉献的劳动精神，发展学生核心素养，使其成为德智体美劳全面发展的社会主义建设者和接班人。学校通过在研学实践课程中渗透中华优秀传统文化，让学生更加了解中华文明，传承中国传统文化，传承劳动精神，增强民族自豪感。

研学实践课程让学生增长了见识、提高了能力、发展了素养。学生们以饱满的热情参与，在研学实践中发现问题，主动运用科学的思维方式解决现实问题，并通过不懈努力掌握新技能，学生的思维能力、实践能力和创新能力得到提升。同时以劳动教育为主题的研学实践课程利于学生形成劳动价值观，传承劳动精神，热爱劳动、艰苦奋斗，拼搏奉献，勇于创新，立志为实现中华民族伟大复兴中国梦而不懈努力。

**天津市南开区五马路小学**

# 落实劳动新课标，为“双减”做加法

## ——以“冬日里的月季花”一课为例

文/张 彤

### 一、课程育人思考

从社会到各部门对劳动教育持续关注中不难发现，青少年在一定程度上存在对劳动的抵触。但事实上，适当的劳动教育不仅不影响孩子的学习，反而会对孩子的发展有着至关重要的影响。它既可以帮助他们获得长远的劳动技能，增加生活经验，又可以增强他们的体质和意志力。

劳动教育是实施素质教育的重要内容。本文以一节劳动课为例，结合“双减”政策与《义务教育劳动课程标准（2022年版）》，在劳动课程中探索教育实践新途径。

### 二、课程育人方略

本文以三年级学生学习制作永不凋谢的小纸花为基础，让学生体验社会主义社会新的平等和谐的劳动关系。学生在认识世界的基础上，把实践作为获得积极价值体验的最重要途径。

### 三、课程育人经验

在劳动课教学中，教师要积极引入科学高效的教学方法、教学评价等，以提高课堂效率，实现减负增效。

（一）科学选择教学内容

根据劳动课程要求，利用周围的材料制作工艺美化生活，不仅培养学生的动脑能力，而且培养学生的创新意识。同时在《义务教育劳动课程标准（2022年版）》中3至4年级任务群中提到“选择传统工艺制作项目，如纸工，了解制作的技能和方法，尝试设计简单作品，并参考规范流程进行制作”。所以本节课主要定位于学生自己动手制作月季花，采用的是剪、贴、折等方法。其特点是展现花朵造型逼真，制作难度比较适中。教师指导学生用皱纹纸粘贴制作，有关制作方法和注意事项加以强调，做到提示清晰明了，培养了学生的自主探究能力。

本课制作的月季是天津的市花，天津有“月季之乡”的美称。在不影响课程结构的前提下，将月季贯穿整个课程，将本课的知识扩展到传统文化。增强学生对家乡的热爱和民族自豪感。

新课程理念下的劳动教育是发展学生主动获得知识，逐步掌握基本的生活技能和劳动技术，养成主动探究的习惯，发展创新精神和实践能力。本课原标题为“小纸花”，但将本课稍作修改，改为“冬日里的月季花”，让原来的小纸花赋予了新的生命且内容更加丰富、升华。学生探究月季花的制作步骤、品质等培养了想象力、创新精神和实践能力，充分体现“以学生为主体”的教育思想。

（二）准确把握教学目标

劳动课最大的特点是“实践动手”。教学目标是培养学生良好的技术素质，使学生通过课堂发展获得相应的劳动经验，劳动课教师首先要对课程纲要有明确的把握，并对教学目标有清晰的认识，吃透教材。

因此，在制作一朵月季花时，让学生亲身体验制作过程，懂得“一分耕耘，一分收获”的道理，初步养成热爱劳动的态度；制作过程因为对花瓣的大小，材质要求，能使学生设计与制作简单的工艺作品；制作一朵月季花需要全程有始有终，如果半途而废就会衔接不上，所以培养了学生有始有终的劳动习惯和品质，并且形成不怕困难的精神。

（三）巧妙教学实施

劳动的过程需要大脑的参与，并能在这个过程中增强对大脑的控制和调节，巧妙地设计一节课能让学生受益匪浅。

上课伊始，请学生欣赏一组图片（大自然中的月季花与纸花），真花的鲜艳、自然、飘香，让人回归了大自然，但是“好花不常在”，再美丽娇艳的花朵也有凋落的一天。学生想到用皱纹纸制作假花，用双手留住生活中的美好瞬间。

接着剖析一朵月季花，学生观察花的组成并思考如何制作一朵完整的月季花。用折纸做出或剪出花是比较容易的，但皱纹纸很软，考验了学生的耐心。在制作时，从刚开始的失败，到慢慢成型，软软的皱纹纸在学生手中变成了一朵坚韧的花。完成后俨然一件工艺品，让孩子们享受到劳动的快乐。最后让学生把多余的废纸屑放进课前叠好的正方形盒子，更好更干净地清理桌面。劳动任务完成时，需要学生运用大脑进行积极思考，从而促进了学生智力的开发。

在本课教学中，微课的使用如虎添翼，利用flash交互软件制作微课，学生能与屏幕互动，兼顾学生学习与教师教学的双重作用，学生学习完微课，按照花蕊、花瓣、花托、叶子的顺序开始制作，每个步骤都很关键，也培养学生坚持不懈、持久细心的劳动态度，也锻炼了学生的体质，培养学生的工匠精神，实现快乐成长的教学目标。

待学生制作完后，按照“选色合理，形状逼真；造型美观，设计独特”的角度进行评价，让学生的思维碰撞出智慧的火花，劳动也创造了美，作品评价不仅加深了学生对作品的理解，而且提高了学生的审美素质。另外，在教育教学改革深入推进的新时期，让学生形成良好的劳动品质意义重大。在学生欣赏交流环节，提问学生想把这朵花送给谁。赠人“月季”手留余香，学生争先举手，有说想送给妈妈、医护人员、警察等，并说出缘由。小小的花承载了独特的情感，在学生心中有了沉甸甸的分量。

最后请学生学习本市的市花——月季花身上的高贵品质。月季是力量的象征，它有一种百折不挠的精神，把一根枝条插在盆里，就能生根发芽，生长发育直到开花。给人一种顽强奋斗、积极进取、追求阳光的美好感觉。学生学习后备受鼓舞，都说要像我们的市花一样，坚韧、拼搏、努力学习。可能这就是劳动课上一朵花带来的丰厚价值。

因此，做好劳动教育，可以让道德在劳动中成长，让智慧在劳动中启迪，让体育在劳动中锻炼，让美感在劳动中渗透，让劳动教育回归当代小学教育。

（四）培养行为习惯与注重综合评价

劳动课程的开设与我国素质教育的发展要求相符合，要提高学生的课程参与积极性以及课程教学质量。教师必须考虑学生的观点和他们的实际需要。因此每节课都要强调安全性，如剪刀的使用、纸屑的放置等，为的是形成根深蒂固的行为安全习惯，安全无小事，在安全的基础上完成制作是最基本的。

此外，要注意评价内容的多维性、评价方法的多样性和评价主体的多样性。既要注重劳动成果，又要注重劳动过程的表现。

在学生制作月季花时鼓励学生发散思维、小组合作、互帮互助、想法多元；在制作完成后定性评价、综合评价，让每个学生都能发现自己身上的价值。

## 四、课程育人价值

世界上美好的梦想只有通过诚实的劳动才能实现，美好的生活可以用劳动的双手创造，制作一朵冬日里的月季花能培养学生观察力、创造力、想象力，同时把“工匠精神”引入到课堂教学中，在制作过程中心无旁骛地劳动恰恰是能带给学生最大的幸福，在实践中提升了学生劳动品质的核心素养。

通过开展这样的特色劳动课程不仅锻炼了学生们的动手能力，而且培养了学生的劳动精神，寓教于乐，受益良多，更让学生感受到市花的魅力，坚定文化自信。将课堂教学与劳动实践相结合，让学生获得知识和劳动能力的双重收获，培养学生创造性劳动的宝贵品质，培养高尚的道德情操，学习实践相关技能，促进学生的全面发展。在劳动育人的道路上，努力不断进取，把拼搏进取、追求卓越的精神融入学生的学习和生活，用自己的双手实现伟大的梦想，使劳动教育真正成为德才兼济、育人的有效途径。

天津市南开区华夏小学

# 多维触角提升劳动能力
# 协同合作传承匠心精神

## ——以“走进风筝魏”项目化活动为例

文 / 刘月月

### 一、课程育人思考

习近平总书记在十九届中央政治局第二十三次集体学习时强调：“在历史长河中，中华民族形成了伟大民族精神和优秀传统文化，这是中华民族生生不息、常盛不衰的文化基因，也是实现中华民族伟大复兴的精神力量，要结合新的实际发扬光大。”匠心精神作为优秀的传统民族精神，应不断传承与发扬。

本课程以学生喜欢的风筝为契机，激发学生的探究和学习兴趣，激励学生在实践活动中探索发现，提高劳动能力。同时，“风筝魏”的风筝作为天津传统手工艺“三绝”之一，是天津优秀传统文化的重要组成部分，蕴含着中华民族的文化基因和劳动精神，值得我们不断学习、创新、传承、发扬。

### 二、课程育人方略

课程以“走进风筝魏”项目活动为例，通过劳动融合项目化学习活动，培育劳动实践力、提升劳动创造力、传承劳动精神，多维触角提高学生劳动能力，传承中华民族精益求精、坚守担当的工匠精神。

## 三、课程育人经验

### （一）融合渗透，培育劳动实践力

1. 聚焦问题“思”，激活劳动思考力

提出问题，敢于质疑是学生劳动思考力的重要表现。在项目活动中，教师要引导学生从生活实际出发，提出自己感兴趣的、想研究的课题，并结合研究课题，思考如何开展项目研究。在活动前提出问题，聚焦驱动性问题进行思考，激活学生劳动思考能力。

在“走进风筝魏”项目化活动中，学生从天津传统手工艺出发，提出自己感兴趣的课题。确定课题后，将项目分为活动前、活动中、活动后三阶段。活动前，学生围绕“风筝魏”，进行头脑风暴。通过前期思考，学生提出“风筝魏”的发展历史，“风筝魏”的传承人，“风筝魏”的制作工艺等问题，根据这些驱动性问题，形成不同研究子课题。根据研究兴趣，确定子课题研究小组。在教师指导下，小组开展前期准备工作讨论会，思考在“风筝魏”场馆学习中将遇到的问题、需准备的事项、规划行程、确定计划、完成活动前期任务清单。

只有通过前期思考，整体规划，才能更顺利地开展项目化活动。因此活动前的思考尤其重要。在前期准备活动中，教师要引导学生思考，提出问题，带着问题去实践。思考的过程也是学生脑力劳动的过程，能激活劳动思考能力。

2. 融入实践“研”，增强劳动动手力

实践是项目化活动的重要环节。活动中，学生须充分发挥主观能动性，亲身实践，才能完成活动目标。活动期间，教师要及时检查学生是否顺利解决问题，达到预期目标，如需调整实践方法和策略，教师可以给予方法的指导，引导学生在不断总结、反复实践中，提高劳动动手能力。

在“走进风筝魏”项目化活动中，学生以小组形式开展项目研究。通过追根溯源看风筝——了解发展历史、精巧手艺学风筝——探索制作工艺、古诗词里放风筝——欣赏感悟美文、智慧巧手做风筝——分享实践感悟四个子课题进行实践活动。在探索制作工艺中，学生们走进“风筝魏”场馆，和“风筝魏”传承人学习精湛的制作工艺，了解“风筝魏”技艺，在第五代传承人魏博文老师指导下，学习如何做风筝。通过扎制风筝骨架，裱糊风筝纸，彩绘风筝面，提高动手能力。

回到课堂上，学生将在“风筝魏”场馆内学到的制作风筝方法进行推广，带领其他学生制作风筝。在风筝制作中，学生们又进一步探索，总结制作风筝的流程，首先需知晓制作风筝的材料，接着要了解制作风筝的步骤，还要清楚制作风筝的注意事项。

总之，学生们在项目活动中，不断实践、总结、再实践、再总结，在实践活动和反复探索中提高劳动动手能力。

3. 多维触角“合”，凝聚劳动协同力

项目化活动具有开放性和整合性的特点。活动期间不仅需要学科与学科之间的协作，还需要小组成员之间的配合。在多维融合中培养学生综合能力，让学生成为学习的发现者与研究者，提高协同劳动的能力。

“走进风筝魏”项目活动多维度地实现劳动融合。该项目化活动涉及劳动、语文、科学、美术、信息科技、道德与法治等多学科，学生充分调动各学科能力，实现多学科协同育人。项目实施中，学生的协同劳动能力也得到提高。在活动前，通过小组合作搜集资料，将前期冗杂的资料筛选、整合，整个过程就是小组合作劳动的表现。在活动中，小组细化分工，针对不同子课题内容，分头行动，使整个项目活动顺利进行。在制作风筝环节，有的负责前期扎制裱糊，有的负责后期美工图画，通过成员间的协作沟通，协同完成风筝作品。

在项目化活动中，小组成员之间调动多学科综合能力，实现协调配合是完成项目的关键。在多维融合中，潜移默化提高协同劳动的能力。

（二）创意物化，提升劳动创造力

项目化活动的开展在提高学生创新力和想象力方面发挥重要作用。在活动中，通过引导学生参与实践，激发学生想象力，提高学生的审美与创造力。

“走进风筝魏”项目活动中，学生代表来到“风筝魏”场馆，欣赏不同的“风筝魏”作品，感叹“风筝魏”独特造型，提高劳动艺术审美。在“风筝魏”传承人带领下，制作风筝，运用美术课堂上的色彩搭配，发挥想象力与创造力给风筝涂色，这也是劳动创造力的一种表现。在成果展示中，有的制作“风筝魏”手抄报与宣传海报，更好地宣传“风筝魏”；有的将项目学习中的历程记录下来，整理成电子杂志进行宣传，这些都是学生劳动创造力的外化表现。

在整个项目活动中，学生们发挥想象力与创造力，通过创意物化，进行形式多样的成果展示，其创新力与创造力都得到了锻炼，提高了劳动创造力。

（三）体悟担当，传承劳动精神气

在项目活动中，如何有效培养学生热爱劳动和对劳动人民的情感，传承劳动精神，教师可结合具体情况，在项目活动过程中渗透。在深入探究的活动中，引导学生体会问题解决的幸福感。让学生在享受劳动乐趣的同时，学会珍惜劳动成果，传承匠人精神。

在“走进风筝魏”活动中，学生们通过采访传承人，了解“风筝魏”独特的制作工艺，以及传承技艺的艰辛，体悟手工匠人锲而不舍的艺术追求，学习匠人坚持不懈的责任与担当，同时锤炼自己的劳动精神品格与精神意志。

## 四、课程育人价值

（一）认识场馆，树立劳动观念

在项目化活动中，学生运用现代信息技术，小组分工合作搜集、筛选、整理资料，获取相关手工艺场馆的资源，了解不同手工艺劳动者，尊重不同劳动者，树立正确的劳动观念。

（二）实践体验，提高劳动能力

在“风筝魏”场馆活动阶段，学生从任务出发，制定方案，运用多学科知识，解决遇到的问题，提高了劳动思考力；探索制作工艺，学会自我管理与团队合作，提高了劳动协作力；运用一定工艺与方法，体验风筝制作，发展了劳动创造的能力。

（三）总结分享，塑造劳动品质

学生在总结分享中，交流劳动成果与作品，体悟到手工艺作品的来之不易，珍惜劳动成果，养成了安全规范的劳动习惯，培养了吃苦耐劳，责任担当的劳动品质。

（四）拓展宣传，弘扬工匠精神

在项目活动中，学生近距离观察“风筝魏”作品，体会“风筝魏”独特工艺，并通过现代化的信息技术，对“风筝魏”场馆进行宣传，弘扬了手工匠人爱岗敬业、精益求精、追求卓越的工匠精神。

天津市南开区五马路小学

# 教改视角下“工匠精神”的培养

文/王　婕

## 一、课程育人思考

### （一）背景介绍

2022年4月27日，在“五一”国际劳动节来临之际，首届大国工匠创新交流大会在北京闭幕，习近平总书记在贺信中强调我国工人阶级和广大劳动群众要大力弘扬劳模精神、劳动精神和工匠精神，以适应当今世界科技革命和产业变革的需要。“工匠精神”是追求极致的精神，是对职业的敬畏、对工作的认真、对岗位的负责，更是直接决定着“中国制造2025”重要战略的最终成果，注重细节、精益求精的职业精神需要开设专业的课程进行阐述和实操。

我国自古就有尊崇和弘扬工匠精神的优良传统，长时间处于世界领先地位的工艺水平都是劳动者工匠精神的诠释。如今面对国内外各种压力，国际上面过美国等西方国家的技术封锁，国内面对常态化疫情防控的压力，每一位教师更需要具备“工匠精神”才能实现“志业”“实践”“超越”的三步跨越。教师的“工匠精神”就是将传道授业解惑精神发挥到精益求精，用这种精神教书育人、拓展实践技能、丰富教学方法，最终实现自我超越，为社会培养出一代又一代的优质生源。

### （二）课程目标

“教学课程”是教书育人的核心环节，在“五育融合”教育的大背景下进一步通过设计优质课程，升级教学设计、丰富校园文化等方式不断夯实教师的“工匠精神”，不断做实、做细教学中的各项环节从而提升教学质量。以课程设计为核心，立足校内与校外课程相结合为抓手，以丰富校园文化和体系建设为目标，使学生在寓教于乐学习的同时，不断提升自己的实践技能，成为一名学生小工匠。

## 二、课程育人方略

基于南开区中小学课程现状，如何将铸魂课程价值，发展学生核心素养作为课程育人方略。

## 三、课程育人经验

### （一）课程成果

1.升级教学设计

在升级教学设计方面，目前已经取得了三方面的成果。一是增设劳动技术课程其具体做法为，在小学初中阶段通过借助学校的内部场地开辟出了“劳动角”进行种植农作物。在实践过程中学生通过动手实践，体会到了劳动和收获的内涵。在高中阶段通过技术课程与学生未来职业生涯的发展需求相结合，有效地开展职业生涯规划，为“工匠精神”在基础教育中的培养提供了足够的机会。二是更新教材设计内容其具体做法为，在教材中添加符合生活实际的劳动内容，鼓励中小学生动手操作，尤其是传统非遗手工类技术的操作讲解，比如，青铜器、曲辕犁等讲解中结合历史背景、历史发展过程，感受复杂的制作流程，培养民族自豪感的同时饱含“工匠精神”。三是拓展课堂范围其具体做法为，打破枯燥的课堂授课方式，将“工匠精神”培养课堂拓展至校外，打造校内外共同培养模式。

2.衍生教学内容

在衍生教学内容方面，采取了两种方法。

一是校内课程衍生。通过教材中的渗透，让学生体会到劳动的快乐。比如，在人教版《端午粽》里，可以让学生们亲自体验包粽子的快乐，既是对传统文化的传承也是动手能力的锻炼。通过将手工实践、职业体验等内容融入中小学常规课程的教学中，通过角色扮演和主体参与等方式，一方面，加强对基础课程的理解；另一方面，加强对不同职业的体验。此外，加强校内实践活动。通过开展“大国工匠进校园”活动，聘请劳动模范和高技能人才为学生兼职授课，让学生感受工匠之美、工匠之魂；也可以让学生扮演“小小科学家”“小小植物家”，通过观察记录周边动植物的生长发展规律，增强与自然和谐相处的生态伦理意识。通过这种方式，旨在通过考察探究、社会服务、设计制作、职业体验等方式，培养学生的价值体认、责任担当、问题解决和创意物化的能力。

二是校外课程衍生。首先，借助职业学校资源。职业学校一般有强有力的专业实训基地，尤其是骨干型、示范型的职业学校拥有优越的实训基地资源，包括专业的训练场馆、专业的训练设备和人员等。因此，中小学可积极借助职业学校的专业基地资源量身定做趣味性的实践劳动课程，开展动手操作、模拟演练等实践活动，提高中小学生对于职业领域的认知和职业情境的感知。其次，借助社会企业资源。企业作为重要的社会资源，是中小学开展劳动实践课程、培养“工匠精神”的重要场所，在企业中体验感将更为真实。以劳动技术、通用技术、综合实践活动项目为依托，乡村小学可以组织学生参观乡镇企业、绿色农场，通过初步的动手实践让其感受工人、农民职业的高贵，体验工匠精神之伟大；城乡接合部初中可以组织学生到周边产业园区、建筑工地参与职业实践，从中感受技术的奥秘，体认职业的价值；市里高中可以组织学生到市政中心、高校、医院，体认脑力劳动者同样具有伟大的工匠精神。最后，借助社会教育基地资源。我国有几百个包括博物馆、科技馆、风景区及综合教育实践基地在内的中小学研学实践教育基地，这些丰富的社会资源也是践行工匠精神培育的重要场所。广大中小学可以借助这些资源，组织学生开展学军、学工、学农等主题体验营活动，让学生通过开展多元活动感受各行各业所具有的工匠精神，通过磨练意志养成珍惜生活、热爱劳动的好习惯。尤其借助于当地深厚的传统文化资源，将非遗传承与劳动教育密切结合，探索非遗文化中的工匠精神，打造“实验区+实验校+特色校”的劳动教育模式，为“工匠精神”的传承打下基础。

3.建设反馈体系

以工匠精神融入课程的程度和质量作为课程评价的重要标准之一，从学校、教师和学生三方面入手，包括对于工匠精神的培育管理与实施、校园文化建设体系、教学活动的设计实施、学生的经验等，可建立以工匠精神为核心的活动课程评价标准以及融入其他主题实践活动的课程评价体系，二者结合形成科学合理的劳动实践评价反馈系统。

（二）课程经验

首先，通过上述方法，取得了丰富的实践经验，这种经验不仅仅是丰富了课程内容，提升了课程质量，更重要的是将“工匠精神”精神不断融入到校园的文化中。在学校“五育并举”“五育融合”的要求背景下，积极开展劳动实践教育活动，加强校园文化建设中的劳育元素将“工匠精神”融入其中，尤其是提炼出“工匠精神”与思政教育的共同点，形成中小学生积极参与劳动实践并培养“工匠精神”的内驱力。

其次，随着现代科技的发展，我国已经进入信息时代。针对中小学生的年龄特点，引入智慧教学模式，运用现代科技将课堂变得更加生动有趣。在备课时，将枯燥乏味的理论知识转化为运用动画、虚拟现实技术等体验感强的实践课程，将单纯的讲解转化为动手操作，增加互动性大幅提升学生的参与性。

## 四、课程育人价值

丰富了教师队伍，在校内教师为主，校外教师为辅的体系下，聘请优秀的“工匠”进入校园讲解授课，让学生更加深刻地体验到“工匠精神”的魅力。此外，统筹推动中小学一体化劳动教育体系建设，建立学校、家庭、社会三位一体的教育平台，为“工匠精神”的传承提供更多保障。

天津市南开区中营瑞丽小学

# 一米阳光种植园

## ——基于种植课程对学生进行劳动教育新路径

文 / 王　冲　张凌云

### 一、课程育人思考

建设教育强国是中华民族伟大复兴的基础工程，必须把教育事业放在优先位置，深化教育改革，加快教育现代化，办好人民满意的教育。教育是中华民族复兴的基础工程，必须与时俱进深化教育改革，而教育改革的核心之一就是课程改革。

“五育并举”是新时期党的教育方针要求，“坚持五育并举，全面发展素质教育”是时代赋予学校的使命，时下的少年儿童考试拿高分的学习者很多，但是体能佳、善劳动的孩子却相对较少，成功的教育不应只关注知识的学习，只有德智体美劳全面发展才能造就出更多更好的社会人才。

课程改革首先是教学理念的转换，其次是教学方式及学生学习方法的补充完善。本校本课程更注重的是学生学习过程中多种思维能力的开发，在探究、发现、实践过程中科学精神的培养；积极鼓励学生发挥己长和通过团队合作享受科学知识与劳动技能相结合所获得的劳动成果，从而让学生体验到学习的快乐并激发他们内在的潜质，自觉主动的参与到教学过程中，成为学习中的主体。

本校本课程将课堂教学和劳动实践结合起来，以提升学生实践水平、促进学生全面发展为课程总目标，通过课堂教学、种植实践和综合拓展活动的展开，让学生获得知识和水平的双丰收。

## 二、课程育人方略

学校的任务之一是为社会培养高素质的合格的劳动者。教师应该指导学生从小参加适合其年龄特点的多种形式的活动，从而使学生形成正确的劳动观念。在课程中融入劳动教育，让学生明白劳动是创造财富和创造美好生活的重要途径，培养孩子们热爱劳动的精神，树立劳动最光荣的正确观念。

## 三、课程育人经验

“一米阳光农作物种植”的校本课程资源中主要包括了常见农具的介绍及使用、基本农作物的种植方法、常见农作物轮作方法等。由浅入深的向学生介绍了最基本的种植方法，通过对简易方法的掌握和了解，促进了学生对于种植课程的喜爱，进一步提升能力以及丰富知识经验等。

本校本课程以蔬菜种植为主题，包括课堂教学、种植实践和综合拓展活动三个模块。课程主要内容包括：理解蔬菜和蔬菜生长的环境条件、蔬菜的种子和播种、蔬菜的定植与管理、蔬菜的收获、蔬菜栽培制度和二十四节气、蔬菜的分类、蔬菜的营养与保健、现代蔬菜栽培技术等。结合课程内容开展课堂教学和种植实践，并设计“实践安排表”“我的发现记录问题卡”和“种植日志”，让学生记录自己的学习和种植历程。此外，还根据课程实际，精心设计综合拓展活动，让学生巩固和拓展所学。

学生在刚接触种植课程时，没有任何的动手操作经验，对于松土、除草及浇水时间等不太了解，通过一段时间的学习，学生已能够进行松土、播种、浇水、除草等。随着学生们每天对幼苗的精心呵护，幼苗茁壮成长，收获了成果，学生们体会到了成功的喜悦，在以后的学习过程中会更加自信。

植物是学生生活中随处可见的生物，学生们对植物可以说是既熟悉又陌生的。熟悉是因为很小的时候家长就开始教给孩子们去认识植物，陌生是因为孩子们对植物缺少系统科学的观察认识。在科学课教学中学生陆续学习了许多关于植物的内容，但种植活动较少，并且教材中是以花卉种植为内容进行的。其实对于我们生活中每天接触最多的植物种类就是餐桌上出现的各种农作物了，学生对它们的认识只局限于上餐桌前后的样子，而它们生长在土壤中完整植株的样子学生们完全不了解，所以我们从学生身边的生活中找素材，选择了与农作物种植相关的内容进行校本课程的开发。我们针对学生生活在城市中、课余生活中科学活动尤其是动手实验活动较少、种植的机会更少、学生年龄较小、更喜欢亲自动手操作的实践类活动等特点，课程选取了以农作物种植为主的各种实践活动为主要内容。在学习过程中学生不仅学习到了相关的科学知识和劳动种植技能，更得到了“民以食为天”“爱惜粮食”“尊重他人劳动成果”等中华传统文化和思想道德的教育，促进了学生的全面发展。

前期课程研发我们已开发了《一米阳光农作物种植》的校本课程资源，并已在部分年级开展了实践教学，学生们学习了一定的种植技能，收获了亲手种植的农作物，接触了许多以前从未了解的内容，提高学生对自然与人类社会和谐共存的认知，增长科学知识，提高劳动实践技能，通过劳动增强身体素质，感受大自然的美，从而实现学生的全面发展。在校本课程开发过程中，教师们积累了许多经验，能较好地把握学生的学习兴趣，选择贴近生活实际、适合儿童的语言、符合学生年龄特征的内容进行开发。本校本课程重视学生多方面能力的培养，尤其是对思想道德和劳动教育非常重视。这次校本课程的开发，增加了更多方面的内容，覆盖面更广，通过努力相信开发过程会更加顺利，更加适应学生的需要。

在课堂教学和种植实践的基础上，课程小组成员在各实践班组织开展了一系列拓展活动，有“我的菜园我做主”“蔬菜种植手抄报”“蔬菜种植交流会”“我的菜园规划”“我的种植展示”“蔬菜种植收获节”等活动让学生对自己的种植活动进行展示、分享自己种植中成功的经验和发现等。

此外，本校本课程的教学还能够与学校其他学科相结合，实现课程间的整合。如与科学教学相结合，观察蔬菜种子和蔬菜的生长过程；与语文教学相结合，将种植日志的写作和语文的作文相联系，增加学生的体验性知识；与数学学科结合，将数学知识应用到如播种数量、定植间距、蔬菜分配中；与美术、计算机教学相结合，让学生到菜地中写生、展开摄影绘画等活动。

## 四、课程育人价值

### （一）种植校本课程培养了学生珍惜粮食的意识

从古至今，勤俭节约是中华民族得以生生不息的根源之一，节约粮食是一种美德，是每位公民应尽的义务。通过课程学习，学生经历了收获粮食的整个环节，感受到了种植的辛苦，更加设身处地地意识到了农民伯伯的辛苦，珍惜粮食的观念进一步增强。

### （二）种植校本课程培养了学生的环保意识

环保意识是公民素质、社会公德的重要内容，伴随着经济的飞速发展，环境污染日益严重，直接影响到了人类的健康。在种植课程中，学生通过查阅资料和生活经验知道了垃圾对于植物生长的危害，进一步增强了学生的环保观念。

### （三）种植校本课程提高了学生的审美能力

教育心理学中提到人的审美感受产生于劳动，劳动可以创造美，劳动过程本身在一定条件下可以给劳动者带来美的享受。学生们通过学习种植课程，将生活中常见的蔬菜进行种植，将废弃的露台变成了一个生物角，学生们都深深地被这优美的环境所吸引。学生在美化环境美化校园的过程中，自己也受到了美的熏陶，在劳动中培养审美感，提高审美能力。

### （四）种植校本课程促进了学生的探索与创新

素质教育提倡教师要培养学生的创新精神和实践能力，教育就是要培养具有创新精神的人才，教师要把学习的主动权交给学生，让学生去探索、操作和思考。种植课程中充分体现出了新课改的具体要求，让学生做学习的主人，最大限度的解放学生的眼睛，创造学生认真观察的机会；解放学生的头脑，创造学生充分思考的机会；解放学生的双手，创造学生更多的实践机会。

### （五）种植校本课程让学生体验到了成功的快乐

现如今，由于农村城镇化进程不断加快，很多学生并没有种植的相关经历，对于植物种植他们只能通过手机、电脑等来学习，并没有亲身经历过。在种植课程中，学生有了一个展现自我、体验成功、得到肯定的机会，看着自己所种植的植物茁壮成长，心里有着自豪感和满足感，学生就会体验到成功的快乐。

（六）工匠的科学精神—— 学生成长的必修课

“一米阳光农作物种植”的校本课程实践，让我们深刻认识到科学教育教学就是一个引导培养学生对事物的观察、发现、思考、讨论的劳动体验和领悟过程。学生在此过程中，逐步学习和掌握了发现问题、提出问题、思考问题、寻求学习、得出结论的技巧和知识。而学生在这样的学习和劳动实践中，对自己领悟到的知识点往往更能够主动、自觉、愉悦的举一反三，加深理解和记忆。

**天津市南开区中营小学**

# 以实践性作业提升英语应用能力

文 / 杜雅琳

## 一、课程育人思考

### （一）背景依据

“双减” 政策背景下，教师若以提高学生分数为目的而使学生沦为抄写和刷题机器，这样很难激发学生的学习兴趣，也与英语的交际功能背道而驰。英语的学习不再简单是学会某一知识而是学会用英语知识多做事情，由 “重知识” 向 “重能力” 过渡。

### （二）课程目标

实践性作业是多元化作业设计中的重要一环，通过实践性作业培养学生的动口、动手、动脑能力，巩固学生所学知识，让学生感受到知识在生活中发挥的作用，以此来促进学生个性化发展。

## 二、课程育人方略

实践性作业 “用英语做事情” 做符合学生情感需要、生活需要、未来需要的有意义又真实的事情，促进认知学习与社会性成长结合，让学生体验成功，创新生活，享受幸福。

## 三、课程育人经验

依据《义务教育英语课程标准（2022年版）》要求，对传统书写作业进行整改，将英语核心素养 根植于教学中，设计出具有趣味性、自主性、开放性、探究性的实践性作业，学生们的兴趣显著提高。以人教版小学英语五年级下册第四单元“What's wrong with you?”中的Lesson 21为例。

（一）趣味性

1.设计目标

以体验生活为主，设计生活型作业，充分结合生活劳动与服务性劳动，加强对学生劳动意识、能力以及劳动价值观的培养。由“重知识”向“重能力”过渡，在有效巩固知识的同时提升应用能力。强化学生在劳动中的协作意识与责任感，引领学生树立正确的劳动观念。

2.作业题目

口语操练“争做优秀导诊员”I’m a hospital guide.要求：根据（Hint：What’s wrong with you? Don’t worry about...Don’t be afraid ...）来扮演导诊。规则：闯关积分的形式。第一关：能用 What’s wrong with you? 接待来访病人，语音语调正确优美，积30分。第二关：在第一关的基础上且能用 Don’t worry about...Don’t be afraid，I’ll help you ...）来安抚病人，积60分。第三关：能够熟练掌握 You should take some medicine ，take a rest ，drink more water 为病人提出康复建议，并能使用“This way，please”和“You can go to see the doctor on the third floor”等为病人提供热心帮助，积100分。

3.亮点分析

教师要把凡是学生能够自己独立做的事情都给学生留出空间，让学生有时间、有机会去选择、决定，去思索体验、感悟，去创造、实践、应用。“教者若有心，学者必得益。”因此，在作业布置上，要精心选择作业内容、精准针对不同学生、精确校正课堂教学、精细反馈作业情况。应做到因课而异，因时而异，因人而异，不能完全围着考试打转，要通过作业引导学生自主探究、提高思维品质。为了每一个学生的发展，树立崭新的作业理念，让每一位学生在“提质减负”背景下多一点空间去探索，多一点时间去思考，多一点机会去体验，真正实现作业“量的减负，质的增效”。

（二）自主性

1.设计目标

通过营造真实、生动的生活环境来激发学生应用英语的兴趣与勇气，并使学生成为热爱生命和珍惜生命的人。引领学生树立正确的劳动观念、科学的劳动思维、与时代相适应的劳动能力及必要的劳动品质。

2.作业题目

“实习医生”要求：根据（Hint：What's wrong with you? You should take some medicine，take a rest ，drink more water...）来为病人鉴诊，然后填写一份医疗报告。

3.亮点分析

采访任务型作业适合高年级学生，以教学“What's wrong with you?”为例设计的作业是运用该句型，了解询问病人的病情并记录在表格中。该作业让学生运用课内的知识进行课外的真实交际，培养了学生的交流能力。采访型作业无疑将语言的语用功能得到了最优化。

（三）开放性

1.设计目标

引领学生树立正确的劳动观念、科学的劳动思维、与时代相适应的劳动能力及必要的劳动品质。培养学生收集信息，归纳信息，亲手实践，独立创新的精神。

2. 作业题目

（制作亲情卡）要求：给即将远行的和正在努力工作的亲人写一封亲情卡。（Hint：drink more water，have a good rest，take good care of yourself...）

3.亮点分析

一是制作贺卡。每逢节日或活动，我便让学生制作英语贺卡，并在贺卡上写上祝福的句子，并鼓励学生运用交际用语进行交流。这样的作业形式不仅练习了学生的口语表达，同时又渗透了品德教育，还发展了学生的动手能力。二是制作手抄报。在学完一个单元后，让学生制作有关主题的手抄报，可以自己完成，也可以小组合作完成。学生的潜能是无限的，个个彰显神通，上网搜索参考，绘画排版，充分发挥他们学习英语的积极性，为学生提供展示个性和潜能的舞台，制作型的作业无疑是一个绝佳的选择。

（四）探究性

1.设计目标

增强对不同文化认同感，形成跨文化交际的意识和能力。通过新媒体的使用培养学生了解、查阅和检索信息的能力，网上查阅的形式不仅可以提供更多的信息来源，还能促进学生认知学习与社会性成长结合。

2.作业题目

Do you know?（你知道吗）要求：在网上查阅一下，中西方探视病人的不同习俗。

3.亮点分析

随着信息技术使用的普及，可以向学生提供更多英语交流的环境，如利用网络平台的一起作业网、趣配音等，对学生进行口语、听力训练，不但可以激发学生对英语学习的积极性，而且方便快捷，教师可以根据所了解的学生情况，对教学进度和策略做出及时地调整。通过上述方式，减轻学生在学校完成口语、听力的作业负担，线上作业是课堂的延伸，也是“提质减负”的一个重要切入口。

## 四、课程育人价值

“双减”政策中，遵循着“发挥作业诊断、巩固、学情分析”等功能，设计了符合学生年龄特点和学习规律、体现素质教育导向的基础性作业，这些作业的设计具有实践性的个性化，很大程度上提高了学生学习英语的积极性。学生的英语学习正从“重知识”向“重能力”“重发展”过渡，不再简单是学会某一知识 而是学会“用英语做事情”，让学生感受到知识在生活中发挥的作用，旨在全面锻炼学生的各项技能，促进其认知学习与社会性成长结合，以劳动创造美好生活。

“双减”政策下，减负减压不减质。英语作业的设计应更加多样性、趣味性、复现性、发散性和创新性，让学生在做作业的过程中真正享受学英语，爱上学英语。让每一位学生真正得到减负，从而实现增效。

**天津市南开区科技实验小学**

# 劳动教育为载体融“工匠精神”于综合实践活动课程的路径初探

文 / 王家琦

## 一、课程育人思考

### （一）背景依据

当今教育，学生身心的健康发展被“重智轻体”这一现象所制约，教育部印发的《义务教育劳动课程标准（2022年版）》指出，劳动将从综合实践活动课程中独立出来，成为义务教育阶段的必修课程，这更加凸显了劳动教育的重要意义。综合实践活动课程正是从学生自身成长需要出发，使其在各种实践活动中增强劳动意识、培养劳动技能、享受劳动喜悦，把教育目的内化为学生自身品质的课程，这是实施劳动教育的重要途径之一。学校应以综合实践活动课程为依托，以劳动教育为载体，充分挖掘劳动教育资源，多方位开展劳动实践活动，有的放矢地把劳动教育培养落到实处。

### （二）课程目标

在小学综合实践活动课程中，学生能逐渐树立劳动观念，提高劳动能力，养成劳动习惯，培育劳动精神，弘扬工匠精神。

## 二、课程育人方略

挖掘劳动教育资源，开展劳动教育活动，促使学生在学习教育和实践活动中逐渐形成正确的劳动观，提升劳动能力，培育工匠精神。

## 三、课程育人经验

### （一）整合教育目标，开发劳动课程资源，挖掘工匠精神

1.从课程资源中探索劳动教育资源

小学综合实践活动课程资源的编写是依据学生的身心发展特点，以学生核心素养发展为核心，从“价值体认、责任担当、问题解决、创意物化”四个维度设置了不同学生段的中小学综合实践活动课程，其形式有考察探究、社会服务、设计制作、职业体验等，具有一定综合性、实践性、现实性，其中蕴含着丰富的劳动教育资源。

以五年级下学期职业体验活动主题“来之不易的粮食”为例子，活动中，学生能通过调查、访问和考察获取研究资料和信息，了解有关粮食的种类、种植过程及产量等方面的知识；绘制粮食生长、加工等种植日记，分享粮食种植生产观察体验的感悟；走近大国工匠袁隆平，懂得粮食来之不易，体会一代匠人的伟大情怀。这些与新劳动教育目标相吻合，让劳动的种子在学生心中悄悄萌芽。

2.从本土文化中提取劳动教育资源

地域文化蕴含着浓浓的乡土气息，不同地区的学校具有各自不同的地域特点，可开发利用的课程资源也是不同的，如地方自然环境资源、地方历史文化资源、地方民俗文化资源等，在充分挖掘当地文化内涵的同时，可以把它的实践功能转化为劳动教育资源。

以天津为例，教师可以带领学生在古文化街中寻找果仁张、蹦豆张、泥人张等当地民间手艺人；在全国最大、最具特色的洋楼建筑群之一——五大道中，感受“万国建筑博览苑”的建筑工艺；在学校“二十四节气主题系列活动”中制作驴打滚、春卷等美食小吃。在以上资源的开发学习中，学生不仅能在实践互动中唤醒埋藏在心底的家乡自豪感，还能在参观学习中感受劳动者的智慧和工匠精神，培养劳动品质。

3.在校本课程中开发劳动教育资源

开发校本课程资源过程中，应紧紧围绕素质教育的核心理念，联系实际，探索生活化资源，从学生的日常生活中挖掘生活资源，增强学生学习兴趣，增强生活体验感。此外，活动资源的开发还要注意与学校特色文化、社团活动、少先队活动相结合，充分利用校内外资源。

例如，在二十四节气主题教育系列活动中，学校针对不同年龄段的学生开发了不同难度的劳动教育。在"惊蛰"节气主题系列活动中，为低段学生设立"趣味寻惊蛰"活动——小学生在教师的带领下在户外寻找泥土中、大树上隐藏的昆虫，看小昆虫是如何感受春天的来临。为中段学生设计"创意绘惊蛰"活动——春雷乍动，藏了一个冬天的小虫子都被"惊醒"了，四处开始热闹了起来，用画、点、捏等方式描绘心中惊蛰美妙画卷。根据惊蛰应季食品，为高段学生设计了"美食吃惊蛰"活动——自制驴打滚、冰糖梨水，驱虫除燥。

（二）打破学科壁垒，通过劳动实践活动，体验工匠精神

1.整合认知结构，改进教学方式

完善的综合实践活动课程体系让不同学科课程的局限性在教学中得以打破，在其他学科中学到的知识、技能、方法在综合实践课程中得到集中体现。在实践过程中，学生能灵活地将各学科知识联结在一起，将各学科间的劳动因素串联起来，为劳动能力及劳动品质的培养打下基础。此外，教师授课时，应以小学生的知识基础水平和身心发展规律为重要依据，重视小学生个体在教学过程中体现出的主体性和主动性。教师需要注重对解决方法的强调，传授解决问题的策略，提高学生劳动品质。

在笔者执教的一年级综合实践课《一滴水的奇妙旅行》中，学生能通过科学小实验，直观感知冰块到水的过程；节水标语、节水勋章、节水吉祥物的设计制作能让学生在动手实践中增强节约用水的意识；通过小水滴幸福生活在海河中这一情景，学生加深对海河文化的认同感，进而加深对家乡的热爱之情。一堂课上，劳动教育、美术学科，科学学科，思政教育进行有机融合，各学科知识得到有效串联，低年级学生在学习时能做到调动多种感官、用多种方式——眼睛看、耳朵听、嘴巴说、小手摸等，为劳动技能的提升打下良好基础。

2. 提升综合能力，提升劳动素养

敏锐的观察力、解决问题的能力、整合信息的能力、动手操作的能力、表达与交往的能力等均是小学劳动素养的体现，是一个人得以全面发展不可或缺的能力。在一堂综合实践课上，教师可通过任务式教学、情境式活动，让学生从课堂内容的接受者，变为主动揭开谜题、探索知识的探究者。

例如，在笔者执教的三年级综合实践课程《小小指纹 创意无限》中，能达到四个教学目标。在问题解决方面，学生能从实际生活经验出发，通过设想—验证—结论，掌握采集指纹的简单方法，增强自身的观察能力和动手实践能力，提高解决问题的能力。在“价值体认”方面，学生通过前期调查，了解指纹在生活中的用途，引发对“科技改变生活”的思考。在“创意物化”方面，发挥自身的奇思妙想，进行关于指纹的发明创造，将自己的想法转化为作品，激发学生爱探索、爱创造的积极性。在“责任担当”方面，引发学生对“科技强国”的思考，增强科技认同感和“科技强国”的责任感，创新精神和科技素养得到进一步加强。这一课程中，充分挖掘劳动教育因素，通过达成多个教学目标，提升学生综合素养，培养学生匠人品质。

## 四、课程育人价值

培育工匠精神要从娃娃抓起，将工匠精神融入中小学综合实践活动课程是一项复杂的工作，是小学教育需要探究的重要课题之一。《中小学综合实践活动课程指导纲要》对“价值体认、责任担当、问题解决、创意物化”的四个课程分目标进行了具体规定和描述，劳动教育与综合实践活动课程在教育目标上具有高度一致性，两者都以“价值体认”为核心，贯彻落实立德树人的根本任务。因此，学校应整合教学目标，在综合实践活动中坚持实践探究的宗旨，通过亲身参与、手脑并用的劳动，深化劳动观念的培养、加强劳动精神的塑造，实现学生自身的全面发展。相信通过教育工作者的不懈努力，工匠精神会在学生的心田生根发芽，积淀为人生的优秀品质，为实现“中国梦”作出贡献。

天津师范大学南开附属小学

# 创意与物化并重，探究与实践结合

## ——利用网络平台开展“Arduino创意制作”综合实践活动

文/崔 勇

### 一、课程育人思考

#### （一）背景依据

2022年教育部印发的《义务教育课程方案和课程标准》中提出：义务教育课程应遵循的基本原则包括“坚持全面发展，育人为本；面向全体学生，因材施教；聚焦核心素养，面向未来；加强课程综合，注重关联；变革育人方式，突出实践”。

为切实加强综合实践活动课程的建设，培养学生能够运用多学科知识解决生活中实际问题的能力，我校十分重视对于综合实践活动的校本资源的开发和建设。小学生具有丰富的想象力，喜爱动手制作的活动，乐于展示分享自己的作品，能够在教师指导下，制作简单数字作品，解决问题。

#### （二）课程目标

学生在主题活动中，根据教师的引导，结合生活中的现象，发现问题，进而转化为小型课题进行研究，设计解决问题的方案。运用信息技术以及其他学科相关知识，设计并制作造型独特、功能完善的数字作品。

## 二、课程育人方略

利用网络平台开展Arduino创意制作活动，以“体验为先，大胆设想，积极实践”作为理念，在活动中教师引导学生通过观察、体验等形式，发现生活中常见的问题，学习多学科知识，合理发挥想象，制作功能与造型并重的数字作品。

## 三、课程育人经验

在主题活动中，学生以解决生活中的问题为目的，最终的成果是制作功能完整、造型精美且能够独立运行的作品。因此，课程中选择Arduino这款开源电子原型平台，通过编写程序控制传感器工作，实现作品的功能。结合美术学科的内容，利用常见材料，为作品制作精美的外形，得到个性化的数字作品。在开展主题活动的过程中总结出以下经验：

### （一）个性学习，兴趣为先

越贴近学生实际生活的情境，越能够激发学生的兴趣。每个学生都有自己的想法，在活动中也都更加关注自己感兴趣的内容。教师在开展活动的时候，不要指定必须按照某个顺序来进行学习或者制作，而是由学生自己根据兴趣爱好，选择对应的主题和资源开展活动。

例如，在“观察身边的灯”这一主题活动中，教学目标是让学生使用不同的传感器和LED小灯泡制作生活中常见的灯，学生通过观察生活中的现象后，发现可以制作楼道内的声控灯、五颜六色的霓虹灯、自动调整亮度的光控灯、人体感应灯、交通信号灯等内容，教师不要规定必须制作哪一个小灯泡的应用，而是给学生自己选择的权利。教师为学生准备相关的学习资源和传感器等硬件设备，让学生利用学习资源自主学习，完成作品。

### （二）学思结合，探究为主

教学活动以学生探究为主，教师在课堂上创设情境，引导学生结合生活中的真实情境进行思考，从而发现问题。教师在教学中为学生讲解必要的知识，比如，电子元件的连接和程序设计等，不干涉学生作品的设计方案。学生在活动中要运用多个学科的知识，围绕活动主题，通过实践、调查、体验等环节来认识、分析问题并尝试制作相关作品。解决问题的方式多种多样，活动中教师要鼓励学生大胆地进行实验，通过实验验证自己的设想。

例如，“彩色的光球”主题活动中，学生很容易会想到利用纸盒、塑料瓶等现成的材料制作外形，教师引导学生通过对比发现不足之处：纸盒的透光性不强，塑料瓶在造型设计上具有局限性且塑料的颜色会影响作品呈现的颜色。通过深入探究发现使用纸巾、白胶、气球作为材料透光性更强，可塑性更好，更容易制作出个性的作品。之后再利用计算机编写程序，结合电位器调节灯光的强度，引导学生思考：如何从调节一个颜色，到调节多个颜色？能否利用程序控制实现颜色的随机变化？学生通过不断地思考，改进作品，最终制作出五彩斑斓的光球作品。

（三）展示成果，交流为重

学习和制作的过程中，都离不开讨论环节。有些时候学生习惯私下讨论，这种方式比网上打字要简单，但是分享的范围比较小，只是局限于当时一起商讨的几个人，而学习平台的讨论区功能可以让所有成员都进行分享，获得的知识和经验也更多。在讨论的过程中实现每个学生的思维与创意都可以被整个小组的成员共享，参与活动的所有人共同完成所学知识的构建，而不是单独的个人学习。

例如，在“防盗措施设计”主题活动中，教师在讨论区发布“激光拌线防盗设备”作品，这个作品存在一些典型的漏洞，比如：激光头的位置不合理；接收端没有和发射端对齐；报警方式不合理等。学生很容易发现其中的问题，在讨论区中纷纷指出存在的问题以及给出解决问题的方法，分享经验，互相学习，不断深入探究。每个参与活动的学生可以在主题下方进行回复，可以提出自己的疑问和建议，也可以赞扬精彩的评论。所有参与活动的学生都可以展示自己的作品，展示的内容可以是视频、图片、文字等多种形式。但是在评论的过程中，教师也要及时的检查学生发表的内容是否合理，是否符合学生的特点，避免出现一些不尊重学生作品的语言。

（四）开拓思路，创意制作

为了能够充分激发学生的学习兴趣，教师在课上鼓励学生积极思考，不要局限于课上演示的案例，注重引导学生在作品造型和程序编写上进行改进，制作出具有自己特色的作品。

例如，在“智能垃圾桶”这个主题中，学生利用纸盒、彩纸、小木棒等材料，制作了造型不同的垃圾桶外形，结合自己作品的特点，选择需要的传感器，突出自己的创意。课堂上以超声波传感器为例，教师介绍了智能垃圾桶的工作流程。当人们从正面靠近超声波传感器时，垃圾桶才会检测到有人靠近，从而控制盖子打开。有些学生选择使用人体热释电传感器，检测到人体的热度就可以控制盖子打开，扔垃圾更加方便。有些学生认为超声波传感器如果装在垃圾桶的箱体上，当有人或车等物体经过就会打开盖子，不管是否要扔垃圾，这样的装置并不智能。应该将传感器装在盖子上面，想扔垃圾的人用手在盖子上划过时打开盖子，这样更加精准。除了功能上的特色设计外，有些学生更注重美工方面的制作。他们在垃圾桶的造型上进行了设计，比如，利用彩纸制作恐龙、熊猫等动物外形；在箱体上绘制各种图案，宣传环保理念；改进箱体的造型，让传感器发挥更大的作用。

**四、课程育人价值**

本课程中涉及的主题活动离不开学生的生活，在活动中首先让学生明确活动的任务，通过观察生活中的现象，发现存在的问题，能够主动运用所学知识思考解决问题的方法，培养学生的信息意识。在制作过程中，作品的功能逐渐提升，通过不断修改程序，完善、优化解决问题的方案，提升计算思维。教师利用网络平台为学生提供学习、交流、展示的空间，引导学生不断探究，完善作品，并根据学生出现的问题，及时补充相关学习资源和素材，加强情境的创设，提高学生活动的积极性，让学生在活动中善于思考、乐于动手，培养数字化学习与创新意识。学生在完成作品后，尝试将作品应用到生活中，体会信息科技给人们带来的影响，善于利用在线平台为我们提供的网络空间进行学习、交流，从而增强社会责任感。

天津市南开区中营小学